Die Organhaftung der Aktiengesellschaft bei fehlerhafter Rechtseinschätzung

Europäische Hochschulschriften

European University Studies

Publications Universitaires Européennes

Reihe II **Rechtswissenschaft**

Series II Law

Série II Droit

Band/Volume **5844**

Jan-Niklas Weusthoff

Die Organhaftung der Aktiengesellschaft bei fehlerhafter Rechtseinschätzung

Grundlage und Bewältigung von Legalitätspflichtverstößen im Kontext unternehmerischer Entscheidungen unter Unsicherheit

PL ACADEMIC RESEARCH

Bibliografische Information der Deutschen Nationalbibliothek
Die Deutsche Nationalbibliothek verzeichnet diese Publikation in der Deutschen Nationalbibliografie; detaillierte bibliografische Daten sind im Internet über http://dnb.d-nb.de abrufbar.

Zugl.: Köln, Univ., Diss., 2016

D 38
ISSN 0531-7312
ISBN 978-3-631-67508-3 (Print)
E-ISBN 978-3-653-06831-3 (E-Book)
DOI 10.3726/978-3-653-06831-3

PL Academic Research ist ein Imprint der Peter Lang GmbH.
Peter Lang – Frankfurt am Main · Bern · Bruxelles · New York · Oxford · Warszawa · Wien

Diese Publikation wurde begutachtet.

www.peterlang.com

Für meine Eltern und meine Schwester

Vorwort

Die vorliegende Arbeit wurde im Wintersemester 2015 von der rechtswissenschaftlichen Fakultät der Universität zu Köln als Dissertation angenommen. Sie entstand größtenteils während meiner promotionsbegleitenden Tätigkeit als wissenschaftlicher Mitarbeiter in wirtschaftsorientierten Rechtsanwaltssozietäten sowie während meines Rechtsreferendariats. Rechtsprechung und Literatur konnten bis Anfang Januar 2016 berücksichtigt werden.

Mein besonderer Dank gilt meiner verehrten Doktormutter Frau Prof. Dr. *Barbara Dauner-Lieb* für ihren Zuspruch, ihre stetige Unterstützung und ihre stets hilfreichen fachlichen Anregungen. Frau Professor Dr. *Barbara Grunewald* danke ich für die schnelle Erstellung des Koreferats.

Weiterhin gilt mein Dank den Kanzleien Noerr LLP und Freshfields Bruckhaus Deringer LLP, die mich während meiner promotionsbegleitenden sowie meiner späteren anwaltlichen Tätigkeiten umfassend und flexibel unterstützt haben, was ebenfalls zu einem guten Gelingen dieser Arbeit beigetragen hat.

Herzlich bedanken möchte ich mich auch bei meiner Freundin *Clara Braun*, die mich nicht nur im Rahmen des Korrekturlesens sondern auch darüber hinaus persönlich unterstützt hat, um mir die Freiräume zu geben, das Dissertationsprojekt fortzusetzen und erfolgreich abzuschließen.

Mein ganz besonderer Dank gilt meiner Schwester Frau *Marina Weusthoff* sowie meinen Eltern Frau *Regina Weusthoff* und Herrn *Jürgen Weusthoff*, die mich während meines gesamten Lebens in jeder Lage bedingungslos unterstützt, mich beraten und mir Rückhalt gegeben haben. Ihnen bin ich zu mehr Dank verpflichtet, als Worte es ausdrücken könnten. Euch dreien widme ich diese Arbeit.

Düsseldorf, im Januar 2016

Jan-Niklas Weusthoff

A. Inhaltsverzeichnis

B. Literaturverzeichnis

Armbrüster, Christian: Aufsichtsrecht überlagert Aktienrecht – Die Neuregelungen zur Haftung und Vergütung von Vorstandsmitgliedern am Beispiel der Versicherungs-AG, KSzW 2013, S. 10 ff.

Arnold, Arnd: Die Steuerung des Vorstandshandelns – Eine rechtsökonomische Untersuchung der Principal-Agent-Problematik in Publikumsgesellschaften, Habilitationsschrift, Beck, München 2007 (zitiert: *Arnold*, Die Steuerung des Vorstandshandelns, S.).

Bachmann, Gregor: Anmerkung zu LG München, Urteil vom 10.12.2013 – 5 HK O 1387/10, „Neubürger", ZIP 2014, S. 579 ff.

Bachmann, Gregor: Das „vernünftige" Vorstandsmitglied – Zum richtigen Verständnis der Business Judgment Rule (§ 93 Abs. 1 S. 2 AktG), Festschrift Eberhard Stilz, Beck, München 2014, S. 24 ff. (zitiert: *Bachmann*, FS Stilz, S.).

Bachmann, Gregor: Reform der Organhaftung? – Materielles Haftungsrecht und seine Durchsetzung in privaten und öffentlichen Unternehmen, Gutachten E zum 70. Deutschen Juristentag, Band I, Beck, München 2014 (zitiert: *Bachmann*, Reform der Organhaftung, S.).

Bachmann, Gregor: Zur Haftung des Vorstands wegen Verlusten aus Investitionen in strukturierte Finanzprodukte – ApoBank, BB 2014, S. 2388.

Balthasar, Stephan / Hamelmann, Uwe: Finanzkrise und Vorstandshaftung nach § 93 II AktG: Grenzen der Justiziabilität unternehmerischer Entscheidungen, WM 2010, S. 589 ff.

Baumbach, Adolf / Hueck, Alfred: Gesetz betreffend die Gesellschaften mit beschränkter Haftung (GmbHG) – Kommentar, 20. Auflage, Beck, München 2013 (zitiert: *Verfasser*, Baumbach/Hueck GmbHG, Paragraph, Rn.).

Baums, Theodor: Risiko und Risikostreuung im Aktienrecht, ZGR 2011, S. 218 ff.

Bayer, Walter: Legalitätspflicht der Unternehmensleitung, nützliche Gesetzesverstöße und Regress bei verhängten Sanktionen, Festschrift Karsten Schmidt, Schmidt, Köln 2009, S. 85 ff.

BayerWalter / Scholz, Philipp: Haftungsbegrenzung und D&O-Versicherung im Recht der aktienrechtlichen Organhaftung, NZG 2014, S. 926 ff.

Becker, Christian / Walla, Fabian / Endert, Volker: Wer bestimmt das Risiko? – Zur Untreuestrafbarkeit durch riskante Wertpapiergeschäfte in der Banken-AG, WM 2010, S. 875 ff.

Berger, Viktoria Anna: Vorstandshaftung und Beratung – Ision-Kriterien, unternehmerische Entscheidung und Legal Judgment Rule, Dissertation, Nomos, Baden-Baden 2015 (zitiert: *Berger*, Vorstandshaftung und Beratung, S.).

Bicker, Eike: Legalitätspflicht des Vorstands – ohne Wenn und Aber?, AG 2014, S. 8 ff.

Binder, Jens-Heinrich: „Geschäftsleiterhaftung und fachkundiger Rat", AG 2008, S. 274 ff.

Binder, Jens-Hinrich: Mittelbare Einbringung eigener Aktien als Sacheinlage und Informationsgrundlagen von Finanzierungsentscheidungen in Vorstand und Aufsichtsrat, ZGR 2012, S. 757 ff.

Bitter, Georg / Crezelius, Georg u.a.: Scholz, Kommentar zum GmbHG, Band 2 – §§ 35–42, 11. Auflage, Köln 2014 (zitiert: *Verfasser*, Scholz-GmbHG, Paragraph, Rn.).

Bohnert, Joachim: OWiG – Kommentar, 3. Auflage, Beck, München 2010 (zitiert: *Bohnert*, OWiG, Paragraph, Rn.).

Boos, Karl-Heinz / Fischer, Reinfried / Schulte-Mattler, Hermann: Kreditwesengesetz – Kommentar zu KWG und Ausführungsvorschriften, 4. Auflage, Beck, München 2012 (zitiert: *Verfasser*, BFS-KWG, Abschnitt und Paragraph, Rn.).

Böttcher, Lars: Bankvorstandshaftung im Rahmen der Sub-Prime Krise, NZG 2009, S. 1047 ff.

Böttcher, Lars: „Verpflichtung des Vorstands einer AG zur Durchführung einer Due Diligence", NZG 2005, S. 49 ff.

Brand, Christian / Sperling, Christian: Legalitätsverstöße in der Aktiengesellschaft als untreuerelevante Pflichtverletzung?, AG 2011, S. 233 ff.

Brommer, Andreas: Folgen einer reformierten Aktionärsklage für die Vorstandsinnenhaftung, AG 2013, S. 121 ff.

Buck-Heeb, Petra: Die Haftung von Mitgliedern des Leitungsorgans bei unklarer Rechtslage – Notwendigkeit einer Legal Judgment Rule?, BB 2013, S. 2247 ff.

Bülte, Jens: Der Irrtum über das Verbot im Wirtschaftsstrafrecht, NStZ 2013, S. 65 ff.

Bunting, Nikolaus: Konzernweite Compliance – Pflicht oder Kür?, ZIP 2012, S. 1542 ff.

Bürgers, Tobias / Körber, Torsten: Heidelberger Kommentar zum AktG, C.F. Müller, Heidelberg 2008 (zitiert: *Verfasser*, Bürgers/Körber, Paragraph, Rn).

Cichy, Patrick / Cziupka, Johannes: Compliance-Verantwortung der Geschäftsleitung bei Unternehmenstätigkeit mit Auslandsbezug, BB 2014, S. 1482 ff.

Dauner-Lieb, Barbara: Die Existenzvernichtungshaftung als deliktische Innenhaftung gemäß § 826 BGB, ZGR 2008, S. 34 ff.

Dauner-Lieb, Barbara: Die Verrechtlichung der Vorstandsvergütung durch das VorstAG als Herausforderung für den Aufsichtsrat – Methodische Probleme im Umgang mit Rechtsunsicherheit, Der Konzern 2009, S. 583 ff.

Dauner-Lieb, Barbara: Unternehmen in Sondervermögen – Haftung und Haftungsbeschränkung, Habilitationsschrift, Mohr Siebeck, Tübingen 1998 (zitiert: *Dauner-Lieb*, Unternehmen in Sondervermögen, S.).

Dauner-Lieb, Barbara: Unternehmerische Tätigkeit zwischen Kontrolle und Kreativität, Festschrift Volker Röhricht, Schmidt, Köln 2005 (zitiert: *Dauner-Lieb*, FS Röhricht, S.).

Dehne-Niehmann, Jan: „Alea iacta est" – Straflosigkeit der Vermittlung privater Sportwetten?, wistra 2008, S. 361 ff.

Diekmann, Hans/ Fleischmann, Dermot: Umgang mit Interessenkonflikten im Aufsichtsrat und Vorstand der Aktiengesellschaft, AG 2013, S. 141 ff.

Dietz-Vellmer, Fabian: Organhaftungsansprüche in der Aktiengesellschaft: Anforderungen an Verzicht oder Vergleich durch die Gesellschaft, NZG 2011, S. 248 ff.

Dilling, Johannes: Die Wirksamkeit der Riskoausschlüsse für wissentliche und vorsätzliche Pflichtverletzungen in der D&O-Versicherung, Dissertation, Lang, Frankfurt am Main 2015 (zitiert: *Dilling*, Wirksamkeit von Risikoausschlüssen, S.).

Dreher, Meinrad: Die kartellrechtliche Bußgeldverantwortlichkeit von Vorstandsmitgliedern, Festschrift Horst Konzen, Mohr Siebeck, Tübingen 2006, S. 85 ff.

Drygala, Tim: Die Pflicht des Managements zur Vermeidung existenzgefährdender Risiken, Festschrift Klaus J. Hopt zum 70 Geburtstag, Band 1, De Gruyter, Berlin 2010, S. 541 ff.

Eichner, Christian / Höller, Timo: Anforderungen an das Tätigwerden des Aufsichtsrats bei Verdacht einer Sorgfaltspflichtverletzung des Vorstands, AG 2011, S. 885 ff.

Eufinger, Alexander: Die Regresshaftung von Vorstand und Geschäftsführer für Kartellverstöße der Gesellschaft, WM 2015, S. 1265 ff.

Ewer, Wolfgang: Der Syndikusanwalt ist eine Errungenschaft – kämpfen wir dafür, AnwBl 2014, S. 683 ff.

Falkenhausen, Joachim Freiherr von: Die Haftung außerhalb der Business Judgment Rule – Ist die Business Judgment Rule ein Haftungsprivileg für Vorstände?, NZG 2012, S. 644 ff.

Fehrenbach, Markus: Beschränkte Vorstandshaftung?, AG 2015, S. 761 ff.

Fest, Timo: Darlegungs- und Beweislast im Rahmen der Business Judgment Rule, NZG 2011, S. 540 ff.

Fischer, Thomas: Beck'sche Kurz-Kommentare – Strafgesetzbuch und Nebengesetze, 62. Auflage, Beck, München 2015 (zitiert: *Fischer*, BKK-StGB, Paragraph, Rn.).

Fleischer, Holger: „Rechtsrat und Organwalterhaftung im Gesellschafts- und Kapitalmarktrecht, Festschrift Uwe Hüffer, Beck, München 2010, S. 187 ff.

Fleischer, Holger: Aktienrechtliche Compliance-Pflichten im Praxistest: Das Siemens/Neubürger-Urteil des LG München I, NZG 2014, S. 321 ff.

Fleischer, Holger: Aktienrechtliche Legalitätspflicht und „nützliche Pflichtverletzungen" von Vorstandsmitgliedern, ZIP 2005, S. 141 ff.

Fleischer, Holger: Behavioral Law and Economics im Gesellschafts- und Kapitalmarktrecht – ein Werkstattbericht, Festschrift Immenga zum 70. Geburtstag, Beck, München 2004.

Fleischer, Holger: Das unternehmerische Ermessen des GmbH-Geschäftsführers und seine GmbH-spezifischen Grenzen, NZG 2011, S. 521 ff.

Fleischer, Holger: Expertenrat und Organhaftung, KsZW 2013, S. 3 ff.

Fleischer, Holger: Haftungsfreistellung, Prozesskostenersatz und Versicherung für Vorstandsmitglieder – eine rechtsvergleichende Bestandsaufnahme zur Enthaftung des Managements, WM 2005, S. 909 ff.

Fleischer, Holger: Ruinöse Managerhaftung: Reaktionsmöglichkeiten de lege lata und de lege ferenda, ZIP 2014, S. 1305 ff.

Fleischer, Holger: Verantwortlichkeit von Bankgeschäftsleitern und Finanzmarktkrise, WM 2010, S. 1504 ff.

Fleischer, Holger: Vertrauen von Geschäftsleitern und Aufsichtsratsmitgliedern auf Informationen Dritter, ZIP 2009, S. 1397 ff.

Fleischer, Holger: Vorstandshaftung und Vertrauen auf anwaltlichen Rat, NZG 2010, S. 121 ff.

Fleischer, Holger / Goette, Wulf: Münchener Kommentar zum Gesetz betreffend die Gesellschaften mit beschränkter Haftung – GmbHG, Band 2, §§ 35–52, 2. Auflage, Beck, München 2016 (zitiert: *Verfasser*, MünchKomm GmbHG, Paragraph, Rn.).

Fleischer, Holger / Schmolke, Ulrich: Klumpenrisiken im Bankaufsichts-, Investment- und Akienrecht, ZHR 173 (2009), S. 649 ff.

Froesch, Daniel: Managerhaftung – Risikominimierung durch Delegation?, DB 2009, S. 722 ff.

Gaul, Felix: Regressansprüche bei Kartellbußen im Lichte der Rechtsprechung und der aktuellen Debatte, AG 2015, S. 109 ff.

Goette, Wulf / Habersack, Mathias: Münchener Kommentar zum Aktiengesetz, Band 2, 4. Auflage, Beck/Vahlen, München 2014 (zitiert: *Verfasser*, MüKo-AktG, Paragraph, Rn.).

Goette, Wulf / Habersack, Mathias: Münchener Kommentar zum Aktiengesetz, Band 3, 3. Auflage, Beck/Vahlen, München 2013 (zitiert: *Verfasser*, MüKo-AktG, Paragraph, Rn.).

Göpfert, Burkhard / Landauer, Martin: „Arbeitsstrafrecht" und die Bedeutung von Compliance-Systemen: Straftaten „für" das Unternehmen, NZA-Beilage 2011, S. 16 ff.

Goslar, Sebastian / von der Linden, Klaus: Anfechtbarkeit von Hauptversammlungsbeschlüssen aufgrund fehlerhafter Entsprechenserklärungen zum Deutschen Corporate Governance Kodex, DB 2009, S. 1691 ff.

Grunewald, Barbara: Gesellschaftsrecht, 9. Auflage, Mohr Siebeck, Tübingen 2014 (zitiert: *Grunewald*, Gesellschaftsrecht, Teil, Abschnitt, Rn.).

Grunewald, Barbara: Die Entwicklung des anwaltlichen Berufsrechts im Jahr 2014, NJW 2014, S. 3699 ff.

Grunewald, Barbara: Haftungsvereinbarung zwischen Aktiengesellschaft und Vorstandsmitgliedern, AG 2013, S. 813 ff.

Günther, Marcus: Systemrelevanz von Finanzinstituten, WM 2010, S. 825 ff.

Habersack, Matthias: Die Legalitätspflicht des Vorstands in der AG, Festschrift Uwe H. Schneider zum 70. Geburtstag, Schmidt, Köln 2011, S. 429 ff.

Habersack, Matthias: Grund und Grenzen der Compliance-Verantwortung des Aufsichtsrats der AG, AG 2014, S. 1 ff.

Hahn, Volker: Die Versicherbarkeit von Prospekthaftungsansprüchen bei der Emission von geschlossenen Fonds, VersR 2012, S. 393 ff.

Hasselbach, Kai / Seibel, Markus: Die Freistellung von Vorstandsmitgliedern und leitenden Angestellten von der Haftung für Kartellrechtsverstöße, AG 2008, S. 770 ff.

Hasselbarch, Kai / Ebbinghaus, Felix: Anwendung der Business Judgment Rule bei unklarer Rechtlage, AG 2014, S. 873 ff.

Hauschka, Christoph: Corporate Compliance – Unternehmensorganisatorische Ansätze zur Erfüllung der Pflichten von Vorständen und Geschäftsführern, AG 2004, S. 461 ff.

Hauschka, Christoph: Ermessensentscheidung bei der Unternehmensführung, GmbHR 2007, S. 11 ff.

Hauschka, Christoph: Corporate Compliance – Handbuch der Haftungsvermeidung im Unternehmen, 2. Auflage, Beck, München 2010 (zitiert: *Verfasser*, Corporate Compliance, Paragraph, Rn.).

Heine, Wolfgang: Syndikusanwälte: Mögliche Perspektiven der Deutschen Rentenversicherung – Die freien Berufe in der Rentenversicherung – was lange gelöst war, wird nun zum Konflinkt, AnwBl 2014, S. 690 ff.

Heintschel-Heinegg, Bernd: Münchener Kommentar zum Strafgesetzbuch, Band 1, §§ 1–37 StGB, 2. Auflage, Beck, München 2011 (zitiert: *Verfasser*, MüKo-StGB, §, Rn.).

Heintschel-Heinegg, Bernd: Beck'scher Onlinekommentar StGB, Beck, München 2015 (zitiert: *Verfasser*, BeckOK-StGB, Paragraph, Rn.).

Hemeling, Peter: Organisationspflichten des Vorstands zwischen Rechtspflicht und Opportunität, ZHR 175 (2011), S. 368 ff.

Hemeling, Peter: Reform der Organhaftung? Erwartungen an den 70. Deutschen Juristentag, ZHR ZHR 178 (2014), S. 221 ff.

Henke, Udo: Tausende Syndikusanwälte bangen um Altersversorgung – Die klaren Urteile des BSG zum Ende des Syndikusanwalts schaffen keine Klarheit, AnwBl 2014, S. 720 ff.

Henssler, Martin / Strohn, Lutz: Gesellschaftsrecht, 2. Auflage, Beck, München 2014 (zitiert: *Verfasser*, Henssler/Strohn GesR, Paragraph Gesetz, Rn.).

Herrmann, Marco / Olufs, Detlef / Barth, Daniel: Haftung des Vorstandes und des Aufsichtsrates in der Staatsschuldenkrise, BB 2012, S. 1935 ff.

Hoffmann-Becking, Michael: Münchener Handbuch des Gesellschaftsrechts – Band 4 – Aktiengesellschaft, 4. Auflage, Beck. München 2015 (zitiert: *Verfasser*, Münch. Hdb. AG, Paragraph, Rn.).

Hoffmann-Becking, Michael: Das Recht des Aufsichtsrats zur Prüfung durch Sachverständige nach § 111 Abs. 2 S. 2 AktG, ZGR 2011, S. 136 ff.

Hoffmann-Becking, Michael / Hüffer, Uwe / Reichert, Jochem: Liber Amicorum für Martin Winter, Schmidt, Köln 2011 (zitiert: *Verfasser*, FS Winter, S.).

Hoffmann, Gunter: Existenzvernichtende Haftung von Vorständen und Aufsichtsräten, NJW 2012, S. 1393 ff.

Hölters, Wolfgang: Aktiengesetz – Kommentar, Beck, 2. Auflage München 2014 (zitiert: *Verfasser*, Hölters-AktG, Paragraph, Rn.).

Honsell, Heinrich: Berliner Kommentar zum Versicherungsvertragsgesetz, 1. Auflage, Springer, Berlin 1999 (zitiert: *Verfasser*, BK-VVG, Paragraph).

Hirte, Heribert / Mülbert, O. Peter / Roth, Markus: Großkommentar Aktiengesetz, 5. Auflage, Band 4/2 – §§ 92–94, De Gruyter, Berlin 2015 (zitiert: *Verfasser*, Großkomm.-AktG, Paragraph, Rn.).

Hüffer, Uwe / Koch, Jens: Aktiengesetz – Kommentar, 11. Auflage, Beck, München 2014 (zitiert: *Koch*, Hüffer AktG, Paragraph, Rn.).

Ihrig, Hans-Christoph: Reformbedarf beim Haftungstatbestand des § 93 AktG, WM 2004, S. 2098 ff.

Jungmann, Carsten: Die Business Judgement Rule – ein Institut des allgemeinen Verbandsrechts?, Festschrift K. Schmidt, Schmidt, Köln 2009.

Khanian, Linette Mirza: Finanzkrise und Organhaftung, KSzW 2010, S. 127 ff.

Kiefner, Alexander / Krämer, Lutz: Geschäftsleiterhaftung nach ISION und das Vertrauendürfen auf Rechtsrat – Plädoyer für eine Anwendung der Rechtsprechungsgrundsätze mit Augenmaß, AG 2012, S. 498 ff.

Kilger, Hartmut: Syndikusanwälte und Befreiungsrecht: vieles offen – Zielrichtung klar – BSG-Urteile von 2012 und 2014 zerstören das gelebte Befreiungsrecht, AnwBl 2014, S. 685 ff.

Kilian, Matthias: Die Zukunft der Syndikus-Anwaltschaft nach den BSG-Urteilen – Unternehmens- und Verbandsjuristen im Streckbett von Sozial- und Berufsrecht, AnwBl 2014, S. 468 ff.

Kindhäuser, Urs / Neumann, Ulfrid / Paeffgen, Hans-Ullrich: Strafgesetzbuch – Kommentar, 4. Auflage, Nomos, Berlin 2013 (zitiert: *Verfasser*, NK-StGB, Paragraph, Rn.).

Koch, Jens: Beschränkung der Regressfolgen im Kapitalgesellschaftsrecht, AG 2012, S. 429 ff.

Koch, Jens: Die schleichende Erosion der Verfolgungspflicht nach ARAG-Garmenbeck, NZG 2014, S. 934 ff.

Koch, Robert: Aktuelle und zukünftige Entwicklungen in der D&O-Versicherung, WM 2007, S. 2173 ff.

Kocher, Dirk: Zur Reichweite der Business Judgment Rule, CCZ 2009, S. 215 ff.

Kort, Michael: Compliance-Pflichten von Vorstandsmitgliedern und Aufsichtsratsmitgliedern, Festschrift Klaus J. Hopt zum 70. Geburtstag, Band I, De Gruyter, Berlin 2010.

Kort, Michael: Gemeinwohlbelange beim Vorstandshandeln, NZG 2012, S. 926 ff.

Krause, Rüdiger: „Nützliche" Rechtsverstöße im Unternehmen – Verteilung finanzieller Lasten und Sanktionen, BB Special 2007, Heft 8, S. 2 ff.

Kremer, Thomas / Voet van Vormizeele, Philipp: Neues Rollenverständnis für Syndikusanwälte und das Anwaltsprivileg, AG 2011, S. 245 ff.

Krieger, Gerd: Corporate Governance und Corporate Governance Kodex in Deutschland, ZGR 2012, S. 202 ff.

Krieger, Gerd: Wie viele Rechtsberater braucht ein Geschäftsleiter?, ZGR 2012, S. 496 ff.

Krieger, Gerd / Schneider, Uwe: Handbuch Managerhaftung – Kommentar, 2. Auflage, Schmidt, Köln 2010 (zitiert: *Verfasser*, Handbuch Managerhaftung, Paragraph, Rn.).

Kropff, Bruno: Einlagenrückgewähr und Nachteilsausgleich im faktischen Konzern, NJW 2009, S. 814 ff.

Lackner, Christian / Kühl, Christian: Strafgesetzbuch – Kommentar, 28. Auflage, Beck, München 2014 (*Kühl*, Lackner/Kühl, Paragraph, Rn.).

Lang, Volker / Balzer, Peter: Handeln auf angemessener Informationsgrundlage – zum Haftungsregime von Vorstand und Aufsichtsrat von Kreditinsituten, WM 2012, S. 1167 ff.

Langenbucher, Katja: Vorstandshaftung und Legalitätspflicht in regulierten Branchen, ZBB 2013, S. 16 ff.

Langheidt, Theo / Wandt, Manfred: Münchener Kommentar zum Versicherungsvertragsgesetz, Band 2, §§ 100–191 VVG, Beck, München 2011 (zitiert: *Verfasser*, MüKo-VVG, Paragraph, Rn.).

Laufhütte, Heinrich Wilhelm / Rissing-van Saan, Ruth / Tiedemann, Klaus: Strafgesetzbuch – Leipziger Kommentar, Großkommentar, Band 1, §§ 1–31, 12. Auflage, De Gruyter, Berlin 2006 (zitiert: *Verfasser*, LeiKo-StGB, Paragraph, Rn.).

Laufhütte, Heinrich Wilhelm / Rissing-van Saan, Ruth / Tiedemann, Klaus: Strafgesetzbuch – Leipziger Kommentar, Großkommentar, Band 9, 1. Teilband, §§ 263–266b, 12. Auflage, De Gruyter, Berlin 2012 (zitiert: *Verfasser*, LeiKo-StGB, Paragraph, Rn.).

Liese, Jens: Much Adoe About Nothing? Oder: Ist der Vorstand einer Aktiengesellschaft verpflichtet, eine Compliance-Organisation zu implementieren?, BB Special 5 (zu BB 2008, Heft 25), S. 17 ff.

Looschelders, Dirk / Pohlmann, Petra: Versicherungsvertragsgesetz-Kommentar, 2. Auflage, Heymanns, Köln 2011 (zitiert: *Verfasser*, Looschelders/ Pohlmann, Paragraph, Rn.).

Lutter, Marcus: Haftung und Haftungsfreiräume des GmbH-Geschäftsführers – 10 Gebote an den Geschäftsführer, GmbHR 2000, S. 301 ff.

Lutter, Marcus: Bankenkrise und Organhaftung, ZIP 2009, S. 197 ff.

Lutter, Marcus: Die Business Judgment Rule und ihre Anwendung, ZIP 2007, S. 841 ff.

Lutter, Marcus / Krieger, Gerd: Rechte und Pflichten des Aufsichtsrats, 5. Auflage, Schmidt, Köln 2008 (zitiert: *Lutter/Krieger*, Rechte und Pflichten des Aufsichtsrats, Paragraph, Rn.).

Meier-Greve, Daniel: Vorstandshaftung wegen mangelhafter Corporate Compliance, BB 2009, S. 2555 ff.

Merkt, Hanno / Mylich. Falk: Einlage eigener Aktien und Rechtsrat durch den Aufsichtsrat, NZG 2012, S. 525 ff.

Mülbert, Peter O.: Systemrelevanz, Festschrift Uwe H. Schneider zum 70. Geburtstag, Schmidt, Köln 2011.

Müller-Glöge, Rudi / Preis, Ulrich / Schmidt, Ingrid: Erfurter Kommentar zum Arbeitsrecht, 14. Auflage, Beck, München 2016 (zitiert: *Verfasser*, ErfK ArbR, Paragraph, Rn.).

Müller, Hans-Friedrich: Geschäftsleiterhaftung wegen Insolvenzverschleppung und fachkundige Beratung, NZG 2012, S. 981 ff.

Nietsch, Michael: Zur haftungsbegrenzenden Wirkung des § 93 Abs. 1 S. 2 AktG im Bereich gesetzlicher Pflichtaufgaben unter besonderer Berücksichtigung von Compliance, ZGR 2015, S. 631 ff.

Paefgen, Walter: Unternehmerische Entscheidungen und Rechtsbindung der Organe in der AG, Habilitationsschrift, Schmidt, Köln, 2002 (zitiert: *Paefgen*, Unternehmerische Entscheidungen, S.).

Paefgen, Walter: Die Inanspruchnahme pflichtvergessener Vorstandsmitglieder als unternehmerische Ermessensentscheidung des Aufsichtsrats, AG 2008, S. 761 ff.

Paefgen, Walter: Organhaftung: Bestandsaufnahme und Zukunftsperspektiven – Ein kritischer Werkstattbericht vor dem Hintergrund des 70. Deutschen Juristentages 2014, AG 2014, S. 554 ff.

Paefgen. Walter: Darlegungs- und Beweislast bei der Business Judgment Rule, NZG 2009, S. 891 ff.

Papathanasiou, Konstantia: Die Widerspiegelung der gesetzgeberischen Grundentscheidung im Verständnishorizont des Täters – Vorschlag eines verfassungsbezogenen Kriteriums als Alternative zur Parallelwertung in der Laiensphäre; Festschrift für Claus Roxin zum 80. Geburtstag am 15. Mai 2011, De Gruyter, Berlin 2011 (zitiert: *Papathanasiou*, FS Roxin, S.).

Paschos, Nikolaos / Goslar, Sebastian: Unabhängigkeit von Aufsichtsratsmitgliedern nach den neuesten Änderungen des Deutschen Corporate Governance Kodex, NZG 2012, S. 1361 ff.

Penner, Eduard: Tod eines Wiedergängers? Vorsätzliche contra wissentliche Pflichtverletzung in der D&O-Versicherung, VersR 2006, 1359 ff.

Peters, Kai: Angemessene Informationsbasis als Voraussetzung pflichtgemäßen Vorstandshandelns, AG 2010, S. 811 ff.

Poelzig, Dörte / Thole, Christoph: Kollidierende Geschäftsleiterpflichten, ZGR 2010, S. 836 ff.

Prölss, Erich / Martin, Anton: Versicherungsvertragsgesetz – Kommentar, 29. Auflage, Beck, München 2015 (zitiert: *Verfasser*, Prölss/Martin VVG, Paragraph, Rn.).

Prütting, Hanns: Die Ausgrenzung des Syndikus – ein Schritt in die falsche Richtung, AnwBl 2013, S. 78 ff.

Prütting, Hanns: Die Folgen der BSG-Urteile: Berufsverbot für die deutschen Syndikusanwälte?, AnwBl 2014, S. 788 ff.

Puppe, Ingeborg: Bemerkungen zum Verbotsirrtum und seiner Vermeidbarkeit, Festschrift Rudolphi zum 70. Geburtstag, Wolters Kluver, Neuwied 2004 (zitiert: *Puppe*, FS Rudolphi, S.).

Raiser, Thomas / Veil, Rüdiger: Das Recht der Kapitalgesellschaften, Ein Handbuch für Praxis und Wissenschaft, 6. Auflage, München 2015 (zitiert: *Raiser/Veil*, Recht der Kapitalgesellschaften, Paragraph, Rn.).

Redeke, Julian: Zu den Organpflichten bei bestandsgefährdenden Risiken, ZIP 2010, S. 159 ff.

Reichert, Jochem / Ott, Nicolas: Non Compliance in der AG – Vorstandspflichten im Zusammenhang mit der Vermeidung, Aufklärung und Sanktionierung von Rechtsverstößen, ZIP 2009, S. 2173 ff.

Römer, Wolfgang / Langheid, Theo: Versicherungsvertragsgesetz mit VVG-Informationspflichtenverordnung – Kommentar, 4. Auflage, Beck, München 2014 (zitiert: *Verfasser*, Römer/Langheid VVG, Paragraph.

Römermann, Volker: Steuerberater: Geborene Mittäter bei der Insolvenzverschleppung?, GmbHR 2013, S. 513 ff.

Rolf, Christian / Siewert, Katharina / Tamcke, Christoph: Vertrauen ist gut, Kontrolle ist besser – Warum der Aufsichtsrat bei Compliance-Verstößen Vorstände in Regress nehmen muss, CB 2016, S. 1 ff.

Roth, Günter / Altmeppen, Holger: Gesetz betreffend die Gesellschaften mit beschränkter Haftung (GmbHG) – Kommentar, 8. Auflage, Beck, München 2015 (zitiert: *Verfasser*, Roth/Altmeppen GmbHG, Paragraph, Rn.).

Roxin, Claus: Strafrecht – Allgemeiner Teil, Band I, 4. Auflage, Beck, München 2006 (zitiert: Roxin, Strafrecht AT I, Paragraph, Rn.).

Roxin, Claus: Über Tatbestands- und Verbotsirrtum; Festschrift für Klaus Tiedemann zum 70. Geburtstag, Heymanns, Köln 2008 (zitiert: *Roxin*, FS Tiedemann, S.).

Rüffer, Wilfried / Halbach, Dirk / Schimikowski, Peter: Versicherungsvertragsgesetz – Handkommentar, 3. Auflage, Nomos, Baden-Baden 2015 (zitiert: *Verfasser*, Rüffer/Halbach/Schimikowski VVG, Paragraph, Rn.).

Saenger, Ingo: Gesellschaftsrecht, 2. Auflage, Vahlen, München 2015 (zitiert: Saenger, Gesellschaftsrecht, Paragraph, Rn.).

Safferling, Christoph: Bestimmt oder nicht bestimmt? Der Untreuetatbestand vor den verfassungsrechtlichen Schranken, NStZ, 2011, S. 376 ff.

Saliger, Frank: Das Untreuestrafrecht auf dem Prüfstand der Verfassung, NJW 2010, S. 3195 ff.

Sander, Günther M.: Münchener Kommentar zum StGB, Band 4, §§ 185–262, 2. Auflage, Beck, München 2012 (zitiert: *Verfasser*, MüKo-StGB, Paragraph, Rn.).

Satzger, Helmut / Schluckebier, Wilhelm / Widmaier, Gunter: Strafgesetzbuch – Kommentar, 2. Auflage, Heymanns, Köln 2014 (zitiert: *Verfasser*, Satzger/Schluckebier/ Widmaier, Paragraph, Rn.).

Schäfer, Achim / Zeller, Ulrich: Finanzkrise, Risikomodelle und Organhaftung, BB 2009, S. 1706 ff.

Schäfer, Carsten: Gesellschaftsrecht, 4. Auflage, Beck, München 2015 (zitiert: Schäfer, Gesellschaftsrecht, Paragraph, Rn.).

Scheffler, Eberhard: Rolle des Aufsichtsrats bei der Vermeidung und Überwindung von Unternehmenskrisen, BB 2014, S. 2859 ff.

Schmidt, Prof Karsten / Lutter, Marcus: Aktiengesetz – Kommentar, 1. Band §§ 1–149, 3. Auflage, Schmidt, Köln 2015 (zitiert: *Verfasser*, Schmidt/Lutter AktG, Paragraph, Rn.).

Schmitz-Remberg, Florian J.: Existenzgefährdende Maßnahmen im Lichte der Business Judgement Rule des § 93 Abs. 1 S. 2 AktG, BB 2014, S. 2701 ff.

Schmolke, Klaus Ulrich: Die Abberufung des Vorstands auf Verdacht – Ein Beitrag zur Auslegung des § 84 Abs. 3 AktG, AG 2014, S. 377 ff.

Schneider, Uwe: Anwaltlicher Rat zu unternehmerischen Entscheidungen bei Rechtsunsicherheit, DB 2011, S. 99 ff.

Schneider, Uwe: Die Haftung von Mitgliedern des Vorstands und der Geschäftsführer bei Vertragsverletzungen der Gesellschaft, Festschrift Uwe Hüffer, Beck, München 2010, S. 905 ff.

Schnorbus, York / Ganzer, Felix: Recht und Praxis der Prüfung von Vorstandsfehlverhalten durch den Aufsichtsrat – Teil I, WM 2015, S. 1832 ff.

Schnorbus, York / Ganzer, Felix: Recht und Praxis der Prüfung von Vorstandsfehlverhalten durch den Aufsichtsrat – Teil II, WM 2015, S. 1877 ff.

Schönke, Adolf / Schröder, Horst: Strafgesetzbuch – Kommentar, 29. Auflage, Beck, München 2014 (zitiert: *Verfasser*, Schönke/Schröder, Paragraph, Rn.).

Scholl, Bernd: Vorstandshaftung und Vorstandsermessen – Rechtliche und ökonomische Grundlagen, ihre Anwendung in der Finanzkrise sowie der Selbstbehalt in der D&O-Versicherung, Dissertation, Nomos, Beck, München 2015 (zitiert: *Scholl*, Vorstandshaftung und Vorstandsermessen, S.).

Schwarz, Benno: Im Fadenkreuz der Regulatoren – worauf strategische und Private-Equity-Investoren bei M&A-Transaktionen achten müssen, BB 2012, S. 136 ff.

Schwintowski, Hans-Peter / Brömmelmeyer, Christoph: Praxiskommentar zum Versicherungsvertragsrecht, 2. Auflage, ZAP, Münster 2011 (zitiert: *Verfasser*, Schwintowski/Brömmelmeyer, Paragraph, Rn.).

Selter, Wolfgang: Haftungsrisiken bei fehlendem und von Aufsichtsratsmitgliedern bei vorhandenem Fachwissen, AG 2012, S. 11 ff.

Simon, Stefan / Merkelbach, Matthias: Organisationspflichten des Vorstands betreffend das Compliance-System – Der Neubürger-Fall, AG 2014, S. 318 ff.

Späth, Wolfgang: Probleme der wissentlichen Pflichtverletzung in der Berufshaftplichtversicherung nach § 4 Nr. 6 AVB-WB, VersR 2000, S. 825 f.

Spindler, Gerald: Die Haftung von Vorstand und Aufsichtsrat für fehlerhafte Auslegung von Rechtsbegriffen, Festschrift Canaris, Band II, Beck, München 2007, S. 402 ff.

Spindler, Gerald: Organhaftung in der AG – Reformbedarf aus wissenschaftlicher Perspektive, AG 2013, S. 889 ff.

Spindler, Gerald / Stilz, Eberhard: Kommentar zum Aktiengesetz, Band 1, 3. Auflage, Beck, München 2015 (zitiert: *Verfasser*, Spindler/Stilz AktG, Paragraph, Rn.).

Staudinger, Julius von / Gursky, Karl-Heinz: J. von Staudingers Kommentar zum Bürgerlichen Gesetzbuch mit Einführungsgesetz und Nebengesetzen, Buch 2 – §§ 255–304, Neubearbeitung 2009, de Gruyter, Berlin (zitiert: *Verfasser*, Staudinger-BGB, Paragraph, Rn.).

Staudinger, Julius von / Gursky, Karl-Heinz: J. von Staudingers Kommentar zum Bürgerlichen Gesetzbuch mit Einführungsgesetz und Nebengesetzen, Buch 2 – §§ 249–255, Neubearbeitung 2014, de Gruyter, Berlin (zitiert: *Verfasser*, Staudinger-BGB, Paragraph, Rn.).

Steinkühler, Stefan: D&O ad absurdum?, VW 2003, S. 1734 f.

Strohn, Lutz: Beratung der Gesellschaft durch Spezialisten als Ausweg aus der Haftung, ZHR 176, S. 137 ff.

Terbille, Michael / Höra, Knut: Münchener Anwaltshandbuch Versicherungsrecht, 3. Auflage, Beck, München 2013 (zitiert: *Verfasser*, Handbuch Versicherungsrecht, Paragraph, Rn.).

Theisen, Manuel: Musste die Titanic wirklich untergehen ... – oder hätte ein Gutachten das Drama verhindern können?, BB 2012, Vorwort Heft 38.

Theusinger, Ingo / Liese, Jens: Rechtliche Risiken einer Corporate Governance-Erklärung, DB 2008, S. 1419 ff.

Thietz-Bartram, Jochim: Friedenssicherung in der Anwaltschaft – ein Appell, AnwBl 2014, S. 791 ff.

Thole, Christoph: Managerhaftung für Gesetzesverstöße – Die Legalitätspflicht des Vorstands gegenüber seiner Aktiengesellschaft, ZHR 173 (2009), S. 504 ff.

Thomas, Stefan: Bußgeldregress, Übelszufügung und D&0-Versicherung, NZG 2015, S. 1409 ff.

Verse, Dirk A.: Zur Legalitätskontrollpflicht der Geschäftsleiter einer Konzernobergesellschaft, ZHR 175 (2011), S. 401 ff.

Vetter, Eberhard: Aktienrechtliche Organhaftung und Satzungsautonomie – Überlegungen de lege feranda, NZG 2014, S. 921 ff.

Vothknecht, Michael: Die wissentliche Pflichtverletzung in der Vermögensschaden-Haftpflicht- / D&O-Versicherung , PHi 2006, S. 52 ff.

Wagner, Jens: Die Rolle der Rechtsabteilung bei fehlenden Rechtskenntnissen der Mitglieder von Vorstand und Geschäftsführung, BB 2012, S. 651 ff.

Wagner, Gerhard: Organhaftung im Interesse der Verhaltenssteuerung – Skizze eines Haftungsregimes, ZHR 178 (2014), S. 227 ff.

Weber-Rey, Daniela: 10 Jahre Deutscher Corporate Governance Kodex, KSzW 2013, S. 77 ff.

Werder, Axel v. / Bartz, Jenny: Corporate Governance Report 2013: Abweichungskultur und Unabhängigkeit im Lichte der Akzeptanz und Anwendung des aktuellen DCGK, DB 2013, S. 885 ff.

Werner, Rüdiger: Die Compliance-Aufgabe des Aufsichtsrats, ZWH 2014, S. 449 ff.

Westermann, Peter / Mock, Klaus: Festschrift für Gerold Bezzenberger zum 70. Geburtstag, de Gruyter, Berlin/New-York 2000 (zitiert: *Verfasser*, Festschrift Bezzenberger, S.).

Westermann, Peter / Paefgen, Walter: Kommentierung Aktiengesetz Großkommentar, JZ 2008, 988 f.

Wettich, Carsten: Aktuelle Entwicklungen und Trends in der Hauptversammlungssaison 2015 und Ausblick auf 2016, AG 2015, S. 681 ff.

Wiedemann, Herbert: Verantwortung in der Gesellschaft – Gedanken zur Haftung der Geschäftsleiter und der Gesellschafter in der Kapitalgesellschaft, ZGR 2011, S. 183 ff.

Wilsing, Hans-Ulrich: Deutscher Corporate Governance Kodex – Kommentar, Vahlen, München 2012 (zitiert: *Verfasser*, Wilsing-DCGK, Paragraph, Rn.)

Windbichler, Christine: Gesellschaftsrecht, 23. Auflage, Beck, München 2013 (zitiert: Windbichler, Gesellschaftsrecht, Paragraph, Rn.).

Zimmer, Mark: Regress bei Korruption und Kartellverstößen, BB Special 2007, Heft 8, S. 1.

Zimmermann, Martin: Kartellrechtliche Bußgelder gegen Aktiengesellschaft und Vorstand: Rückgriffsmöglichkeiten, Schadensumfang und Verjährung, WM 2008, S. 433 ff.

Zöllner, Wolfgang / Noack, Ulrich : Kölner Kommentar zum AktG – Band 2/1 – §§ 76–94, 3. Auflage, Carl Heymanns, Köln 2010 (zitiert: *Verfasser*, KöKo-AktG, Paragraph, Rn.).

C. Abkürzungsverzeichnis

aA.	Andere Auffassung
aaO.	Am angebenen Ort
Abs.	Absatz
AEUV	Vertrag über die Arbeitsweise der Europäischen Union
AG	Aktiengesellschaft
AG	Die Aktiengesellschaft (Fachzeitschrift)
AktG	Aktiengesetz
AnwBl	Anwaltsblatt (Fachzeitschrift)
ArbG	Arbeitsgericht
Art.	Artikel
AT	Allgemeiner Teil
BaFin	Bundesanstalt für Finanzdienstleistungsaufsicht
BB	Betriebs-Berater (Fachzeitschrift)
BCCG	Berlin Center of Corporate Governance
Bd.	Band
Begr.-RegE	Begründung Regierungsentscheid
BGB	Bürgerliches Gesetzbuch
BGH	Bundesgerichtshof
BSG	Bundessozialgericht
BT-Drucks.	Bundestags-Drucksache
BverfG	Bundesverfassungsgericht
CCZ	Corporate Compliance Zeitschrift (Fachzeitschrift)
CB	Compliance Berater (Fachzeitschrift)
DAX	Deutscher Aktienindex
DB	Der Betrieb (Fachzeitschrift)
DCGK	Deutscher Corporate Governance Kodex
EuGH	Europäischer Gerichtshof
f.	folgende
ff.	fortfolgende
Fn.	Fußnote
FS	Festschrift
ggfs.	gegebenenfalls
GmbH	Gesellschaft mit beschränkter Haftung
GmbHG	Gesetz betreffend die Gesellschaften mit beschränkter Haftung
GmbHR	GmbH-Rundschau (Fachzeitschrift)
GWB	Gesetz gegen Wettbewerbsbeschränkungen
InsO	Insolvenzordnung
iSd	im Sinne des
iVm	in Verbindung mit
JZ	JuristenZeitung (Fachzeitschrift)

KSzW	Kölner Schrift zum Wirtschaftsrecht (Fachzeitschrift)
KWG	Gesetz über das Kreditwesen (Kreditwesengesetz)
LArbG	Landesarbeitsgericht
LG	Landgericht
mwN	Mit weiteren Nachweisen
NJW	Neue Juristische Wochenschrift (Fachzeitschrift)
NStZ	Neue Zeitschrift für Strafrecht (Fachzeitschrift)
NZA	Neue Zeitschrift für Arbeitsrecht (Fachzeitschrift)
NZG	Neue Zeitschrift für Gesellschaftsrecht (Fachzeitschrift)
OLG	Oberlandesgericht
OwiG	Gesetz über Ordnungswidrigkeiten
RIW	Recht der internationalen Wirtschaft (Fachzeitschrift)
Rn.	Randnummer
Rz.	Randziffer
S.	Seite
St. Rspr.	Ständige Rechtsprechung
StGB	Strafgesetzbuch
StPO	Strafprozessordnung
StrafR	Strafrecht
VersR	Zeitschrift für Versicherungsrecht (Fachzeitschrift)
Vgl.	Vergleiche
VVG	Gesetz über den Versicherungsvertrag (Versicherungsvertragsgesetz)
WM	Wertpapier-Mitteilungen (Fachzeitschrift)
WpHG	Gesetz über den Wertpapierhandel (Wertpapierhandelsgesetz)
ZGR	Zeitschrift für Unternehmens- und Gesellschaftsrecht (Fachzeitschrift)
ZBB	Zeitschrift für Bankrecht und Bankwirtschaft (Fachzeitschrift)
ZHR	Zeitschrift für das gesamte Handels- und Wirtschaftsrecht (Fachzeitschrift)
ZIP	Zeitschrift für Wirtschaftsrecht (Fachzeitschrift)
ZWH	Zeitschrift für Wirtschaftsstrafrecht und Haftung im Unternehmen (Fachzeitschrift)
PHi	Produkthaftpflicht international (Fachzeitschrift)

D. Einleitung

Die Haftung von Gesellschaftsorganen für pflichtwidriges Verhalten ist spätestens seit dem Schadensersatzprozess des ehemaligen Deutsche Bank-Vorstandes Rolf Breuer wegen seiner öffentlichen Infragestellung der Kreditwürdigkeit des Medienunternehmers Leo Kirch, die dessen baldige Insolvenz zur Folge hatte, in das breite Bewusstsein der Bevölkerung gerückt. Verbrachte die Inanspruchnahme von Organen durch das Unternehmen selbst bis in die frühen 1990er Jahre noch Nischendasein, so ist spätestens seit dem Kollaps der Investment-Bank Lehman Brothers und der mit ihr einhergehenden Finanz- und Wirtschaftskrise auch der öffentliche Ruf nach einer verschärften Haftung der „Manager da oben" zur breiten gesellschaftlichen Forderung aufgestiegen. Wegen dieser gesellschaftlichen Brisanz aber auch seiner rechtlichen Komplexität wurde das Thema der Organhaftung als zentrales Thema des Deutschen Juristentages 2014 behandelt[1], und dabei Wege zur rechtlichen Handhabung der Haftung sowie ihrer Anforderungen in der Zukunft kontrovers erörtert.

Innerhalb des Komplexes der Organhaftung gewinnt die Pflicht der Unternehmensführer das Unternehmen entsprechend gesetzlicher Regularien zu führen und Rechtsverstöße nicht nur im Nachhinein aufzuklären, sondern sie bereits im Vorfeld zu vermeiden, eine immer gewichtigere Rolle ein. So wurden in der jüngeren Vergangenheit beispielsweise Unternehmen wie die Deutsche Bank, Siemens oder Thyssen Krupp nicht nur medienwirksam durch Strafverfolgungsbehörden durchsucht und strafrechtlich verfolgt. Die einst so wahrgenommene Beißhemmung der Justiz gegen führende Persönlichkeiten der Wirtschaft ist einer regen Inanspruchnahme der Justiz durch Ersatzzahlungen im Zivilrecht oder aber auch Strafverfolgung durch Staatsanwaltschaften gewichen. Nicht zuletzt seit dem Fall Siemens/Neubürger, der an späterer Stelle gesondert zu beleuchten ist, steht auch die Inanspruchnahme der Organe für Schäden aus der Verletzung von Gesetzen durch das Unternehmen und der hierdurch ausgelösten Verfolgungsmaßnahmen im zentralen Fokus der Öffentlichkeit.

Die vorliegende Arbeit soll diese sog. Legalitätspflicht zum Gegenstand haben und einer umfassenden Analyse unterziehen und einen Beitrag zur bisher noch offenen Frage der Behandlung von Legalitätspflichtverletzungen bei unsicherer Rechtslage leisten und Lösungswege aufzeigen. Wegen der anhaltenden Novellierung immer weiterer Bereiche des Wirtschaftslebens, deren Komplexität in Breite wie auch Tiefe zunimmt, kommt der rechtlichen Handhabung dieser Problematik eine gewichtige Rolle im täglichen Entscheidungsumfeld von Vorständen zu.

1 Vgl. diesbezüglich das instruktive Gutachten: *Bachmann*, Reform der Organhaftung, S. E 1 ff., historisch sei die „Organhaftungsdebatte durch Skandale getrieben" (E 11).

Hierbei soll zunächst im Allgemeinen Teil die rechtliche Grundlage der Legalitätspflicht und ihre Verortung im allgemeinen Haftungsregime der Organhaftung für unternehmerisches Handeln analysiert werden. Hierfür ist vorab die unternehmerische Entscheidung als eine Entscheidung in Unsicherheit und die grundsätzliche Zulässigkeit der Eingehung von Risiken sowie die sich daraus ergebenden Folgen für den Pflichtwidrigkeitsvorwurf in den Blick zu nehmen. Denn stellt nicht auch die Bewertung einer bis dahin unklaren Rechtslage eine Entscheidung unter Unsicherheit dar, bei deren Handhabung es eigentlich kein Richtig oder Falsch geben kann? Ist dem betroffenen Vorstandsmitglied nachträglich überhaupt ein Pflichtwidrigkeitsvorwurf zu machen, wenn er sich für eine vertretbare Rechtsauslegung entschieden, aber damit nicht die spätere Auslegung eines Gerichts oder Behörde getroffen hat? Zivilrechtsübergreifend soll hierzu auch die Behandlung des Verbotsirrtums im Strafrecht herangezogen werden, die vor vergleichbaren Herausforderungen steht.

Sodann ist im Rahmen einer Analyse der Haftung zu fragen, ob pflichtvergessene Vorstände auch per se für ihr Verhalten in Regress zu nehmen sind oder ob aus überwiegendem Unternehmensinteresse zugunsten eines verdienten Organmitglieds auch von Inanspruchnahmen abgesehen werden kann. Denn derzeit ist, auch wenn die meisten Inanspruchnahmen diskret im Wege von nicht-öffentlichen Schiedsgerichten oder Vergleichsvereinbarungen erfolgen, gleichwohl eine verstärkte Inanspruchnahme von Organen zu konstatieren[2]. Ist es nicht vertretbar ein verdientes Organmitglied, das Jahre tadellos und erfolgreich das Unternehmen gelenkt hat, von einer Inanspruchnahme zu verschonen, um sich so seine weitere Mitarbeit oder zumindest die Aufarbeitung einer Fehlentscheidung zu sichern? Was genau ist überhaupt ein überwiegendes Unternehmensinteresse?

Der besondere Teil der vorliegenden Arbeit wird sodann die rechtlichen Möglichkeiten ausleuchten, Legalitätspflichtverstöße oder zumindest eine (persönliche) Inanspruchnahme des pflichtvergessenen Organmitglieds durch die Gesellschaft oder Dritte zu vermeiden.

Dabei soll die sog. ISION-Entscheidung des BGH eine zentrale Rolle einnehmen. In dem Urteil vom 20.09.2011[3] bezog der BGH erneut[4] , wenn auch erstmals in großem Umfang, zum entschuldigten[5] Rechtsirrtum des Vorstands und des

---

2 *Bachmann*, Reform der Organhaftung, S. E 12 ff., wonach Deutschland nach den USA das Land mit den meisten Meldungen von Organhaftpflichtfällen im Rahmen der D&O Versicherung sei.

3 BGH, Urteil vom 20.09.2011 – II ZR 234/09, juris.de; Fortführung: BGH, Urteil vom 28.04.2015 – II ZR 63/14, juris.de.

4 Bspw. BGH, Urteil vom 14.05.2007 – II ZR 46/06, juris.de, zur Frage der Hinzuziehung eines Wirtschaftsprüfers im Rahmen einer insolvenzrechtlichen Fragestellung.

5 Soweit der BGH stets vom entschuldigten Rechtsirrtum spricht, hat dies mit seiner tatbestandlichen Zuordnung zu tun. Da eine genaue Untersuchung zur tatbestandlichen Verortung noch erfolgen soll, wird hier allgemein vom unvermeidbaren Rechtstsirrtum gesprochen.

Aufsichtsrats einer AG bei Hinzuziehung externen Rechtsrats Stellung. Die vom BGH dabei aufgestellten Kriterien sollen herausgestellt und näher konkretisiert werden. Besonderes Augenmerk wird dabei auf der höchst aktuellen und gewichtigen Frage liegen, inwieweit auch die Rechtsabteilung ein unabhängiger Berater der Organe sein und dabei helfen kann, Legalitätspflichtverstöße zu vermeiden.

Liegt hingegen ein Verstoß gegen die Legalitätspflicht vor und droht dem pflichtvergessenen Organmitglied daraufhin die Inanspruchnahme zwecks Schadensersatzes, stellt sich die Frage, ob das Unternehmen die Möglichkeit hat, die betroffene Person bereits im Vorhinein oder aber zumindest im Nachhinein von einer Inanspruchnahme freizustellen. Hierbei wird der Problematik zu begegnen sein, dass ein Unternehmen zwar grundsätzlich ein Interesse daran haben kann, ein verdientes Organmitglied trotz schadensträchtiger Verfehlung weiterhin an das Unternehmen zu binden, sich jedoch nicht selbst strafbar machen oder Gesellschaftskapital verschenken darf.

Zuletzt soll der Frage nachgegangen werden, wie zumindest der finanzielle Schaden eines Organmitglieds aus der Inanspruchname wegen eines Legalitätspflichtverstoßes aufgefangen werden kann. Dafür soll die D&O-Versicherung kurz dargestellt und sodann daraufhin untersucht werden, ob mit ihr auch Schäden aus Rechtsverstößen aufgefangen werden können.

Abschließend werden im Rahmen eines Fazits die gewonnenen Erkenntnisse nochmals thesenartig zusammengefasst.

E. Allgemeiner Teil – Legung der Grundlagen

Zu Beginn soll nun die Rechtswirklichkeit eines Organmitglieds im Entscheidungsfindungsprozess der tagtäglichen Unternehmensführung eingehend in den Blick genommen werden. Dabei orientiert sich die vorliegende Dissertation an der Aktiengesellschaft[6]. Neben der vorzunehmenden Erörterung und Analyse der Legalitätspflicht soll auch insbesondere der Zusammenhang einer Leitungsentscheidung mit anderen wesentlichen entscheidungsbildenden Parametern herausgestellt werden. Hierzu ist ein Verständnis der Vielschichtigkeit der Entscheidungsfindung als Abwägung von Chancen und Risiken zum Wohle des Unternehmens, der vorausgehenden Pflicht zur umfassenden Erfassung aller relevanten Informationen sowie dem Druck einer angemessen Kosten- / Nutzenabwägung wesentlich. Hierbei ist von besonderer Wichtigkeit die Leitungsentscheidung eines Vorstands als eine Entscheidung unter Unsicherheit herauszuarbeiten. Der grundsätzlichen Untersuchung der Legalitätspflicht soll daher in der gebotenen Kürze eine Darlegung dieser entscheidungsprägenden Parameter vorausgehen, insbesondere mit dem Blick auf die Abwägung von Chancen und Risiken unter Unsicherheit. Im Anschluss soll die Rolle des Aufsichtsrats als Überwacher und Berater des Vorstandes, der selbst der Legalitätspflicht unterliegt, näher analysiert werden. Der allgemeine Teil soll sodann mit einer Analyse des Haftungsregimes enden, insbesondere hinsichtlich der Möglichkeit, einen Schadensersatzanspruch der Gesellschaft wegen eines Legalitätspflichtverstoßes (vorerst) nicht durchzusetzen.

I. Die Entscheidungsfindung des Vorstands im Rahmen der sog. Business Judgment Rule, § 93 Abs. 1 S. 2 AktG

1) Die Abwägung von Chancen und Risiken unter Unsicherheit als Kern unternehmerischer Entscheidungsfindung

Der Vorstand einer Aktiengesellschaft leitet das Unternehmen gemäß § 76 Abs. 1 AktG unter eigener Verantwortung und ist dementsprechend grundsätzlich weisungsfrei[7]. Hierbei hat er den Vorteil der Gesellschaft am Markt zu suchen und

6 Soweit angezeigt, werden auch immer wieder Verweise auf andere Gesellschaftsformen, wie bspw. die GmbH erfolgen.

7 *Schäfer*, Gesellschaftsrecht, § 41, Rn. 7, Die Weisungsfreiheit gegenüber Gesellschaftern als wesentliches Abgrenzungskriterium gegenüber der GmbH; *Wiesner*, Münch. Hdb. AG, § 19, Rn. 13; zur Unterschiedlichkeit der Strukturen von AG und GmbH hinsichtlich unternehmerischer Entscheidungsfindung im Besonderen: *Fleischer*, NZG 2011, 521 (523 ff.); *Wiedemann*, ZGR 2011, 184 (187).

zugleich Schaden von ihr abzuwenden[8]. Eine Beschränkung der Entscheidungsfreiheit erfolgt grundsätzlich nur durch den in der Satzung gemäß § 23 Abs. 3 Nr. 2 AktG festgelegten Unternehmensgegenstand und dem regelmäßig bestehenden Verbandszweck der Renditeerzielung beziehungsweise der Steigerung des Unternehmenswertes[9]. Zur Erfüllung dieser Leitungspflicht[10] ist er daher zur Wahrnehmung der Geschäftsführung gemäß § 77 AktG und zur gerichtlichen und außergerichtlichen Vertretung der Gesellschaft gemäß § 78 AktG berechtigt[11]. Welche Pflichten dem Vorstand hierbei im Detail „als ordentlicher und gewissenhafter Geschäftsmann"[12] obliegen, lässt sich – ausweislich einiger genereller Pflichten[13] – nicht pauschal beschreiben, sondern ist von Gesellschaft zu Gesellschaft in Abhängigkeit ihrer Größe und ihrem Tätigkeitsfeld einzelfallabhängig zu bestimmen[14].

Die Entscheidungsfindung der Geschäftsleitung eines am Wirtschaftsleben teilnehmenden Unternehmens lässt sich hiervon unabhängig jedoch grundsätzlich als verantwortliches Abwägen und Wahrnehmen von Chancen und Risiken[15] am Markt[16] begreifen[17]. Denn keine unternehmerische Tätigkeit ist ohne Risiko[18]. Kennzeichnend

---

8 *Spindler*, MünchKommAktG, § 93, Rn. 26; *Mertens/Cahn*, KölnKommAktG, § 76, Rn. 9 f.

9 *Mertens/Cahn*, KölnKommAktG, § 76, Rn. 9; *Krieger*, Handbuch Managerhaftung, § 3, Rn. 6.; *Baums*, ZGR 2011, 221 (231 ff.): mit der Begründung, dass Anteilseigner und Fremdkapitalgeber nur mit dem in der Satzung definierten Tätigkeitsfeld und den hieraus folgenden Risiken einverstanden seien.

10 *Paefgen*, Unternehmerische Entscheidungen, S. 17, differenziert hier treffend zwischen der Legalitätspflicht und der Ermessenspflicht, worauf später vertieft einzugehen ist.

11 *Saenger*, Gesellschaftsrecht, § 15, Rn. 574; *Windbichler*, Gesellschaftsrecht, § 27, Rn. 18, 22.

12 *Spindler*, MünchKommAktG, § 93, Rn. 25; *Fleischer*, NZG 2010, 121 (122).

13 *Schäfer*, Gesellschaftsrecht, § 41, Rn. 8.

14 *Grunewald*, Gesellschaftsrecht, 2. C. Rn. 47; *Habersack*, FS Schneider 2011, 429 (430 f.); *Wiesner*, Münch. Hdb AG, § 25, Rn. 5; *Böttcher*, NZG 2009, 1047 (1049 f.); vgl. zudem *Wiedemann*, ZGR 2011, 184 (189 f.), zur Entwicklung der Verpflichtung zur Berücksichtigung von Gemeinwohl- und Sozialbelangen; *Krause*, BB 2009, 1370 (1371).

15 Risiko als Gefahr der Realisierung eines Nachteils zulasten des Unternehmens, vgl. *Pampel/Glage*, Corporate Compliance, § 5, Rn. 5 ff., mit detaillierter Darstellung verschiedener Risiken, wobei im Rahmen dieser Arbeit allein unternehmerischen und finanziellen Risiken von Belang sein sollen, vgl. insbesondere nachfolgende Darstellung unter D.I.4) b) und c).

16 *Dauner-Lieb*, FS Röhricht, 83 (95), das Wahrnehmen von Chancen am Markt als Kern unternehmerischer Leitungsentscheidungen in Abgrenzung zu gewöhnlichen Entscheidung des täglichen Bürolebens, die so auch jeder Angestellte treffen kann; *Arnold*, Die Steuerung des Vorstandshandelns, S. 177.

17 *Schneider*, FS Hüffer 2010, 905 (907).

18 *Lang/Balzer*, WM 2012, 1167 (1168); *Hauschka*, GmbHR 2007, 11 (13).

für eine unternehmerische Tätigkeit ist ihre Entscheidung in Unsicherheit[19]. Dies zeichnet sich dadurch aus, dass einerseits die unternehmerischen Leitungsentscheidungen, also bspw. in welches Produkt das Unternehmen maßgeblich investieren soll, um hierdurch den bestmöglichen Absatz zu erzielen, nicht vorhersehbar ist, und andererseits die der Entscheidungsfindung zugrunde zu legenden Informationen durch den knappen Faktor Zeit und ihrer begrenzten Aussagekraft für die Zukunft beschränkt sind[20]. Niemand kann vorhersagen, wie sich ein spezielles Produkt am Markt entwickelt oder eine strategische Aufstellung im Markt sich letztlich auswirkt. Entscheidet sich beispielsweise ein weltweit operierender Industriekonzern wie Siemens dazu, im Zuge des Ausstiegs der Bundesrepublik Deutschland aus der Energiegewinnung aus Atom- und großen Gaskraftwerken, fortan im Kraftwerksbau vermehrt auf die dezentrale Versorgung mit Gasturbinen zu setzen, kann trotz durchdachter Planung niemand sicher sagen, wie sich diese Geschäftsentscheidung wirtschaftlich auswirkt[21]. Daher ist das typische und unvermeidbare unternehmerische Risiko im Kern nicht zu fassen und folglich auch nicht dahingehend justiziabel, ob sie richtig oder falsch ist[22].

Aus diesem Grunde muss es bei der Unternehmensleitung auch nicht allein um Risikovermeidung, sondern vielmehr um dessen Handhabung gehen[23]. Jedes Risiko birgt nämlich bei einer angemessenen Risikopolitik, also dem frühzeitigen und umfassenden Erkennen der Risiken, die Chance auf Gewinne und somit eine Wertsteigerung des Unternehmens[24]. Daher soll auch eine (übertriebene) Risikoaversion vermieden werden[25], da Chancen auf einen Gewinn ohne das Risiko eines Verlustes eben nicht zu haben sind[26]. Stets müssen die gesetzlichen Anforderungen an die Tätigkeit eines Unternehmens und ihre Mitarbeiter, das Ziel möglichst profitabel zu wirtschaften und die hiermit untrennbar verbundene Notwendigkeit zur Eingehung von Risiken in ein angemessenes Verhältnis zueinander gestellt werden[27].

---

19 *Dauner-Lieb*, Unternehmen in Sondervermögen, S. 25 f.; *dieselbe*, FS Röhricht, 83 (84 f.).

20 *Dauner-Lieb*, FS Röhricht, 83 (84 f.); *Arnold*, Die Steuerung des Vorstandshandelns, S. 172.

21 Vgl. Handelsblatt vom 09.06.2015, die Entscheidung von Siemens, aufgrund der europäischen Abkehr von der Nachfrage nach großen Atom- und großen Gaskraftwerken mit geplantem Abbau von tausenden Stellen sowie der Investition in die dezentrale Energieversorgung mit kleineren Gasturbinen zu investieren.

22 *Dauner-Lieb*, Unternehmen in Sondervermögen, S. 25 ff.; *dieselbe*, Henssler/Strohn GesR, § 93 AktG, Rn. 18; *dieselbe*, FS Röhricht, 83 (88 f.); *dieselbe*, ZGR 2008, 34 (35); *Arnold*, Die Steuerung des Vorstandshandelns, S. 176 f.

23 *Baums*, ZGR 2011, 218 (219); *Hauschka*, AG 2004, 461 (467f.).

24 *Pampel/Gage*, Corporate Compliance, § 5, Rn. 9; *Dauner-Lieb*, FS Röhricht, 83 (88).

25 Zu einer gesteigerten Risikoaversion kann es aus Gläubigerschutzaspekten jedoch im Zeitpunkt bestandsgefährdender Entwicklungen der Gesellschaft kommen, vgl. *Baums*, ZGR, 2011, 218 (253).

26 *Dauner-Lieb*, FS Röhricht, 83 (89).

27 *Dauner-Lieb*, Unternehmen in Sondervermögen, S. 26; *dieselbe*, FS Röhricht, 83 (85), durchaus kritisch zur Frage, ob eine flächendeckende Regulierung, wie bspw. im

Eine solche unternehmerische, also mithin abwägende Entscheidung beruht daher meist auf Instinkt, Erfahrung, Phantasie und Gespür[28].

In dieser Abwägung ist der Vorstand prinzipiell frei[29] und hat einen weiten Gestaltungsspielraum, muss aber die Sorgfalt eines ordentlichen und gewissenhaften Geschäftsleiters anwenden, § 93 Abs. 1 AktG[30]. Eine darüber hinaus gehende konkrete Pflichtenzuschreibung erfolgt durch die AG im Vorfeld grundsätzlich nicht, da der Vorstand gerade aufgrund seiner größeren unternehmerischen Fähigkeiten be- und angestellt wird und es dieser Beauftragung widerspräche, würde man die Pflichten dennoch vorab festlegen[31]. Zwar trägt der Vorstand wegen der Trennung von Unternehmensleitung und Kapitalbeteiligung nicht unmittelbar das unternehmerische Risiko, jedoch haftet er der Gesellschaft und Dritten, als „Treuhänder fremden Vermögens"[32] für schuldhafte Pflichtverletzungen[33]. Hierbei kommt der Vorschrift des § 93 Abs. 1 AktG eine Doppelfunktion zu, da sie neben dem für § 93 Abs. 2 AktG nötigen Verschuldensmaßstab zugleich die objektive Verhaltenspflicht normiert[34]. Denn nur gemessen an dem, wozu der Vorstand nach §§ 76, 93 Abs. 1 AktG verpflichtet ist, beziehungsweise, was er hiernach zu unterlassen hat, kann eine Haftung nach § 93 Abs. 2 AktG begründet werden. Auf die dann hierauf aufbauende Haftung ist zu späterem Zeitpunkt einzugehen.

Um der grundsätzlichen Notwendigkeit der Eingehung von Risiken, die wegen ihrer der Entscheidung immanenten Unsicherheit im Kern nicht justizibiabel sind, auch in der rechtlichen Bewertung der Vorstandsentscheidung gerecht zu werden, ist im deutschen Recht spätestens seit der ARAG/Garmenbeck-Entscheidung[35] anerkannt, dass eine im Nachhinein als falsch zu beurteilende unternehmerische Entscheidung dann keine Pflichtverletzung darstellt, wenn sie in angemessener Abwägung auf Grundlage sorgfältig ermittelter Informationen zum Wohle der Gesellschaft gefällt wurde[36]. Liegen die Voraussetzungen der Business Judgment

---

Kapitalmarktrecht, auch mit einem höheren Maß an Rechtssicherheit einhergeht, wenn die Vielzahl der Regularien einen Überblick über die eigenen Pflichten kaum mehr ermöglicht.

28 BegrRegE UMAG – BT-Drucks. 15/5092 S. 11; *Arnold*, Die Steuerung des Vorstandshandelns, S. 178.

29 Vgl. jedoch Pflicht für angemessenes Risikomanagement im Unternehmen zu sorgen (Ziffer 4.1.4. DCGK) und Aufsichtsrat regelmäßig über Risikostruktur zu berichten (Ziffer 3.4. DCGK).

30 *Krieger*, Handbuch zur Managerhaftung, § 3, Rn. 4.

31 *Arnold*, Die Steuerung des Vorstandshandelns, S. 167 f.

32 *Spindler*, MünchKommAktG, § 93, Rn. 24.

33 *Krieger, Schneider*, Handbuch zur Managerhaftung, Vorwort, Seite VII.

34 Siehe nur: *Dauner-Lieb*, Henssler/Strohn GesR, § 93 AktG, Rn. 6, mwN.

35 BGH, Urteil vom 21.04.1997 – II ZR 175/95, juris.de.

36 *Dauner-Lieb*, Henssler/Strohn GesR, § 93 AktG, Rn. 1, zum Zweck der Begrenzung einer „sonst möglicherweise ausufernden Vorstandshaftung"; *Hopt/Roth*, GroßkommAktG, § 93, Rn. 8; *Koch*, Hüffer AktG, § 93, Rn. 8; *Krieger/Sailer-Coceani*, Schmidt/Lutter AktG,

Rule vor, wird die Pflichtgemäßheit der Entscheidungsfindung vielmehr unwiderleglich vermutet[37]. Das gilt auch im Falle des sog. Nichttuns, sofern es sich hierbei um eine bewusste Entscheidung und nicht um ein Versäumnis handelt[38]. Diese aus dem anglo-amerikanischen Rechtsraum stammende sog. Business Judgment Rule hat durch das UMAG[39] 2005 in § 93 Abs. 1 S. 2 AktG ihren, wenn auch zu diesem Zeitpunkt nur noch deklaratorischen[40], Niederschlag gefunden.

2) Schutz der unternehmerischen Entscheidungsfindung

Die Business Judgment Rule des § 93 Abs. 1 S. 2 AktG intendiert demnach der Entscheidungsfindungsproblematik der Leitungsorgane gerecht zu werden, indem ein Übermaß an Risiko[41], nicht aber das Eingehen von Risiken als solche als Pflichtverletzung eingestuft wird[42]. Sie schafft somit einen „sicheren Hafen"[43], in dem sich das Leitungsorgan ex-ante zwischen mehreren rechtlich zulässigen wirtschaftlichen Entscheidungsmöglichkeiten entscheiden darf[44], ohne dass im Vorhinein absehbar ist, welche die für das Unternehmen vorteilhafteste ist[45]. Es besteht folglich eine Trennung zwischen der Realisierung des unternehmerischen Risikos und dem Bestehen einer Pflichtverletzung des jeweiligen Organmitglieds, da ein Verlust nicht automatisch ein „Fehler" des Entscheidungsträgers bedeutet[46].

Diese Privilegierung hat ihren Grund maßgeblich darin, dass nach allgemeiner Auffassung unternehmerische Entscheidungen wegen ihrer auf Erfahrungen beruhenden

§ 93, Rn. 10; *Fleischer*, Spindler/Stilz AktG, § 93, Rn. 60; *Hölters*, Hölters-AktG, § 93, Rn. 29 f.; *Wiesner*, Münch. Hdb. AG, § 25, Rn. 57; *Hauschka*, AG 2004, 461 (462).

37 *Jungmann*, FS K. Schmidt 2009, 831 (833 f.).

38 *Paefgen*, AG 2014, 554 (560); *Herrmann/Olufs/Barth*, BB 2012, 1935 (1936); *Hauschka*, GmbHR 2007, 11 (14), weshalb die Dokumentation einer solchen Entscheidung besonders wichtig ist.

39 Gesetz zur Unternehmensintegrität und Modernisierung des Aktienrechts vom 25.05.2009.

40 *Krieger*, Handbuch Managerhaftung, § 3, Rn. 7; *Dauner-Lieb*, Henssler/Strohn GesR, § 93 AktG, Rn. 18.

41 Als Beispiel diene hier nur die (konkreten) Existenzgefährdung als regelmäßig unzulässige Überschreitung des unternehmerischen Ermessens, vgl. anstatt vieler: *Spindler*, MünchKommAktG, § 93, Rn. 54.

42 *Habersack*, FS Schneider 2011, 429 (430); *Paefgen*, NZG 2009, 891 (892).

43 Anstatt vieler: *Wagner*, BB 2012, 651 (653): *„safe harbour"* als Begriff für das haftungsfreie Entscheidungsermessen des Vorstands im Rahmen der Business Judgment Rule des § 93 Abs. 1 S. 2 AktG.

44 Mithin keine unternehmerische Entscheidung, wenn die Entscheidungsfindung gebunden ist, vgl. *Hauschka*, GmbHR 2007, 11 (12 f.).

45 *Dauner-Lieb*, Henssler/Strohn GesR, § 93 AktG, Rn. 20 f.; *Hopt/Roth*, GroßkommAktG, § 93, Rn. 61; *Schneider*, DB 2011, 99 (100).

46 So schon 1998 vorausgreifend gefordert: *Dauner-Lieb*, Unternehmen in Sondervermögen, S. 27 f.; *Arnold*, Die Steuerung des Vorstandshandelns, S. 172.

prognostischen Elemente nicht von geschäftsunerfahrenen Richtern überprüft werden sollen: Dies geschieht, um die unternehmerische Freiheit dadurch zu schützen, dass die Richter in der gerichtlichen (ex-post) Kontrolle nicht sog. Rückschaufehlern zu unterliegen[47]; also die Entscheidungsfindung in Kenntnis deren negativen Ausgangs voreingenommen als falsch beurteilen, in dem sie den negativen Ausgang als wahrscheinlicher ansehen, sog. hindsight bias[48]. Zudem unterliegen Richter aufgrund ihrer Tätigkeit naturgemäß den Bewertungskriterien „richtig oder falsch", was der Vielgestaltigkeit der unternehmerischen Entscheidung, die stets aus der ex-ante-Perspektive erfolgt und oftmals keine allein richtige, sondern eine Vielzahl an akzeptablen Varianten enthält, nicht gerecht wird[49]. Es erscheint daher nicht verwunderlich, dass eine von *Bachmann* im Vorfeld des 70. Deutschen Juristentages durchgeführte Befragung von Organmitgliedern in DAX-30-Unternehmen unter anderem ergab, dass 77 Prozent der Befragten leichte bis starke Zweifel äußerten, ob staatliche Gerichte die Risiken unternehmerischen Handelns richtig bewerten könnten[50], was die Sorge vor etwaigen Prozessen vor staatlichen Gerichten zusätzlich erhöht.

Den Geschäftsleitern soll daher nicht jeder Mut zum Handeln genommen, sondern vielmehr der unternehmerische Mut gefördert werden[51], sodass das Unternehmen nicht den Anschluss an die wirtschaftliche Entwicklung verpasst[52]. So wird es als (gesamt) volkswirtschaftlich sinnvoll angesehen, wenn sich die Geschäftsleitung in ihrer Entscheidungsfindung nicht stets auf den risikoärmsten Weg beschränkt, auch wenn dies im Einzelfall zu Fehlentscheidungen führen kann[53]. Infolgedessen wird nicht die wirtschaftliche Ermessensentscheidung gerichtlich bewertet[54], sondern die Kontrolle auf die Entscheidungsvorbereitung vorverlagert[55] und eine Erfolgshaftung vermieden[56].

---

47 Vgl.: *Mertens/Cahn*, KölnKommAktG, § 93, Rn. 13; *Jungmann*, FS K. Schmidt 2009, 831 (833 ff.); *Paefgen*, AG 2014, 554 (560 f.); kritisch: *Arnold*, Die Steuerung des Vorstandshandelns, S. 175.

48 *Hopt/Roth*, GroßkommAktG, § 93, Rn. 63; *Fleischer*, NZG 2011, 521 (522); grundlegend zu den verschiedenen irrationalen Verhaltensweisen von wirtschaftlichen Entscheidungsträgern wie overconfidence bias, hindsight bias, anchoring and adjustment sowie availability bias und vielen weiteren, vgl. *Schneider*, FS Immenga 2004, 575 (577 ff.); *Dauner-Lieb*, Der Konzern 2009, 583 (589), ex-post-Beurteilung der Vorhersehbarkeit sei populistisch und naiv.

49 *Dauner-Lieb*, Unternehmen in Sondervermögen, S. 27 f.; *dieselbe*, FS Röhricht, 83 (84, 94).

50 *Bachmann*, Reform der Organhaftung, S. E 18.

51 *Redeke*, ZIP 2011, 59 (60) mwN; *Westermann/Paefgen*, JZ 2008, 988 (989).

52 *Fleischer*, NZG 2011, 521 (522).

53 *Falkenhausen*, NZG 2012, 644 (646) mwN.

54 BegrRegE UMAG – BT-Drucks. 15/5092 S. 11.

55 *Herrmann/Olufs/Barth*, BB 2012, 1935 (1936); *Holle*, AG 2011, 778 (783), *Böttcher*, NZG 2009, 1047 (1048), mwN.

56 Anstatt vieler: *Falkenhausen*, NZG 2012, 644 (645), *Hopt/Roth*, GroßkommAktG, § 93, Rn. 61; *Krause*, BB 2009, 1370 (1371).

Liegen demnach Entscheidungen innerhalb des unternehmerischen Ermessensspielraums, werden diese wegen ihrer fehlenden Justiziabilität nur auf ihre Recht-, nicht aber auf ihre Zweckmäßigkeit hin überprüft[57]. Eine Ausnahme besteht lediglich dann, wenn die unternehmerische Entscheidung als schlicht nicht mehr verantwortbar angesehen werden muss, weil sie das Ermessen in „unverantwortlicher Weise überspannt“[58]. Anders formuliert, handelt es sich bei der Business Judgment Rule also nicht um eine Enthaftungsregel, sondern es wird der Rahmen beziehungsweise der Korridor einer pflichtgemäßen Entscheidung überhaupt erst abgesteckt[59]. Dabei ist eine ex-ante Betrachtungsweise das maßgebliche Beurteilungskriterium[60].

Die Business Judgment Rule erfordert darüber hinaus, dass die unternehmerische Entscheidung im Folgenden unabhängig und frei von Eigeninteressen des Vorstands auf Grundlage angemessener Informationen und nach bester Überzeugung zum Wohle der Gesellschaft getroffen wird[61].

Liegen die Voraussetzungen der Business Judgement Rule jedoch nicht vor, führt dies zwar nicht automatisch zu einer Pflichtwidrigkeit der getroffenen Entscheidung, hingegen zu deren vollen gerichtlichen Überprüfbarkeit[62].

3) Die Informationspflicht als wesentliche Voraussetzung der Abwägung von Chancen und Risiken

Nachdem nun der wesentliche rechtliche Rahmen der unternehmerischen Entscheidungsfindung abgesteckt ist, gilt es nun einer derer wichtigsten Voraussetzung[63], das Verschaffen angemessener Informationen als wesentliche Entscheidungsvorbereitung, zu beleuchten. Denn Grundlage einer verantwortungsbewussten Risikoabwägung im Sinne der Business Judgment Rule, ist eine

57 *Binder*, AG 2008, 274 (279).

58 *Hopt/Roth*, GroßkommAktG, § 93, Rn. 113; *Paefgen*, NZG 2009, 891 (892), sog. „Irrationalitätstest“, insbesondere mit Verweis auf BGH, Urteil vom 21.04.1997 – II ZR 175/95, juris.de.

59 Nicht unumstritten, vgl. *Spindler*, MünchKommAktG, § 93, Rn. 38 ff., mwN; zustimmend: *Paefgen*, NZG 2009, 891 (892); im Ergebnis: *Dauner-Lieb*, Henssler/Strohn GesR, § 93 AktG, Rn. 19, § 93 Abs. 1 S. 2 AktG als Tatbestandsausschlussgrund und somit als negative Tatbestandsabsteckung.

60 *Krieger*, Handbuch Managerhaftung, § 3, Rn. 11.

61 *Hopt/Roth*, GroßkommAktG, § 93, Rn. 90 ff.; *Spindler*, MünchKommAktG, § 93, Rn. 36, mwN für das us-amerikanische Recht.

62 *Hauschka*, GmbHR 2007, 11 (13) kritisch: *Hopt/Roth*, GroßkommAktG, § 93, Rn. 116 ff.

63 *Paefgen*, AG 2014, 554 (561), unter Verweis auf Dritte: Informationspflicht als „Achillesverse“ der Business Judgmennt Rule; *Sieg/Zeidler*, Corporate Compliance, § 3, Rn. 16, „Kardinalpflicht“; deren Vernachlässigung kann letztlich sogar strafbegründend im Sinne eines Untreuevorwurfs sein, vgl. BVerfG, Beschluss vom 23.06.2010 – 2 BvR 2559/08, 2 BvR 105/09, 2 BvR 491/09, Rn. 131 f., juris.de.

umfassende Tatsachenermittlung über den status quo[64]. Nur, wer sich auf Basis umfassend recherchierter und dokumentierter Grundlage aus rückwirkender Betrachtung vorwurfsfrei für die Zukunft falsch entscheidet, wird der Rechtsfolge des „management is allowed to fail“-Privilegs unterfallen, ohne dass jede leitende Tätigkeit unmöglich wäre[65]. Denn durch die Grundlage angemessener Informationen sollen Unbesonnenheit und Leichtsinn vermieden werden[66]. Hierfür hat der Vorstand die ihm zur Verfügung stehenden Erkenntnisquellen stets in Relation zu Umfang und Tragweite der zu treffenden Entscheidung auszuschöpfen und sich gegebenenfalls, sofern diese nicht ausreichen, neue zu schaffen[67].

Es ist jedoch weder Ziel der Informationspflicht noch durch sie zu leisten, Prognosen ihre Unsicherheit zu nehmen. Sie soll vielmehr eine ausreichende Grundlage für die aufgrund der Unvorhersehbarkeit des Marktes „naturgemäß unsichere Prognosen“ schaffen[68]. Der Erfolg einer unternehmerischen Entscheidung ist nämlich auch durch eine optimale und unterstützte Vorbereitung nicht garantierbar[69], da es eine Information „über die Zukunft“ nicht gibt[70].

Ebenfalls Teil dieser Informationspflicht ist der durch das KonTraG eingeführte § 91 Abs. 2 AktG, der den Vorstand verpflichtet, ein Früherkennungssystem zur rechtzeitigen Erkennung bestandsgefährdender Risiken zu etablieren, um eine entsprechende Reaktion früh genug zu ermöglichen[71].

Bei der Informationspflicht handelt es sich um eine Holschuld des Vorstands, die jedoch keine grundsätzliche Verpflichtung zur Einholung externen Sachverstandes bei komplexen Fragestellungen begründet (zur wohl ausnahmslosen Notwendigkeit der Durchführung einer Due Dilligence[72] oder zur Problematik von Ratingagenturen[73])[74].

---

64 *Spindler*, MünchKommAktG, § 93, Rn. 77; *Mertens/Cahn*, KölnKommAktG, § 93, Rn. 33; *Spindler*, AG 2013, 889 (892); *Böttcher*, NZG 2005, 49 (50).

65 *Bachmann*, Festschrift Stilz, 24 (43); *Böttcher*, NZG 2009, 1047 (1048); *Hauschka*, AG 2004, 461 (465).

66 *Schneider*, FS Hüffer 2010, 905 (912).

67 *Hopt/Roth*, GroßkommAktG, § 93, Rn. 105 ff., mwN.

68 *Dauner-Lieb*, Unternehmen in Sondervermögen, S. 25 f.; *dieselbe*, FS Röhricht, 83 (96); *dieselbe*, Henssler/Strohn GesR, § 93 AktG, Rn. 22; *Arnold*, Die Steuerung des Vorstandshandelns, S. 175.

69 *Dauner-Lieb*, Unternehmen in Sondervermögen, S. 25 f.

70 *Arnold*, Die Steuerung des Vorstandshandelns, S. 179, daher durchaus kritisch zur zwingenden Zugrundelegung im Rahmen der Business Judgment Rule.

71 *Hopt/Roth*, GroßkommAktG, § 93, Rn. 108; zum Wesen der bestandsgefährdenden Risiken sowie der Reichweite des Normbefehls von § 91 Abs. 2 AktG sei auf die nachstehenden Ausführungen unter E.I.4)b) und c) verwiesen. Aus Darstellungsgründen soll an dieser Stelle daher auf eine detailliertere Ausarbeitung verzichtet werden.

72 *Krieger*, Handbuch Managerhaftung, § 3, Rn. 6; *Böttcher*, NZG 2005, 49 ff., ablehnend: *Bachmann*, Festschrift Stilz, 24 (42).

73 *Lang/Balzer*, WM 2012, 1167 (1169 f.); *Balthasar/Hamelmann*, WM 2010, 589 (592), mwN.

74 *Spindler*, MünchKommAktG, § 93, Rn. 77; *Binder*, AG 2008, 274 (279).

Entscheidend ist vielmehr, dass ex-ante ausreichende Informationen vorhanden waren. Denn ersichtlicher Weise kann kaum verlangt werden, dass der Vorstand alle erdenklichen Informationen ermittelt[75], vielmehr muss er die für die jeweilige Entscheidung wesentlichen zugrunde legen[76]. Aufgrund seiner begrenzten Kapazitäten ist eine Abwägung der Kosten und Nutzen der Informationsfindung, insbesondere unter Berücksichtigung des stets vorhandenen Zeitdrucks, daher unerlässlich[77]. Dabei verschärfen sich die Anforderungen an die Tiefe der Informationsgewinnung entsprechend mit steigendem Risiko der zu treffenden Entscheidung[78].

4) Zum (nachhaltigen) Wohle der Gesellschaft

Letztlich muss die Abwägungsentscheidung der Geschäftsleitung auch zum „Wohle der Gesellschaft" erfolgen. Hierunter ist zu verstehen, dass die Entscheidung in ihrer Gesamtschau im Interesse des Unternehmenserfolges zu fällen ist und sich in einem angemessen Risikoverhältnis zu befinden hat[79]. Dies verbietet selbstredend jegliche Beeinflussung der Entscheidungsfindung durch Eigeninteressen des jeweiligen Organmitglieds oder Interessen von Dritten[80]. Im Besonderen ist zu klären, ob die Geschäftsleitung per se verpflichtet ist, sog. bestandsgefährdende Risiken zu vermeiden, oder ob es Situationen gibt, in denen diese ausnahmsweise zulässig sind.

a) Der Unternehmenserfolg

Die Geschäftsleitung ist als maßgebliches Handlungsorgan der Gesellschaft verpflichtet, den in der Satzung festgelegten Unternehmensgegenstand frei von Eigen- und

75 *Krieger*, Handbuch Managerhaftung, § 3, Rn. 10; *Fleischer*, AG 2014, 554 (562); vgl. auch: *Fleischer*, NZG 2011, 522 (524), mit dem Hinweis, dass sich der Gesetzgeber entgegen des ARAG/Garmenbeck-Urteils gegen eine Ausschöpfung aller Informationsquellen und für ein Gebot angemessener Informationen entschieden hat.

76 *Spindler*, MünchKommAktG, § 93, Rn. 77 f.; *Mertens/Cahn*, KölnKommAktG, § 93, Rn. 33 f.; *Spindler*, AG 2013, 889 (892 f.), der auch hier in der nachträglichen Bewertung des Umfangs, die Gefahr von hindsigt bias sieht *Falkenhausen*, NZG 2012, 644 (648): „..der Verpflichtete kann nicht unsorgfältig handeln, wenn er in der konkreten Situation das Angemessene tut", mwN.

77 *Arnold*, Die Steuerung des Vorstandshandelns, S. 177 f.; *Schwarz*, BB 2012, 136 (136); *Böttcher*, NZG 2009, 1047 (1049).

78 *Sieg/Zeidler*, Corporate Compliance, § 3, Rn. 16, Informationspflicht als nicht statische und somit nicht formalistische Pflicht; *Lang/Balzer*, WM 2012, 1167 (1170); *Hauschka*, GmbHR 2007, 11 (16); vgl. zudem nachfolgende ausführliche Erwägungen zu den sog. bestandsgefährdenden Risiken; *Hopt/Roth*, GroßkommAktG, § 93, Rn. 107.

79 *Dauner-Lieb*, Henssler/Strohn GesR, § 93 AktG, Rn. 23, zum Wohle der Gesellschaft bezeichnet im Ergebnis die Verpflichtung auf das in dieser Arbeit noch näher behandelte Unternehmensinteresse; *Mertens/Cahn*, KölnKommAktG, § 93, Rn. 24; *Wiesner*, Münch. Hdb. AG, § 25, Rn. 62.

80 *Paefgen*, AG 2014, 554 (563 f.).

Drittinteressen bestmöglich zu verwirklichen[81]. Im Grundsatz heißt dies, das Unternehmen möglichst profitabel und zukunftsorientiert zu führen[82]; hingegen nicht, allein kurzfristige Gewinne zu generieren[83], sog. Grundsatz der Nachhaltigkeit[84]. Das bedeutet im Krisenfalle wiederum vorrangig für die Bestandssicherung des Unternehmens zu sorgen, also dessen Fortbestand sowie eine baldige Genesung zu gewährleisten. Hierbei ist in Anlehnung zu dem oben Gesagten nochmals hervorzuheben, dass zum Wohle der Gesellschaft die Intention der Entscheidungsfindung betrifft und nicht, ob sich die Entscheidung im Nachhinein auch wirklich positiv auswirkte[85]. Die Geschäftsleitung hat eine weite Einschätzungsprärogative hinsichtlich der aus ihrer Sicht richtigen Unternehmenspolitik. Entscheidend ist allein, dass sie die Entscheidung zur Erreichung des Unternehmenserfolges trifft[86].

b) Ein angemessenes (nachhaltiges) Risikoprofil

Im Rahmen der letzten Bankenkrise, die sich rasch zur weltweiten Wirtschaftskrise ausweitete, geriet die kurzfristige Gewinnorientierung vieler Manager in die breite Kritik der Öffentlichkeit und vieler Politiker[87]. Im Fokus dieser Kritik stand insbesondere, dass Banken und ihre Angestellten im Interesse kurzfristig zu verbuchender Gewinne, die sich in entsprechenden Gratifikationen niederschlugen, langfristige Risiken ignoriert und somit eine nachhaltige und solide Geschäftsentwicklung außer Acht gelassen haben[88]. Dies führte am Höhepunkt der Krise dazu, dass einige Banken staatlich gestützt, aber auch viele andere Unternehmen durch enorme konjunkturelle Marktinterventionen des Staates unterstützt werden mussten, um eine weitere Verschlimmerung der Lage zu verhindern. Es stellt sich somit

---

81 Vgl. in diesem Zusammenhang auch die sich aus der Treuepflicht ableitende Geschäftschancenlehre, die es dem Geschäftsleiter verbietet, sich der Gesellschaft ergebende und somit ihr gebührende Erwerbschancen zu eigen zu machen, *Sieg/Zeidler*, Corporate Compliance, § 4, Rn. 1 f.

82 *Fleischer*, Spindler-Stilz, § 93, Rn. 71; *Bürgers/Israel*, Bürgers/ Körber, § 93, Rn. 15; *Mertens/Cahn*, § 93, Rn. 24; *Krieger*, Handbuch/Managerhaftung, § 3, Rn. 10; *Spindler*, MünchKommAktG, § 93, Rn. 46 f.

83 Prämisse einer langfristigen Geschäftsorientierung: *Herrmann/Olufs/Barth*, BB 2012, 1935 (1938), wenngleich diese Begriffe wegen ihrer Unbestimmtheit für sich wenig aussagekräftig sind; *Krieger/Sailer-Coceani*, Schmidt/Lutter AktG, § 93, Rn. 18; *Becker/Walla/Endert*, WM 2010, 875 (877); Kort, FS Hopt 2010, 983 (992).

84 *Wiesner*, Münch. Hdb. AG, § 25, Rn. 62; *Kort*, NZG 2012, 926 (928 f.), Unternehmensinteresse als verbindlicher Maßstab zur nachhaltigen Steigerung des Unternehmenswertes; kritisch mit der Frage, was denn letztlich unter Nachhaltigkeit zu verstehen sei: *Dauner-Lieb*, Der Konzern 2009, 583 (585 ff.).

85 *Fleischer*, Spindler-Stilz, § 93, Rn. 71; *Dauner-Lieb*, Henssler/ Strohn, § 93 AktG, Rn. 23; *Wiesner*, Münch. Hdb. AG, § 25, Rn. 62 f.

86 *Wiesner*, Münch. Hdb. AG, § 25, Rn. 63; *Becker/Walla/Endert*, WM 2010, 875 (878).

87 *Khanian*, KSzW 2010, 127 (127), mwN.

88 *Becker/Walla/Endert*, WM 2010, 875 (875), mwN.

die Frage, welche Risiken der Vorstand für sein Unternehmen eingehen darf und wie weit er zur Nachhaltigkeit[89] dessen Risikostruktur verpflichtet ist.

aa) Einrichtung eines Früherkennungsystems

Zunächst ist der Vorstand gemäß § 91 Abs. 2 AktG[90] verpflichtet, ein Überwachungssystem einzurichten, durch das die – die Gesellschaft in ihrem Fortbestand gefährdende – Entwicklungen frühzeitig erkannt werden können. Bestandsgefährdende Risiken sind solche Entwicklungen, die im Falle ihrer Verwirklichung höchstwahrscheinlich zur Überschuldung oder Zahlungsunfähigkeit gemäß §§ 17, 19 InsO und somit zur Insolvenz der Gesellschaft führen können[91]. Hierdurch soll der Geschäftsleitung ermöglicht werden, bestandsgefährdende Entwicklungen frühzeitig zu erkennen und infolgedessen besonnen auf die Situation reagieren und ihr entgegensteuern zu können[92]. In der Art und Weise der Einrichtung sowie der Durchführung ist der Vorstand grundsätzlich frei[93]. Somit ist der Vorstand zunächst einmal verpflichtet die Risikoentwicklung der bestehenden Geschäftstätigkeit des Unternehmens zu überwachen und gegebenenfalls rechtzeitig auf sie zu reagieren, ohne dass überhaupt eine Entscheidung für die Zukunft getroffen wurde[94]. Dass die Einrichtung eines solchen Früherkennungssystems erfolgt und es dem Risikoprofil des Unternehmens entspricht, ist wiederum durch den Aufsichtsrat zu überwachen[95].

---

89 Zur nahezu unmöglichen präzisen rechtlichen Erfassung der „Nachhaltigkeit", vgl. im Kontext der Vorstandsvergütung nach § 87 AktG: *Dauner-Lieb*, Der Konzern 2009, 583 (585 ff.), wonach einzig klar sei, dass Nachhaltigkeit den Gegensatz zur Kurzfristigkeit darstelle.

90 Die Pflicht aus § 91 II AktG wird hier nur der Vollständigkeit halber aufgeführt, da in diesem Abschnitt nochmals auf sie zurückzukommen ist.

91 *Mertens/Cahn*, KölnKommAktG, § 91, Rn. 23, zu einer tatsächlichen Insolvenz muss es nicht kommen, mwN; bereits an dieser Stelle ist darauf hinzuweisen, dass das Früherkennungssystem nur solche Risiken zu umfassen hat, die tatsächlich bestandsgefährdend sein können, womit die allgemeine Risikovorsorge – bspw. für kartellrechtliche Verstöße – weiterhin den §§ 76 Abs. 1, 93 Abs.1 AktG unterliegt, vgl. *Zimmermann*, WM 2008, 433 (436).

92 *Bürgers/Israel*, Bürgers/Körber, § 91, Rn. 9; *Liese*, BB Special 5 (zu BB 2008, Heft 25), 17 (19).

93 *Fleischer*, Spindler/Stilz AktG, § 93, Rn. 69; *Redeke*, ZIP 2010, 159 (161).

94 Vgl. auch BGH, Urteil vom 19.06.2012 – II ZR 243/11, Rn. 11 ff., juris.de, zur Pflicht des GmbH-Geschäftsführers für eine Organisation zu sorgen, die ihm die zur Wahrnehmung seiner Pflichten erforderliche Übersicht über die wirtschaftliche und finanzielle Situation der Gesellschaft jederzeit ermöglicht und bei Anzeichen einer Krise fortlaufend zu prüfen, ob nicht einen Insolvenzantrag gestellt werden muss.

95 *Scheffler*, BB 2014, 2859 (2860); zu der grundsätzlichen Funktion des Aufsichtsrats als beratendes und überwachendes Gremiun, vgl. entsprechende Ausführungen unter E.III.

bb) Pflicht zur Vermeidung übermäßiger Risikokonzentration

Der Vorstand einer Bank ist gemäß der §§ 13–13b, 25a KWG und § 1 S. 2 InvG zur verschärften Risikostreuung und -meldung verpflichtet. Für den Vorstand einer Versicherung gilt dies entsprechend nach Maßgabe des § 64a VAG[96]. Hierzu gehört nach allgemeiner Auffassung insbesondere die Vermeidung von sog. Klumpenrisiken[97]. Unter Klumpenrisiken ist die Häufung gleicher (Ausfall-) Risiken im Vermögen des Unternehmens zu verstehen, das darin bestehen kann, dass eine große oder viele kleine Forderungen alleine gegen einen Schuldner bestehen (sog. Adressatenkonzentration), oder aber, dass viele Forderungen gegen verschiedene Schuldner dasselbe Ausfallrisiko tragen (sog. Sektorkonzentration)[98]. Letzteres wurde beispielsweise beim Erwerb von Hypothekenverbriefungen durch die IKB vom OLG Düsseldorf angenommen, wo allen erworbenen Hypothekendarlehen das Risiko innewohnte, dass aufgrund von Besonderheiten amerikanischen Rechts, weder die verbriefende Bank, noch die unbekannten Darlehensnehmer das Ausfallrisiko trugen[99]. Die Gefahr solcher Klumpenrisiken liegt letztlich darin, dass es im Falle der Realisierung dieses Risikos „auf einen Schlag" zu einem (zumindest nahezu) vollständigen Vermögensverlust seitens des risikobelasteten Unternehmens kommt und dieses daher akut bestandsgefährdet ist[100]. Infolgedessen ist der Vorstand einer Bank grundsätzlich[101] verpflichtet, für eine ausreichende Risikodiversifizierung, also eine breite Streuung der Investitionen, zu sorgen[102]. Entscheidend für den Vorwurf einer nachträglichen Feststellung der Pflichtwidrigkeit bleibt aber auch hier, dass das Risiko eines Ausfalls zum Zeitpunkt des Erwerbs vernünftigerweise erkennbar war, woran es dann fehlt, wenn entsprechende Anlagen nach allgemein vorherrschender Sicht, insbesondere

---

96 *Armbrüster*, KSzW 2013, 10 (11).

97 *Paefgen*, AG 2014, 554 (563); *Fleischer*, NJW 2010, 1504 (1504); *Khanian*, KSzW 2010, 127 (128).

98 *Fleischer/Schmolke*, ZHR 173 (2009), 649 (657 f.); vgl. ebenso: *Kropff*, NJW 2009, 814 (815), mit der Umschreibung: „Alle Eier in einem Korb".

99 OLG Düsseldorf, Beschluss vom 9.12.2009 – I-6 W 45/09, juris.de, im Gegenteil: Hier konnten die Darlehensnehmer im Falle dessen, dass sie ihr Darlehen nicht mehr bedienen konnten, buchstäblich ihren Haustürschlüssel bei der Bank einwerfen und waren somit von der Tilgungslast befreit.

100 *Vgl. Meyer-Ramloch*, BFS-KWG, GroMikV Vorwort, Rn. 4.

101 Vgl. *Fleischer/Schmolke*, ZHR 173 (2009), 649 (659) mwN., wonach ein generelles Verbot von Konzentrationsrisiken nicht bestehe, was insbesondere für Spezialbanken mit dementsprechend besonderem Risikomanagement gelte.

102 Beachte allerdings die im „Gesetz zur Abschirmung von Risiken und zur Planung der Sanierung und Abwicklung von Kreditinstituten" (BGBl. I 2013, Nr. 47) für Geschäftsleiter von Banken und Versicherungen in den §§ 25a, 25c KWG und § 64a VAG weitere Pflichten zur Risikobehandlung und -kontrolle auferlegt. Erstmals ist in § 54a KWG und § 142 VAG auch eine Strafbarkeit bei Verstößen gegen diese Vorschriften normiert, wenn dies zu einer Bestandsgefährdung des Unternehmens führt; kritisch zu § 54a KWG, *Scholl*, Vorstandshaftung und Vorstandsermessen, S. 479 f.

gestützt durch die damalige Bewertung von Rating-Agenturen, gemeinhin als sicher galten und kein Anlass zu Zweifeln bestand[103]. Nachdem nunmehr das katastrophale Versagen dieser Agenturen hinsichtlich der Bewertung strukturierter Finanzprodukte allerdings offenbar wurde, sind in zukünftige Entscheidung Zweifel an deren Bewertungen wohl verstärkt einzubeziehen und die Entscheidungsfindung dahingehend anzupassen[104].

Fraglich ist, ob diese Erwägungen zur Risikodiversifizierung auch auf die sonstigen Unternehmen außerhalb des Bankensektors übertragbar sind. Träfe dies zu, würden Vorstände nur dann zum Wohle der Gesellschaft handeln, wenn sie Geschäftsrisiken ausreichend breit gestreut hätten. Hiergegen spricht jedoch, dass die Vermeidung von Klumpenrisiken oftmals nicht mit der Tätigkeit vieler Unternehmen vereinbar sein wird. So sind viele Unternehmen allein in einer Branche beziehungsweise in einem Markt tätig[105]. Gerät diese in eine Krise haben folgerichtig auch die in ihr tätigen Unternehmen große Probleme[106]. Noch brisanter stellt sich die Situation in der Zulieferindustrie dar, in der die zuliefernden Gesellschaften sogar oftmals nur für ein einziges Unternehmen tätig sind. Das Verbot der Anhäufung von Klumpenrisiken, beziehungsweise das Gebot zur dementsprechenden Risikodiversifizierung würde mithin eine branchenorientierte Tätigkeit massiv erschweren, oder im Falle der Zulieferindustrie möglicherweise sogar komplett verbieten[107]. Infolgedessen passen diese der Bankenregulierung entspringenden Vorschriften mit dem Hauptziel des Schutzes von Kundenvermögen nicht zu dem Tätigkeitsprofil anderer Unternehmen[108]. Daher ist nach herrschender Ansicht richtigerweise anerkannt, dass der Vorstand lediglich einer übermäßigen Risikokonzentration entgegen zu wirken und nötigenfalls eine Risikoreduzierung herbeizuführen hat[109]. Was im Detail als übermäßig zu werten ist, muss, wie alle Einschätzungen, zu den

103 LG Düsseldorf, Urteil vom 25.04.014 – 39 O 36/11, 39 O 36/11 U., 39 O 36/11 U-, Rn. 144, juris.de.

104 Vgl. LG Düsseldorf, Urteil vom 25.04.014 – 39 O 36/11, 39 O 36/11 U., 39 O 36/11 U-, Rn. 147, juris.de.

105 *Hopt/Roth*, GroßkommAktG, § 93, Rn. 88 f.; *Khanian*, KSzW 2010, 127 (130).

106 Vgl. anstatt vieler: z.B. die Insolvenz des Autozulieferers Karmann im April 2009, Frankfurter Rundschau vom 08. April 2009.

107 So im Ergebnis auch: *Krieger/Sailer-Coceani*, Schmidt/Lutter AktG, § 93, Rn. 18; *Hüffer*, AktG, § 93, Rn. 27.

108 *Hopt/Roth*, GroßkommAktG, § 93, Rn. 88 f.; *Mertens/Cahn*, KölnKommAktG, § 91, Rn. 31; ebenso: *Fleischer/Schmolke*, ZHR 173 (2009), 649 (674 f.), wonach Unternehmensgegenstand gerade nicht primär das „Geschäftsmodell des diversifizierten Unternehmens" sei, wie dies bspw. bei Investmentgesellschaften der Fall wäre. Gleichfalls sei hier der Anleger, anders als bei Banken in der Lage sein Risiko selbst zu streuen, indem er allein über eine Investition in dieses Unternehmen entscheidet, zur Portfolio-Theorie siehe: E.I.4)c)bb).

109 *Fleischer*, NJW 2010, 1504 (1506); *Zimmermann*, WM 2008, 433 (436); sogar kritisch zur Pflicht einer Risikominimierung: *Hopt/Roth*, GroßkommAktG, § 93, Rn. 88.

Anforderungen an einen ordentlichen und gewissenhaften Geschäftsleiter stets einzelfallabhängig ermittelt werden.

Grundlegend wird sich jedoch festhalten lassen, dass entsprechend der gängigen Risikobewertungsmethoden[110], eine Entscheidung einen positiven Risikowert aufweisen, also ein positiver Ausgang wahrscheinlicher als ein Verlust sein muss[111]. Entscheidungen, die ex-ante mit höherer Wahrscheinlichkeit einen negativen Ausgang nehmen, werden nicht zum Wohle des Unternehmens getroffen und sind daher auch nicht von der Business Judgment Rule umfasst. Gleiches dürfte auch für diejenigen Fälle gelten, in denen das eingegangene beziehungsweise das einzugehende Risiko kaum abschätzbar ist[112].

c) Vermeidung bestandsgefährdender Risiken

Folglich darf der Vorstand grundsätzlich jede unternehmerische Entscheidung zum Wohle der Gesellschaft treffen, wenn diese eine positive Risikoprognose hat. Fraglich bleibt, ob es trotz einer positiven Prognose dennoch Grenzen hinsichtlich der zulässigen Risiken gibt. Ein höchst umstrittener Fall sind hier die sog. bestandsgefährdenden Risiken, wenn also wie oben bereits beschrieben, im Falle ihrer Verwirklichung eine Insolvenz der Gesellschaft droht[113]. Drehte sich der Streit zunächst noch allein um die Frage, ob es bei einem grundsätzlichen Verbot bestandsgefährdender Risiken nicht Ausnahmetatbestände gebe, mehren sich in jüngerer Zeit die Stimmen, die ein solches grundsätzliches Verbot auch außerhalb von Ausnahmesituationen infrage stellen[114]. Insbesondere im Nachgang der Finanzkrise ist diese Frage von besonderer Relevanz und soll daher hier einer Klärung zugeführt werden.

aa) Verbot konkreter Bestandsgefährdungen

Bereits zu Beginn ist klarzustellen, dass, wie einleitend vorangestellt, nur solche Bestandsgefährdungsrisiken zur Diskussion stehen, die eine positive Risikoerwartung haben, deren Ausbleiben also wahrscheinlicher ist als deren Einritt, sog. abstrakte Bestandsgefährdungen. Ist hingegen die Verwirklichung der Bestandsgefährdung das wahrscheinlichere Szenario, sog. konkrete Bestandsgefährdung, ist eine solche

110 Insbesondere die sog. Value at Risk Methode, zur Berechnung eines möglichen Maximalverlustes innerhalb eines bestimmten Zeitraums; kritisch: *Becker/Walla/Endert*, WM 2010, 875 (880); vgl auch: *dieselben*, WM 2010, 875 (879) zum sog. Capital Asset Pricing Model als Investitionsvergleichstool zur Errechnung einer zu erwartenden Mindestverzinsung.

111 *Hopt/Roth*, GroßkommAktG, § 93, Rn. 88; *Fleischer/Schmolke*, ZHR 173 (2009), 649 (674 ff.).

112 *Fleischer*, NJW 2010, 1504 (1505), sog. Komplexitätsrisiko; ebenso: *Böttcher*, NZG 2009, 1048 (1049).

113 Siehe entsprechende Ausführungen unter: E.I.4)b)bb).

114 *Hopt/Roth*, GroßkommAktG, § 93, Rn. 88 f., 195: *Redeke*, ZIP 2010, 159 (159 f.) mwN; *Schäfer/Zeller*, BB 2009, 1706 (1708).

Maßnahme, wie schon zuvor gezeigt, nach einhelliger Auffassung unstrittig pflichtwidrig und nicht von der Business Judgment Rule gedeckt[115].

bb) Zulässigkeit abstrakter Bestandsgefährdungen

Zu klären ist somit die Behandlung der Eingehung von sog. abstrakten Bestandsgefährdungen, bei denen die Realisierung des Risikos zwar gleichwohl zur Bestandsgefährdung führt, dessen Ausbleiben jedoch wahrscheinlicher ist als dessen Eintritt[116]. Hier zeigt sich ein breit gefächertes Meinungsspektrum, das von einer *per-se*-Pflichtwidrigkeit abstrakt bestandsgefährdender Entscheidungen bis hin zu deren grundsätzlichen Zulässigkeit reicht.

i. Die Gegenmeinung

Der prominenteste Vertreter der *per-se*-Pflichtwidrigkeit ist wohl *Marcus Lutter*[117], dessen Ansicht auch das OLG Düsseldorf im Falle der bereits angesprochenen Haftung der IKB-Vorstände teilte[118]. Gestützt wird die Ansicht zunächst auf die „ARAG/Garmenbeck“-Entscheidung des BGH aus dem Jahre 1997[119], in der es heißt, dass eine Pflichtwidrigkeit dann besteht, wenn „die Bereitschaft, unternehmerische Risiken einzugehen, in unverantwortlicher Weise überspannt worden ist“ [120]. Hieraus wird gefolgert, dass die Übernahme von Risiken, welche die Gesellschaft in den Untergang reißen können, und sei deren Verwirklichung noch so fernliegend, pflichtwidrig sei[121]. Eine Unterstützung erfahre diese Auslegung zudem durch die Vorschrift des § 91 Abs. 2 AktG, der Pflicht zur Etablierung eines Überwachungssystems zur Erkennung bestandsgefährdender Risiken. Denn sei der Vorstand zur Einrichtung eines Systems zur Risikoüberwachung verpflichtet, mit dessen Hilfe er bestandsgefährdende Entwicklungen erkennen und beheben können soll, so sei hieraus erst recht zu folgern, dass die Eingehung bestandsgefährdender Risiken von sich aus unzulässig und pflichtwidrig sei[122].

---

115 *Scholl*, Vorstandshaftung und Vorstandsermessen, S. 276 f.; *Drygala*, FS Hopt 2010, 541 (551 f.), der die Eingehung solcher Risiken mit dem Gang ins Casino vergleicht; *Redeke*, ZIP 2010, 159 (160); des Weiteren dürfte es hierbei zugleich um eine untreuerelevante Pflichtverletzung gemäß § 266 StGB handeln, vgl. *Brand/Sperling*, AG 2011, 233 (242).

116 *Redeke*, ZIP 2010, 159 (160).

117 *Lutter*, ZIP 2009, 197 (199), *derselbe*, ZIP 2007, 841 (844 f.); ihm folgend: *Mertens/Cahn*, KölnKommAktG, § 93, Rn. 24; *Wiesner*, Münch. Hdb. AG, § 25, Rn. 64.

118 OLG Düsseldorf, Beschluss vom 9.12.2009 – I-6 W 45/09, Rn. 43 ff., juris.de

119 *Lutter*, ZIP 2009, 197 (199).

120 BGH, Urteil vom 21.04.1997 – II ZR 175/95, Rn. 22, juris.de.

121 *Lutter*, GmbHR 2000, 301 (305).

122 *Lutter*, GmbHR 2000, 301 (305).

ii. Ein Plädoyer für die Zulässigkeit

Fraglich ist, ob diesen beiden wesentlichen Argumenten tatsächlich beigepflichtet werden kann. Gegen die oben gezeigte Auslegung der *ARAG/Garmenbeck*-Entscheidung des BGH spricht, dass sich dem dortigen Wortlaut keinesfalls ein generelles Verbot der Eingehung bestandsgefährdender Risiken entnehmen lässt, zumal der Gesetzgeber den Vorständen durch Einführung des § 93 Abs. 1 S. 2 AktG nicht den Mut zum unternehmerischen Risiko nehmen, sondern allein Unbesonnenheit und Leichtsinn vorbeugen wollte[123]. Zunächst missachtet die obige Ansicht die gezeigte gesetzgeberische Intention, die mit einer Einstufung als *per-se* – Pflichtwidrigkeit nur schwer zu vereinen sein dürfte[124]. Hiernach ist das alleinige Abstellen auf das „worst case – Szenario" gerade nicht gewollt, sondern vielmehr eine konkrete Risikobeurteilung im Einzelfall gefordert[125]. Jeder unternehmerischen Tätigkeit wohnt das Risiko des vollständigen Scheiterns inne[126], sodass zur Vermeidung der sog. Rückschaufehler nicht nachträglich überhöhte Anforderungen an die Entscheidungsfindung zu stellen sind, um dem Vorstand nicht jeden Mut zum Handeln zu nehmen[127]. Entscheidend für die Beurteilung bleibt auch hier die Risikosituation, wie sie sich im Zeitpunkt der Entscheidungsfindung darstellt, nicht wie sie im Falle eines gegebenenfalls späteren Scheiterns anderweitig beurteilt wird[128]. Denn es ist, wie zuvor bereits gezeigt, gerade gesetzgeberisches Ziel der haftungsbegrenzten Kapitalgesellschaften einer übertriebenen Risikoaversion entgegenzusteuern, indem eine Haftung des Privatvermögens ausgeschlossen wird um so eine Überwindung der Hemmung zu unternehmerischen Handeln zu fördern, deren erwartete volkswirtschaftlichen Vorteile die Nachteile von Gläubigern letztlich übertreffen[129]. Eine rein ziffernmäßige Bestimmung ab wann ein Risiko unzulässig würde, wäre demnach rein willkürlich und ist daher abzulehnen[130]. Vielmehr hat eine solche

123 So auch: *Balthasar/Hamelmann*, WM 2010, 589 (590), mit Verweis auf BegrRegE UMAG, BT-Drucks. 15/5092, S. 12.

124 *Hopt/Roth*, GroßkommAktG, § 93, Rn. 195; *Westermann/Paefgen*, WM 2008, 988 (989).

125 *Fleischer*, NJW 2010, 1504 (1506).

126 *Krieger/Sailer-Coceani*, Schmidt/Lutter AktG, § 93, Rn. 13; *Schäfer/Zeller*, BB 2009, 1706 (1708); *Balthasar/Hamelmann*, WM 2010, 589.

127 *Redeke*, ZIP 2010, 159 (161); *Westermann/Paefgen*, JZ 2008, 988 (989).

128 LG Düsseldorf, Urteil vom 25.04.2014 – 39 O 36/11, „ApoBank", Rn. 134 ff.

129 Ausdrücklich zur Investition in Finanzprodukte, die später einen Totalverlust erlitten, LG Düsseldorf, Urteil vom 25.04.2014 – 39 O 36/11, „ApoBank", Rn. 134 ff., juris.de; *Hopt/Roth*, GroßkommAktG, § 93, Rn. 88, 195; *Scholl*, Vorstandshaftung und Vorstandsermessen, S. 271 ff.; *Bachmann*, BB 2014, 2388 (2388); *Falkenhausen*, NZG 2012, 644 (646), mwN.; im Allgemeinen: *Brommer*, AG 2013, 121 (123), wonach eine zu scharfe Haftung dazu führe, dass sich der Vorstand dann primär allein auf die Vermeidung seiner eigenen Haftung, denn auf das Unternehmenswohl konzentriere.

130 *Drygala*, FS Hopt 2010, 541 (551).

Einschätzung im Rahmen des unternehmerischen Ermessens auf Grundlage einer der Gefahrensituation des Unternehmens angemessenen Informationsbasis und Sachprüfung durch die zuständigen Gesellschaftsorgane zu erfolgen und ist damit auch als unternehmerische Entscheidung zu respektieren[131]. So kann es gerade in Technologieunternehmen unabdingbar sein, in ungewisse neue Technologien zu investieren, um nachhaltig konkurrenzfähig zu bleiben[132]. In diesen Fällen kann sich das Eingehen potentiell bestandsgefährdender Risiken sogar zur Pflicht verdichten[133], was es wiederum als pflichtwidrig erscheinen ließe, wenn der Vorstand eine erkannte Geschäftschance nicht nutzen würde[134].

Dennoch ist aber, zur Vermeidung willkürlicher Gläubigerschädigungen, gleichwohl eine erhöhte Berücksichtigung eines eventuellen Scheiterns innerhalb der Abwägung zu berücksichtigen[135]. Denn mit der Größe der hinter dem Risiko befindlichen Investition steigen auch die Anforderungen an eine umfassende und sorgfältige Abwägung durch den Vorstand[136] sowie die sich hieran anschließende Überwachungspflicht des Aufsichtsrates hinsichtlich der Prüfungstiefe wie auch der Prüfungshäufigkeit[137].

Auch dem auf **§ 91 II AktG** gestützten Argument der Gegenmeinung ist entschieden entgegenzutreten. Zwar ordnet diese Vorschrift, wie oben bereits gezeigt, die Pflicht des Vorstands an, ein Überwachungssystem zur Erkennung bestandsgefährdender Risiken nach eigenem Ermessen einzuführen und zu betreiben. Jedoch enthält die Vorschrift nach einhelliger Auffassung weder einen hierüber hinausgehenden Normbefehl an den Vorstand, wie auf bestandsgefährdende Risiken zu reagieren ist, noch dass diese selbst nicht eingegangen werden dürfen. Hierfür sind allein die allgemeinen Vorschriften der §§ 76, 93 AktG[138] maßgebend.

Auch folgt aus dem **Unternehmensinteresse**, als Leitmaxime den Fortbestand des Unternehmens zu sichern und für eine dauernde Rentabilität zu sorgen nichts anderes, als lediglich konkrete Bestandsgefährdungen zu vermeiden. Anderenfalls entstünde ein Widerspruch zu den gezeigten gesetzlichen Wertungen. Ein

---

131 *Hopt/Roth*, GroßkommAktG, § 93, Rn. 195; *Paefgen*, AG 2014, 554 (563); *Schmitz-Remberg*, BB 2014, 2701 (2704).

132 BGH, Urteil vom 03.03.2008 – II ZR 124/06, „UMTS", Rn. 19, juris.de.

133 *Hopt/Roth*, GroßkommAktG, § 93, Rn. 88.

134 LG Düsseldorf, Urteil vom 25.04.2014 – 39 O 36/11, „ApoBank", Rn. 134 ff., juris.de.

135 *Balthasar/Hamelmann*, WM 2010, 589 (590).

136 *Hopt/Roth*, GroßkommAktG, § 93, Rn. 88, 195.

137 *Scheffler*, BB 2014, 2859 (2860).

138 *Spindler*, MünchKommAktG, § 91, Rn. 28; *Krieger/Sailer*, Schmidt/Lutter AktG, § 91, Rn. 12; *Hopt/Roth*, GroßkommAktG, § 93, Rn. 88, 195; *Scholl*, Vorstandshaftung und Vorstandsermessen, S. 273; *Redeke*, ZIP 2010, 159 (161); kritisch hierzu: *Hemeling*, ZHR 175 (2011), 368 (372); zur Problematik der Behandlung sog. „Cash-Poolings" und „Upstream-Darlehen", *derselbe*, ZHR 175 (2011), 368 (378 f.); wohl auch: *Liese*, BB Special 5 (zu BB 2008, Heft 25), 17 (19).

unbestimmter Rechtsbegriff kann ohnehin nur in Extremsituationen Verhaltenspflichten begründen[139].

iii. Notwendigkeit der Berücksichtigung sonstiger Interessen?

Darüber hinaus stellt sich insbesondere die Frage, inwieweit der Vorstand bei seiner Entscheidung zur Eingehung durch Interessen Dritter, insbesondere derer von Aktionären und Gläubigern, beschränkt ist[140].

Hierbei sind zunächst die **Aktionäre** als Teilhaber des Unternehmens zu berücksichtigen. Im Falle der Realisierung einer Bestandsgefährdung würde ihre Unternehmensbeteiligung entwertet und sie in ihrem Vermögen geschädigt. Grundsätzlich sind Aktionäre jedoch nicht vor einem Ausfall bzw. einer Entwertung ihres Gesellschaftsanteils geschützt. Vielmehr haben sie sich durch eine Diversifikation ihrer Beteiligungen vor einem Gesamtausfall ihres Portfolios selbst zu schützen[141], sog. Port-Folio-Ansatz[142]. Denn sie profitieren im Gegenzug ja auch gerade vom sog. risikofreudigen Vorstand, der entgegen dem allzu risikoaversen durch das Eingehen eben dieser wirtschaftlichen Wagnisse auch Renditen ermöglicht[143].

Dieser Ansatz soll erst dort an seine Grenzen geraten, in denen Gesellschaften systemrelevant[144] sind, ihr Zusammenbruch also eine Kettenreaktion im Markt auslöst, der zum Zusammenbruch weiterer Unternehmen führt und es dem Anleger infolgedessen unmöglich macht, seine Anlagen zu diversifizieren[145], sog. systematisches Risiko[146]. Infolgedessen sei es Geschäftsleitern systemrelevanter Unternehmen auch verwehrt, abstrakt bestandsgefährdende Risiken einzugehen, wenn deren Eintrittswahrscheinlichkeit nicht dem allgemeinen Lebensrisiko entspräche und ein

---

139 *Redeke*, ZIP 2010, 159 (164).

140 Vgl. *Spindler*, MünchKommAktG, § 93, Rn. 54 f.

141 *Grundmann*, FS K. Schmidt 2009, 831 (836, 841); *Fleischer/Schmolke*, ZHR 173 (2009), 649 (656).

142 *Drygala*, FS Hopt 2010, 541 (554).

143 *Fleischer*, NZG 2011, 521 (522); *Holle*, AG 2011, 778 (782).

144 Zur Schwierigkeit der begrifflichen Fassung: *Günter*, NJW 2010, 825 ff.; für die Deutsche Aufsichtspraxis: vgl. Art. 6 III BaFin, Richtlinie zur Durchführung und Qualitätssicherung der laufenden Überwachung der Kredit- und Finanzdienstleistungsinstitute durch die Deutsche Bundesbank v. 21.02.2008 (www.bundesbank.de); weit weniger deutlich: § 1 IV Nr. 2 lit. a RettungsG.

145 Im Ergebnis: *Böttcher*, NZG 2009, 1047 (1050 f.), der jedoch vielmehr von einem öffentlichen Interesse an einem funktionierenden Markt ausgeht, das einzelne Vorstände letztlich nicht alleine riskieren dürften, m.w.N auf die Verpflichtung entsprechend der Interessenpluralität gem. Ziff. 4.1.1 DCGK das Allgemeinwohl zu berücksichtigen.

146 *Fleischer/Schmolke*, ZHR 173 (2009), 649 (654 f) m.w.N, mit weiteren Erläuterungen zum systematischen und unsystematischen Risiko sowie zur Portfolio-Theorie von *Markowitz*.

positiver Ausgang dementsprechend nicht nahezu sicher sei[147]. Gegen diesen Ansatz ist jedoch einzuwenden, dass es für einen Vorstand ex ante kaum absehbar sein dürfte, ob seine Gesellschaft systemrelevant[148] ist und des weiteren im Nachgang kaum klärbar sein dürfte, wer denn letztlich in wieweit die Krise ausgelöst oder verschärft hatte. Haften die Lehman Vorstände ihren Aktionären wegen Auslösung der Krise und Entwertung deren Portfolios? Was gilt für die Übernahme der Dresdner Bank durch die Commerzbank, die gleichfalls die Schieflage des innerdeutschen Bankensystem zumindest verschärfte? Hierbei ist vor einer Überfrachtung der Verantwortung eines Geschäftsleiters in aller Deutlichkeit zu warnen[149]. Die Bewertung eingegangener Risiken muss somit für jedes Organ allein aus der Perspektive seines Unternehmens beurteilt werden. Ihm darüber hinaus „systemische Pflichten" aufzuerlegen, dürfte die ohnehin schon erheblichen Sorgfaltspflichtanforderungen an Vorstände dann gänzlich überladen, zumal deren Bewertung wie oben im Ansatz gezeigt kaum zu bewerkstelligen sein dürfte. Eine ähnliche Sichtweise scheint auch der nationale sowie europäische Gesetzgeber zu teilen, indem er im Ergebnis die systemischen Risiken, die ohnehin wohl im Ergebnis nur Banken zugesprochen werden[150], nicht durch eine nachträgliche Inanspruchnahme der Vorstände zu erreichen gedenkt, sondern durch eine präventive Verpflichtung zur erhöhten Eigenkapitalausstattung der Bankinstitute[151].

Ist somit eine Haftung für systemische Schieflagen schon bei Bankvorständen höchst fraglich, muss dies erst Recht für sonstige Unternehmen ausgeschlossen werden[152]. Der Vorstand ist zu allererst dem Unternehmensinteresse gegenüber verpflichtet, was eine verpflichtende, soll heißen zwingende, Beachtung von Gemeinwohlbelangen über deren gesetzliche Konkretisierung hinaus ausschließt[153]. Dies

---

147 Drygala, FS Hopt 2010, 541 (555).

148 Zutreffend: *Mülbert*, FS Schneider 2011, 855 (856); *Günter*, WM 2010, 825 (825 f.); aA: *Böttcher*, NZG 2009, 1047 (1050 f.), wogegen spricht, dass die Erkennbarkeit noch für eine Deutsche Bank gelten mag, aber im Falle der Grauzonen, wie zB der WestLB massive Beurteilungsschwierigkeiten mit sich bringt.

149 Ganz allgemein: *Wiedemann*, ZGR 2011, 183 (184), wonach der Verantwortungsbegriff nicht missbraucht werden dürfe, um „nach einem Unheil einen Sündenbock zu finden".

150 Vgl. *Böttcher*, NZG 2009, 1047 (1050 f.) und die dortigen Verweise auf die MaRisk und § 25a KWG, sowie §§ 2, 4 FMStFG.

151 CRD IV-Umsetzungsgesetz (Umsetzung Basel III Veordnung) vom 28. August 2013.

152 Im Ergebnis ebenso: *Günter*, WM 2010, 825 (828), der Unternehmen außerhalb des Bankensektors wegen höchstens vertikalen Dominoeffekten bereits die Möglichkeit der Systemrelevanz abspricht, für die vertikale Dominoeffekte kennzeichnend seien; kritisch hierzu: *Mülbert*, FS Scheider 2011, 855 (862).

153 Vgl. hierzu *Kort*, NZG 2012, 926 ff., der zurecht klarstellt, dass Vorstände zwar zur Umsetzung der geltenden Rechtslage verpflichtet seien, nicht aber darüber hinaus zur Umsetzung gesellschaftspolitisch Wünschbarem. Im Gegenteil: Dem Vorstand ist es aufgrund der erwerbswirtschaftlichen Zielsetzung der AG verwehrt, „uneigennützige Ziele" zu verfolgen, wenn diese sich nicht (zumindest indirekt bspw.

wird auch nochmals durch die ungeschriebene, sich aber aus der treuhänderischen Natur des Vorstandsamtes ergebenden, Treuepflicht des Vorstands untermauert, die ihm eine Berücksichtigung eigener oder dritter Vorteile oder Nutzen verbietet und sie allein auf das Unternehmensinteresse verpflichtet[154]. Abseits der Frage, was je nach Standpunkt gesellschaftlich wünschbar erscheinen mag, geht es hierbei um die Frage, welche Pflichten der Vorstand gegenüber der AG hat, und dass er im Falle derer Nichtbeachtung gegebenenfalls dafür haftet. Das darf nicht aus dem Blick geraten. Im Ergebnis besteht somit keine Art „Allgemeinwohlklausel", die für den Vorstand verbindlich eine Ausrichtung der Unternehmensentscheidung zugunsten des Allgemeinwohls, wie auch immer dies im Einzelfall konturiert sein mag, verpflichtet[155].

Folglich muss eine Haftung des Vorstands gegenüber seinen Aktionären auch bei systemrelevanten Unternehmen für abstrakt bestandsgefährdende Risiken bei positiver Risikoprognose grundsätzlich[156] ausscheiden. Die Aktionäre tragen das Risiko einer – schlimmstenfalls auch gesamten – Entwertung ihres Portfolios selbst.

Eine andere Frage ist, inwieweit auf **Gläubigerinteressen** im Rahmen der Risikobewertung Rücksicht zu nehmen ist. Denn im Falle einer Realisierung von einem Bestandsgefährdungrisiko wären diese durch einen (zumindest teilweisen) Forderungsausfall ebenfalls betroffen. Dem folgend hätte der Vorstand bestandsgefährdende Risiken zu vermeiden um die gegenüber Dritten eingegangen Verbindlichkeiten auch erfüllen zu können[157]. Fraglich ist, ob dies mit den gesetzgeberischen Entscheidungen zu vereinbaren ist. Im Zeitpunkt der Zahlungsunfähigkeit der Gesellschaft gemäß § 17 InsO oder deren Überschuldung gemäß § 19 InsO liegt ein Eröffnungsgrund für das Insolvenzverfahren gemäß § 16 InsO vor, von dem an der Gesetzgeber der Geschäftsleitung die Unternehmensverwaltung entzieht und gemäß der §§ 80 ff. InsO auf einen Insolvenzverwalter überträgt. Zur Beantragung der Insolvenz ist der Vorstand gemäß § 15a InsO verpflichtet. Ein Nichtnachkommen dieser Verpflichtung ist gemäß § 15a Abs. 4 InsO strafbewährt, was gemäß Abs. 5 auch für eine fahrlässige Nichtanmeldung gilt. Nach Insolvenzeröffnung getätigte

---

aus Reputationsgründen) wirtschaftlich lohnen, „Ethik muss sich lohnen" (929); vgl. hierzu auch den Antrag zur Gesetzesänderung der Bundestagsfraktion „Bündnis 90/Die Grünen" vom 28.11.2012, die eine Förderung „menschenrechtlicher, ökologischer und sozialer Standards" auch zu Lasten des Gesellschaftsvermögens als Teil der Sorgfalt eines ordentlichen und gewissenhaften Geschäftsleiters durch Einführung eines neuen Satzes 3 hinter § 93 Abs.1 S. 2 AktG vorschreiben wollten, BT-Drucks. 17/11686.

154 *Dauner-Lieb*, Henssler/Strohn GesR, § 93 AktG, Rn. 8 f.; Das Unternehmensinteresse als maßgebliche Leitlinie für die Organtätigkeit, vgl: *Diekmann/ Fleischmann*, AG 2013, 141 (143),

155 *Spindler*, MünchKommAktG, § 76, Rn. 61.

156 Eine Grenze bilden freilich, wie stets die §§ 823, 826 BGB.

157 So wohl noch: *Spindler*, MünchKommAktG, § 93, Rn. 50, mwN (Vorauflage: 10. Auflage).

Verfügungen sind gemäß § 81 InsO unwirksam. Der Grund hierfür ist, einen Wettlauf der Gläubiger zu verhindern und eine möglichst gleichwertige Befriedigung aus der noch vorhandenen Vermögensmasse zu ermöglichen[158]. Insbesondere soll verhindert werden, dass die Geschäftsleitung ihren defizitären Geschäftsbetrieb weiter auf Kosten der Gläubiger fortsetzt. Denn reicht das Vermögen der Gesellschaft nicht aus, seine Verbindlichkeiten zu decken und setzt sie aber dennoch den Geschäftsbetrieb mit der notwendigerweise weiteren Begründung von Verbindlichkeiten fort, so mindert sich folgerichtig im gleichen Umfang die spätere Insolvenzquote der Gläubiger. Dieser Punkt der Insolvenzreife stellt somit aus Sicht des Gesetzgebers den Punkt dar von dem an das Gläubigerschutzinteresse der Freiheit unternehmerischer Entscheidungsfindung vorgeht. Dieser massive Eingriff zum Schutz der Gläubiger muss aber im Umkehrschluss ebenso bedeuten, dass bis zu diesem Zeitpunkt die Gläubiger zumindest aus gesetzgeberischer Sicht keines besonderen Schutzes bedürfen[159]. Diese Entscheidung würde konterkariert, wenn man den Vorstand nun auch im Falle lediglich abstrakter Bestandsgefährdung besondere Gläubigerschutzpflichten andichtete. Vielmehr besteht keine Garantenpflicht gegenüber Gläubigern[160].

iv. Besondere Situationen: Gründung und Krise

Eine Besonderheit dieser Grundsätze lässt sich jedoch für die Gesellschafts**gründung** festhalten. Denn diesen wohnt naturgemäß die Gefahr oder vielmehr das bestandsgefährdende Risiko inne, dass sich die Geschäftsidee als nicht tragfähig erweist oder aber eine an sich tragfähige Geschäftsidee alsbald überholt wird[161]. Hier wird im Grundsatz keiner den Geschäftsleitern eine übertriebene Risikogeneigtheit oder das bewusste Eingehen bestandsgefährdender Risiken vorwerfen. Vielmehr handelt es sich um das typische Gründungsrisiko einer Gesellschaft, das vom Gesetzgeber bewusst akzeptiert wird um die Hemmung vor Gründungen einzuschränken und diese dadurch überhaupt erst zu ermöglichen. Infolgedessen kann eine Anwendung der oben gezeigten restriktiven Grundsätze zu bestandsgefährdenden Risiken nicht erfolgen, denn eine Bestandsgefährdung kann nur dort geschehen, wo bereits ein Bestand aufgebaut wurde[162].

---

158 BGH, Urteil vom: 16.03.2009 – II ZR 280/07, Rn. 12, juris.de; *Thole*, ZHR 173 (2009), 504 (508).

159 *Drygala*, FS Hopt 2010, 541 (556).

160 BGH, Urteil vom 10.07.2012 – VI ZR 341/10, Rn. 22 f., juris.de; dem folgend: *Spindler*, MünchKommAktG, § 93, Rn. 330, mwN.

161 *Drygala*, FS Hopt 2010, 541 (544).

162 *Drygala*, FS Hopt 2010, 541 (544), mit dem zutreffenden Hinweis, dass eine Abgrenzung, ab wann ein Unternehmen dem Gründungsstadium entwachsen sei und somit die Grundsätze zu bestandsgefährdenden Risiken wieder gelten, wird kaum trennscharf durchzuführen sein.

Die Zulässigkeit der Eingehung abstrakt bestandsgefährdender Risiken gilt grundsätzlich auch in der **Krise** einer Gesellschaft[163]. Allerdings ist in diesem Stadium eine Bestandsgefährdung deutlich wahrscheinlicher, sodass auch im Umfang kleinere Entscheidungen bei falscher Planung schnell konkret bestandsgefährdend werden können. Dennoch ist der Vorstand in seiner Entscheidungsfindung weiterhin frei. Unter dem Aspekt, dass das Unternehmensinteresse grundsätzlich auf Fortführung ausgerichtet ist, was auch der gesetzgeberischen Wertung entspricht (vgl. § 19 Abs. 2 InsO), hat der Vorstand bis zur Insolvenzreife das ihm Mögliche zu tun, um einen Fortbestand zu sichern[164]. Insbesondere darf er nicht ohne Weiteres untätig bleiben, da er sonst sein Handlungsermessen unterschreitet, hat also folglich weiterhin unternehmerische Chancen zu nutzen und zu suchen[165]. Hierzu müssen sowohl hinsichtlich der Spar- als auch möglicher Investitionsmaßnahmen unternehmerische Entscheidungen getroffen werden, sei es auf welche Produktionen man sich in Zukunft konzentriert und welche man ausgliedert oder aber in welche Bereiche man zusätzlich investiert. Jedoch wird nicht zu leugnen sein, dass sich der zulässige Handlungsspielraum, je näher sich das Unternehmen der Insolvenzreife nähert, immer enger und der entsprechende Informations-, Abwägungs- und Begründungsaufwand immer größer wird[166]. Dasselbe gilt für die Prüfungs- und Überwachungspflicht des Aufsichtsrats, die hier dezidiert die jeweiligen Sachverhaltsannahmen und Schlussfolgerungen nachzuvollziehen und zu bewerten hat[167]. Dies gilt im Besonderen für Entscheidungen, in denen der Vorstand alles „auf eine Karte" setzt. Der große Befreiungsschlag sollte daher mit Bedacht gegen umsichtige und abwartende Einzelmaßnahmen abgewogen werden.

v. Zwischenfazit

Es bleibt demnach als Zwischenfazit festzuhalten, dass es dem Vorstand durchaus gestattet ist bestandsgefährdende Risiken einzugehen, sofern diese belastbar zu erfassen sind und ex-ante kein überwiegender Grund zur Annahme ihrer Realisierung besteht. Oftmals werden sie solche Risiken gar nicht erst vermeiden können, wenn es beispielsweise in neue Technologien zu investieren gilt, um konkurrenzfähig

163 *Scheffler*, BB 2014, 2859 (2860 f.), mit Auflistung verschiedener Arten von Krisen; *Westermann/Paefgen*, WM 2008, 988 (989), mwN.

164 So wohl auch: *HoptRoth*, GroßkommAktG, § 93, Rn. 181, 223; liegt hingegen die Zahlungsunfähigkeit oder Überschuldung vor, hat der Insolvenzantrag durch den Vorstand unverzüglich förmlich gestellt und dies durch den Aufsichtsrat überwacht zu werden, *Scheffler*, BB 2014, 2859 (2863).

165 Zutreffend, wenngleich auch in anderem Zusammenhang: *Herrmann/Olufs/Bart*, BB 2012, 1935 (1939).

166 *Spindler*, MünchKommAktG, § 93, Rn. 54; *Hopt/Roth*, GroßkommAktG, § 93, Rn. 223; *Redeke*, ZIP 2010, 159 (166).

167 *Scheffler*, BB 2014, 2859 (2862 f.).

zu bleiben. Dies gilt umso mehr in Zeiten der Unternehmensgründung und einer etwaigen -krise.

cc) Prozeduale Absicherung bei der Eingehung abstrakt bestandsgefährdender Risiken

Unstreitig ist dem Vorstand aufgrund seiner Darlegungs- und Beweispflichten gemäß § 93 Abs. 2 AktG, nachdem sein Verhalten demjenigen eines ordentlichen und gewissenhaften Geschäftsleiters zu entsprechen hat, eine noch detailliertere Dokumentation jeden Stadiums der Entscheidungsvorbereitung und -findung anzuraten[168].

Im Weiteren ist zu fragen, inwieweit die Absicherung der Entscheidung des Vorstands mittels eines Hauptversammlungsbeschlusses möglich oder gar geboten ist. Entgegen den Einflussmöglichkeiten der GmbH-Gesellschafter auf die Entscheidungsfindung der Geschäftsführung gemäß der §§ 45 ff. GmbHG ist der Vorstand gegenüber der Hauptversammlung hinsichtlich der Geschäftsleitung, wie oben gezeigt grundsätzlich frei, § 119 Abs. 2 AktG[169].

So könnte der Vorstand theoretisch einen Beschluss über die abstrakt bestandsgefährdende Entscheidung durch die Hauptversammlung gemäß § 119 Abs. 2 AktG verlangen, um gemäß § 93 Abs. 4 S. 1 AktG einer Haftung zu entgehen. Jedoch handelt es sich hierbei um einen wohl allzu theoretischen Ansatz, der wegen des immensen Aufwands der Einberufung, der Offenlegung von Geschäftsleitungsinterna, der Unkontrollierbarkeit des Abstimmungsverhaltens sowie der hierdurch geweckten Begehrlichkeiten der Aktionäre in der Praxis kaum Anklang finden dürfte[170].

Etwas anderes würde hingegen dann gelten, wenn der Vorstand bei der Eingehung abstrakt bestandsgefährdender Risiken entsprechend der Holzmüller-Gelatine Grundsätze[171] hingegen sogar zur Einforderung eines Hauptversammlungsbeschlusses verpflichtet wäre[172]. Kennzeichnend für die hiervon ausgehende ungeschriebene Hauptversammlungskompetenz, die ausweislich des entgegenstehenden Wortlauts in § 119 Abs. 2 AktG gewohnheitsrechtlich anerkannt wird, ist der sog. Mediatisierungseffekt[173]. Dieser zeichnet sich – zusammengefasst – dadurch aus, dass ein Großteil des Unternehmensgegenstandes auf ein Tochterunternehmen ausgegliedert wird und fortan nicht mehr dem

---

168 *Redeke*, ZIP 2010, 159 (166); *Hauschka*, GmbHR 2007, 11 (14): „Was nicht in der Akte ist, ist nicht in der Welt".

169 *Koch, Hüffer AktG*, § 119, Rn. 11.

170 *Drygala*, FS Hopt 2010, 541 (547).

171 BGH, Urteil vom 25.02.1982 – II ZR 174/80, „Holzmüller", juris.de; BGH, Urteil vom 26.04.2004 – II ZR 155/02, „Gelatine", juris.de; *Windbichler*, Gesellschaftsrecht, § 29, Rn. 4 mwN.

172 Kritisch: *Redeke*, ZIP 2010, 159 (167).

173 *Windbichler*, Gesellschaftsrecht, § 29, Rn. 4.

unmittelbaren Einfluss der Aktionäre unterliegt, da die Anteile des Tochterunternehmens zwar im Eigentum der Gesellschaft liegen, der ausgegliederte Unternehmensgegenstand aber durch den Vorstand als Leitungsorgan der Gesellschaft als Anteilseigner kontrolliert wird[174]. Die Aktionäre haben also nur noch über den zwischengeschalteten Vorstand – mediatisiert – Einfluss auf den (ehemaligen) Unternehmensgegenstand. Kennzeichnendes Element dieser Hauptversammlungsbeteiligungspflicht ist also der schwindende Einfluss der Aktionäre auf den (ehemaligen) Unternehmensgegenstand ihrer Gesellschaft und nicht allein die Größe des getätigten Geschäftes[175]. Außerhalb des Beteiligungserwerbs, der einen solchen Mediatisierungseffekt überhaupt erst ermöglicht, wird man infolgedessen keine Hauptversammlungsbeteiligungspflicht entsprechend den Holzmüller/Gelatine-Grundsätzen begründen können.

II. Legalitätspflicht als Grenze der unternehmerischer Entscheidungsfindung

Die Legalitätspflicht, als zweite Komponente der Leitungspflicht des Vorstands[176], beinhaltet die Pflicht der Gesellschaftsorgane zur Wahrung rechtskonformem Handelns ihrer selbst und der Gesellschaft[177] sowie gegebenenfalls beherrschter Gesellschaften[178]. Die Legalitätspflicht dient dazu, der Geschäftsleitung Handlungsgrenzen zu setzen, die nicht nach Opportunitätsaspekten vom Normunterworfenen relativiert oder modifiziert werden können[179]. Sie geht nunmehr in der sog. Compliance

---

174 Anstatt vieler hier nur: *Drinhausen*, Hölters-AktG, § 119, Rn. 16, mwN.

175 Zutreffend: *Redeke*, ZIP 2010, 159 (167), der einer solchen Auffassung des OLG Schleswig vom 08.12.2005 – 5 U 57/04, ZIP 2006, 421 (426 f.) widerspricht, mwN.

176 *Paefgen*, AG 2014, 554 (557); Legalitätspflicht als Ausfluss der Leitungspflicht, *Hemeling*, ZHR 175 (2011), 368 (370).

177 So zuletzt ausdrücklich: LArbG Düsseldorf, Beschluss vom 20.01.2015 – 16 S. 458/14, Rn. 19, juris.de; *Hölters*, Hölters-AktG, § 93, Rn. 68; *Wiesner*, Münch. Hdb. AG, § 25, Rn. 23; *Paefgen*, Unternehmerische Entscheidungen, S. 17; *Bayer*, FS Schmidt 2009, 85 (88); *Hauschka*, AG 2004, 461 (465); gilt gleichfalls für die GmbH: *Altmeppen*, Roth/Altmeppen, § 43, Rn. 6; vgl. zudem Ziff. 4.1.3 DCGK, der diesen Grundsatz ebenfalls als Voraussetzung der Corporate Governance / Compliance versteht („hat“).

178 *Thole*, ZHR 173 (2009), 504 (510 f.).

179 OLG Düsseldorf, Beschluss vom 9.12.2009 – I-6 W 45/09, Rn. 41, juris.de; *Paefgen*, AG 2014, 554 (557), so steht die dem Entscheidungsträger gewährte Freiheit im Rahmen der Business Judgment Rule unter dem Vorbehalt von Recht und Gesetz; ebenso für die GmbH: *Schneider*, Scholz-GmbHG, § 43, Rn. 74.

auf[180], die darüber hinaus unter anderem auch die Pflicht[181] zur Organisation entsprechender Strukturen zur Einhaltung eben dieser Legalität durch den Vorstand selbst wie auch sämtlicher sonstiger Arbeitnehmer der Gesellschaft beinhaltet[182]. Sie hat hierbei sicherzustellen, dass sowohl bestehende Risiken kontrolliert, als auch zukünftigen präventiv vorgebeugt wird, was ein Bestreiten der Kenntnis evidenter Rechtsverstöße seitens des Vorstands durch Nichtwissen ausschließt[183]. Sie unterliegt der Gesamtverantwortung des Vorstands, womit jedes Vorstandsmitglied für Defizite in der Ausgestaltung des Compliance-Systems haftet[184], eine Delegation auf ein einzelnes Vorstandsmitglied oder nachrangige Unternehmensebenen ist insoweit nicht möglich[185]. Wurde hingegen ein Compliance-System etabliert und hierdurch die Aufgabe einem einzelnen Organmitglied übertragen, dürfen die anderen Mitglieder darauf vertrauen, dass er diese auch ordnungsgemäß übernimmt und haben ihn nur noch zu kontrollieren[186]. Auf die Pflicht zur Einrichtung eines Compliance-Systems soll im Rahmen dieser Arbeit aber nicht vertieft eingegangen werden, da vorliegend der Fokus auf der Beurteilung von Rechtslagen durch den Vorstand liegt.

---

180 *Paefgen*, AG 2014, 54 (557); *Goette*, ZHR 175 (2011), 388 (391); *Kort*, FS Hopt, 983 (983); Eine umfängliche Rechtsgrundlage für Compliance gibt es nicht, vielmehr geht es darum einer Vielzahl von Einzelvorschriften zu entsprechen (="compliant").

181 LG München, Urteil vom 10.12.2013 – 5 HKO 1387/10, „Neubürger", Rn. 89, juris.de; in der Ausgestaltung ist der Vorstand nach h.M. weitestgehend frei, *Paefgen*, AG 2014, 554 (557); Spindler, AG 2013, 889 (892); vgl. zur Übersicht zum streitigen Ausmaß einer Organisationspflicht die Übersicht bei *Liese*, BB Special 5 (zu BB 2008, Heft 25), S. 17 ff.; *Kort*, FS Hopt 2010, 983 (994 f.).

182 *Hopt/Roth*, GroßkommAktG, § 93, Rn. 77; *Mertens/Cahn*, KölnKommAktG, § 93, Rn. 80; *Wiesner*, Münch. Hdb. AG, § 25, Rn. 13, 39 f.; *Hölters*, Hölters-AktG, § 93, Rn. 63; *Kort*, FS Hopt, 983 (984); *Wiedemann*, ZGR 2011, 183 (199), wonach Rechtsverletzungen der Mitarbeiter der Unternehmensleitung nur im Falle unzureichender Überwachungspflichten zugerechnet werden können; zur Pflicht bei Verstößen, diese auch entsprechend aufzuklären, nachhaltig abzustellen und deutlich sichtbar zu sanktionieren, *Reichert/Ott*, ZIP 2009, 2173 (2176 ff.); für den Konzern: *Bunting*, ZIP 2012, S. 1542 (1545 ff.), wonach sich eine Pflicht zur Etablierung einer Compliance, hergeleitet aus § 130 OWiG und den betrieblichen Organisationspflichten aus § 823 BGB, auch auf die Untergesellschaften erstrecken könne, wenn diese in die Obergesellschaft eingegliedert und infolgedessen von ihr abhängig und weisungsgebunden seien; ebenso für die GmbH: *Schneider*, Scholz-GmbHG, § 43, Rn. 74.

183 LG München, Urteil vom 10.12.2013 – 5 HKO 1387/10, „Neubürger", Rn. 89 f., juris.de

184 LG München, Urteil vom 10.12.2013 – 5 HKO 1387/10, „Neubürger", Rn. 100, juris.de.

185 *Wiesner*, Münch. Hdb. AG, § 25, Rn. 40; *Merkelbach/Simon*, AG 2014, 318 (320), Kommentierung zu LG München, Urteil vom 10.12.2013 – 5 HKO 1387/10, „Neubürger", juris.de, ebenso: *Fleischer*, NZG 2014, 321 (323), mwN.

186 Für die GmbH: ArbG Essen, Urteil vom 19.12.2013 – 1 Ca 658/13, Rn. 150, juris.de.

Die Unternehmensleitung ist mithin verpflichtet, die Gesellschaft im Rahmen der geltenden Gesetze zu führen und deren Rechtstreue sicherzustellen, womit ein Ermessen vergleichbar der oben gezeigten unternehmerischen Entscheidungen (grundsätzlich[187]) ausgeschlossen ist[188]. Die Pflicht besteht nur dem Unternehmen gegenüber, weshalb Dritte aus ihr auch keine Rechte ableiten können[189].

Zur Beachtung der gesetzlichen Regeln hat sich der Vorstand[190] hierfür stets über die rechtlichen Rahmenbedingungen der Geschäftstätigkeit seiner Gesellschaft, aber auch speziell über seine eigenen Pflichten, zu informieren[191]. Ist es ihm selbst nicht möglich, sich mit den relevanten Informationen zu versorgen, muss er sich gegebenenfalls Rechtsrat einholen[192], wobei ihn grundsätzlich das Risiko trifft, die Rechtslage zu verkennen[193].

1) Fallgruppen der Legalitätspflicht

Die Legalitätspflicht des Vorstands lässt sich in drei Fallgruppen untergliedern, wobei die ersten beiden der sogenannten inneren Legalitätspflicht angehören und die letztere der sog. äußeren[194] Legalitätspflicht[195].

---

187 Vgl. jedoch nachstehende Diskussion zur unklaren Rechtslage, E.II.3)b).

188 *Paefgen*, AG 2014, 554 (557); *Schwarz*, BB 2012, 136 (142); weshalb man auch von einer gebundenen Entscheidung spricht; ein Ermessen kann allenfalls dort bestehen, wo es um die Frage des „Wie" des Erreichen des legalen Zustands geht, vgl. *Kort*, FS Hopt 2010, 983 (994 ff.); ebenso für die GmbH: *Schneider*, Scholz-GmbHG, § 43, Rn. 74; *Zöllner/Noack*, Baumbach/Hueck GmbHG, § 43, Rn. 23; ebenso, wenn auch im Zusammenhang mit der Organisationspflicht: *Meier-Greve*, BB 2009, 2555 (2557).

189 BGH, Urteil vom 10.07.2012 – VI ZR 341/10, Rn. 22 f., juris.de, weshalb die Legalitätspflicht keine Garantenpflicht für unechte Unterlassungsdelikte begründe und die § 93 Abs. 1 AktG und § 43 Abs. 1 GmbHG auch keine Schutzgesetze im Sinne des § 823 Abs. 2 BGB darstellten. Eine Haftung für selbst begangene, rechtswidrige Handlungen von Vorständen und Geschäftsführern bleibt hiervon natürlich unberührt, Rn. 24.

190 Nachfolgende Erwägungen gelten, sofern nicht ausdrücklich auf Vorschriften des AktG verwiesen wird, ebenso für die GmbH, deren Geschäftsleitung im selben Maße der Legalitätspflicht unterliegt, vgl. *Fleischer*, MünchKommGmbHG, § 43, Rn. 21 ff.

191 OLG Stuttgart, Urteil v. 25.11.2009 – 20 U 5/09 (Leitsatz), juris.de; *Spindler*, MünchKommAktG, § 93, Rn. 77; *Hölters*, Hölters-AktG, § 93, Rn. 76.

192 *Bayer*, FS Schmidt 2009, 85 (92) mwN; vgl zudem vielfältige Verweise zum unvermeidbaren Verbotsirrtum im Strafrecht gemäß § 17 StGB: *Fleischer*, FS Hüffer 2010, 187 (189 f.).

193 BGH, Urteil vom 28.04.2015 – II ZR 63/14, Rn. 28, juris.de; BGH, Urteil vom 20.09.2011 – II ZR 234/09, Rn. 16, juris.de.

194 Die Terminologie ist hier nicht immer einheitlich, weshalb auch von interner und externer Legalitätspflicht gesprochen wird. Zur Vereinfachung seien die gewählten Begrifflichkeiten zugrunde gelegt.

195 Wenngleich mit anderen Bezeichnungen: *Paefgen*, AG 2014, 554 (557).

a) *Innere Legalitätspflicht*

Die innere Legalitätspflicht[196] lässt sich unterteilen in die organisationelle Legalitätspflicht, also die Beachtung der aktienrechtlichen Kompetenzordung, einerseits[197] und solchen Vorschriften, die den Organen bestimmte Verhaltens- oder Unterlassenspflichten auferlegen[198] andererseits.

aa) *Organisationelle Legalitätspflicht*

Zunächst hat der Vorstand als Leitungsorgan der Aktiengesellschaft gemäß § 82 Abs. 2 AktG die ihr immanente Kompetenzordnung zu beachten und handelt im Falle einer Zuwiderhandlung pflichtwidrig[199]. Trotz einer fehlenden Bindung im Außenverhältnis (Abs. 1) hat er sich hiernach an die Beschränkungen seiner Leitungspflicht durch die Satzung, den Aufsichtsrat oder die Hauptversammlung zu halten, sofern solche Beschränkungen nicht gegen das AktG selbst verstoßen[200]. Hierbei hat er nicht nur selbst die Kompetenzordnung zu achten, sondern auch darauf hinzuwirken, dass die übrigen Vorstandsmitglieder ihre Kompetenzen ebenfalls nicht überschreiten[201].

Eine der wichtigsten Ausprägung hiervon stellt wohl der in der Satzung der Gesellschaft geregelten Unternehmensgegenstand dar, § 23 Abs. 3 Nr. 2 AktG[202]. Dieser steckt die Geschäftsführungsbefugnis des Vorstands verbindlich ab und zwar einerseits als Überschreitungs- und andererseits als Unterschreitungsverbot[203]. Der

---

196 Ausweislich des Umstands, dass es sich hierbei stets meist um eindeutig an den Vorstand gerichtete Ge- oder Verbote handelt, wird deren begriffliche Zurechnung zur (zmd. engeren) Legalitätspflicht angezweifelt, vgl. *Habersack*, FS Schneider 2011, 429 (432); ebenso: *Thole*, ZHR 173 (2009), 504 (508 f.).

197 *Paefgen*, Unternehmerische Entscheidungen, S. 18 f.; *Habersack*, FS Schneider 2011, 429 (432); entsprechendes gilt ebenso für die GmbH: *Schneider*, Scholz-GmbHG, § 43, Rn. 81.

198 *Paefgen*, Unternehmerische Entscheidungen, S. 22 f.; *Habersack*, FS Schneider 2011, 429 (432).

199 Zuletzt: BGH, Urteil vom 28.04.2015 – II ZR 63/14, Rn. 24, juris.de; *Hölters*, Hölters-AktG, § 93, Rn. 55 ff.; *Hopt/Roth*, GroßkommAktG, § 93, Rn. 74; *Wiesner*, Münch. Hdb. AG, § 25, 25; *Fleischer*, ZIP 2005, 141 (143).

200 Vgl. hierzu bspw. das grundsätzliche Verbot der Hauptversammlung über Fragen der Geschäftsführung zu entscheiden, § 119 Abs. 2 AktG.

201 BGH, Urteil vom 28.04.2015 – II ZR 63/14, Rn. 27, juris.de.

202 *Habersack*, FS Schneider 2011, 429 (432); *Fleischer*, NJW 2010, 1504 (1504); OLG Düsseldorf, Beschluss vom 09.12.2009 – I-6 W 45/09, Rn. 41 f., juris.de.

203 Zurecht: OLG Stuttgart, Urteil vom 14.05.2003 – 20 U 31/02, Rn. 92, juris.de; *Hopt/Roth*, GroßkommAktG, § 93, Rn. 78; *Hölters*, Hölters-AktG, § 93, Rn. 61 f.; *Fleischer*, ZIP 2005, 141 (143 f.); entsprechend für die GmbH, *derselbe*, MünchKommGmbHG, § 43, Rn. 28, wonach Zuwiderhandlungen in beide Richtungen Pflichverletzungen im Sinne des § 43 Abs. 1 GmbHG darstellen; aA wohl: *Sieg/Zeidler*, Corporate Compliance, § 3, Rn. 26, die Pflichtverletzungen nur dann

Grund hierfür liegt unter anderem darin, dass die Aktionäre als Anteilsinhaber im Rahmen der Hauptversammlung gemäß § 119 Abs. 2 AktG zwar grundsätzlich keinerlei Möglichkeit haben, die Geschäftsleitung des Unternehmens zu beeinflussen und im Falle einer Unternehmensinsolvenz vor dieser auch grundsätzlich nicht geschützt sind[204], jedoch ihre Investitionsentscheidung am Unternehmensgegenstand festmachen und darauf vertrauen dürfen, dass sich die Unternehmensleitung auch im Rahmen dieser Grenze bewegt[205]. Handelt der Vorstand demnach außerhalb der ihm durch die Satzung vorgegebenen Geschäftsbereiche oder nimmt er diese wiederum nicht (angemessen) wahr, handelt er gleichfalls pflichtwidrig im Sinne des § 93 Abs. 1 S. 1 AktG[206].

bb) Sonstige Verhaltens- und Unterlassungspflichten

Ausweislich der zuvor gezeigten Kompetenzordnung und der Beschränkung der Geschäftsführungstätigkeit durch den Unternehmensgegenstand adressiert das AktG eine Vielzahl von Einzelpflichten an den Vorstand. Diese abschließend und enumerativ aufzuzählen kann und soll nicht Gegenstand dieser Arbeit sein. Beispielhaft seien die verschiedenen Informations- und Berichtspflichten gemäß §§ 90, 131 AktG, die Schweigepflicht aus § 93 Abs. 1 S. 3 AktG, Pflichten zur Erkennung und Behandlung von Bestandsgefährdungen aus §§ 91 f. AktG, solche zur Vorbereitung der Hauptversammlung oder eben diese zur Kapitalerhaltung[207] zu nennen[208].

cc) Zum Deutschen Corporate Governance Kodex, § 161 AktG

Im Kontext der Legalitätspflicht besondere Beachtung verdient die Pflicht zur Erklärung zum Deutschen Corporate Governance Kodex nach Maßgabe des § 161 Abs. 1 AktG. Hiernach sind der Vorstand und der Aufsichtsrat einer börsennotierten (Satz 1) oder gleichstellten kapitalmarktorientierten (Satz 2) Aktiengesellschaft verpflichtet[209] einmal im (Geschäfts-) Jahr schriftlich zu erklären, ob den im Bundesanzeiger

anerkennen, wenn die Pflichten dem direkten Schutz des Gesellschaftsvermögens zu dienen bestimmt sind.

204 Siehe obige Ausführungen hierzu unter E.I.4)c)bb).

205 Vgl. anstatt vieler: *Wiedemann*, ZGR 2011, 183 (195) mwN.

206 Vgl. nur wie bereits im anderen Zusammenhang gezeigt: OLG Düsseldorf, Beschluss vom 9.12.2009 – I-6 W 45/09, Rn. 30 ff., juris.de, zur Vornahme von Spekulationsgeschäften, die nach Auffassung des Gerichts nicht Teil des Unternehmensgegenstandes waren.

207 Vgl. insbesondere die Relevanz von Verstößen gegen Kapitalerhaltungsvorschriften für eine untreuerelevante Pflichtverletzung gemäß § 266 StGB: *Brand/ Sperling*, AG 2011, 233 (241); zu nennen sind auch die besonders wichtigen Fälle von Pflichtverletzungen in § 93 Abs. 3 AktG, *Fleischer*, ZIP 2005, 141 (143).

208 Vgl. zur ausführlichen Darstellung nur: *Hölters*, Hölters-AktG, § 93, Rn. 55 f.; *Fleischer*, ZIP 2005, 141 (142 f.).

209 *Von der Linden*, Wilsing-DCGK, § 161 AktG, Rn. 4, Pflicht trifft Vorstand und Aufsichtsrat als Leitungs- und Überwachungsorgane und nicht die juristische

veröffentlichten Empfehlungen des Deutschen Corporate Governance Kodex entsprochen wurde und wird oder warum dies bei einzelnen oder allen Vorschriften nicht geschieht[210]. Kommt es unterjährig zu einer Abweichung vom bisher erklärten Verhalten, so hat die Entsprechungsserklärung aktualisiert zu werden[211]. Hintergrund und Bestrebung ist neben Aktionären, unter anderem auch insbesondere internationale potentielle Investoren möglichst umfassend über die Führung und Überwachung der Gesellschaft zu informieren und dabei auch deutsche Besonderheiten wie das dualistische System zu berücksichtigen[212]. Die Erklärung besteht hinsichtlich der Vergangenheit aus einer verbindlichen Wissenserklärung und einer auf die Zukunft gerichteten, unverbindlichen Absichtserklärung[213]. Hingegen unklar ist, in welchem qualitativen beziehungsweise quantitativen Umfang eine Begründung für eine Abweichung zu geben ist, da das Gesetz hierzu schweigt[214]. Allein als sicher gilt, dass eine Begründung nur für negative Abweichungen vom Kodex zu liefern ist, dafür hingegen für jede Empfehlung einzeln, sei es ob der Kodex im Gesamten oder nur partiell nicht befolgt wird[215]. Dass die Erklärung auch tatsächlich

---

Person, weshalb diese bei Abgabe der Erklärung auch keine Pflicht der Gesellschaft erfüllen sondern eine unmittelbar eigene; *Goette*, MünchKommAktG, § 161, Rn. 57, keine Gesellschafts- sondern Organpflicht.

210 Sog. „Comply or Explain"-Prinzip, anstatt vieler: *Runte*, Bürgers/ Körber, § 116, Rn. 3 ff., wobei die Beschlüsse zur Erklärung von jedem Organ selbstständig zu fassen sind, da es kein gemeinsames „Kompetenzorgan von Vorstand und Aufsichtsrat gibt"; ebenfalls zur getrennten Beschlussfassung, *Hüffer*, AktG, § 161, Rn. 11 ff., mwN.

211 *Werner*, ZWH 2014, 449 (455).

212 *Goette*, MünchKommAktG, § 161, Rn. 6 ff., insbesondere auch zur Etablierung international anerkannter sog. „best practices".

213 *Von der Linden*, Wilsing-DCGK, § 161 AktG, Rn. 16 ff., so ist die Absichtserklärung keine auf eine Rechtsfolge gerichtete Willenserklärung, weshalb von ihr im Verhalten auch jederzeit abgewichen werden kann, was jedoch zu einer sofortigen Aktualisierung der Erklärung nach § 161 AktG verpflichtet, sog. unterjährige Aktualisierung (Rn. 18, 46); kritisch hierzu: *Theusinger/Liese*, DB 2008, 1419 (1421), Gesetzeswortlaut lasse sich eine Aktualisierungspflicht nicht entnehmen; seit: BGH, Urteil vom 16.02.2009 – II ZR 185/07, „Kirch/Deutsche Bank", Rn. 19, juris.de, ist dies zumindest in der Rechtsprechung geklärt, die eine unterjährige Aktualisierungspflicht annahm.

214 *Goslar/von der Linden*, DB 2009, 1691 (1695), eine besondere Tiefe oder gar Plausibilität der Entsprechenserklärung sei nicht erforderlich, da diesbezügliche Mängel im ausreichenden Maße vom Kapitalmarkt sanktioniert würden; ähnlich: *Goette*, MünchKommAktG, § 161, Rn. 53 ff., entscheidend sei die Nachvollziehbarkeit anhand rationaler Grundlage, hingegen nicht die Überzeugungskraft der Begründung, mwN; *Krieger*, ZGR 2012, 201 (218 f.) mit kritischer Erwägung zum EU-Kommissionsvorhaben, die inhaltliche Begründungspflicht deutlich auszuweiten.

215 *Von der Linden*, Wilsing-DCGK, § 161 AktG, Rn. 19 ff., weshalb es nicht ausreicht, dass eine Beachtung allgemein auf die hierdurch entstehenden Kosten gestützt werde (Rn. 20).

überzeugt, soll mit Blick auf die Konzeption des Gesetzes nicht erforderlich sein, da solche Begründungen im ausreichenden Maße vom Kapitalmarkt gestraft würden[216]. Erfolgt die Erklärung nicht oder fehlerhaft, so liegt hierin unstreitig ein Legalitätspflichtverstoß[217]. Darüber hinaus kommt eine Anfechtung des Entlastungsbeschlusses der Hauptversammlung aus § 243 Abs. 1 AktG in Betracht. Das erfordert nach der ständigen Rechtsprechung des BGH jedoch einen eindeutigen und schwerwiegenden Gesetzesverstoß, was bei Informationspflichtverletzungen nach § 161 AktG nur dann der Fall ist, wenn ein objektiv urteilender Aktionär die Informationserteilung als Voraussetzung für die sachgerechte Wahrnehmung seines Teilnahme- und Mitgliedschaftsrechts ansähe[218]. Da bei der Anfechtung eines Entlastungsbeschlusses der Hauptversammlung nicht das Ermessen des Vorstands, sondern das der Hauptversammlung geprüft wird, reicht es nicht, dass es Gründe gegeben hätte die Entlastung zu verweigern, vielmehr bedarf es einer hierdurch geäußerten Billigung eines eindeutigen und schwerwiegenden Satzungsverstoßes[219]. Hierbei soll jedenfalls im vollständigen Unterlassen der Erklärungsabgabe ein den Hauptversammlungsbeschluss anfechtbar machender Gesetzesverstoß liegen[220].

Im Lichte des Untersuchungsgegenstandes dieser Arbeit soll, abseits verschiedener Problematiken rund um die Vorschrift, der Fokus auf die Empfehlungen („soll")[221] des Kodex gelegt und deren „Verbindlichkeit" für die Organe beleuchtet werden. Denn der problematische Hintergrund liegt darin, dass sich die Vorschrift des § 161 Abs. 1 S. 1 AktG auf ein Regelwerk bezieht, dass keinerlei Gesetzeskraft oder

216 *Von der Linden*, Wilsing-DCGK, § 161 AktG, Rn. 20; ebenso *Hüffer*, AktG, § 161, Rn. 17a, Investoren müssen möglichst konkret informiert, hingegen nicht überzeugt werden.

217 Vgl. nur: *Goette*, MünchKommAktG, § 161, Rn. 39, für ggfs. hierauf aufbauende Schadensersatzansprüche zudem Rn. 97 ff.; *Theusinger/Liese*, DB 2008, 1419 (1420), mwN.

218 BGH, Beschluss vom 14.05.2013 – II ZR 196/12, juris.de; BGH, Urteil vom 10.07.2012, „Fresenius", Rn. 28, juris.de; BGH, Urteil vom 21.09.2009 – II ZR 174/08, „Umwandlungsstopp", Rn. 18, juris.de.

219 OLG Stuttgart, Urteil vom 29.02.2012 – 20 U 3/11, „Porsche/VW (Piech)", Rn. 149 ff. juris.de; bestätigt durch BGH, Beschluss vom 06.11.2012 – II ZR 111/12, „Porsche/VW (Piech)", juris.de.

220 *Goslar/von der Linden*, DB 2009, 1691 (1692), Hintergrund ist, der Hauptversammlung im Rahmen des Entlastungsbeschlusses ein (zumindest eingeschränkter) Ermessensspielraum zustehe, der eine Entlastung nur bei gleichzeitig schwerwiegenden und eindeutigen Verstößen der Erklärenden verbiete; ebenso: *Theusinger/Liese*, DB 2008, 1419 (1422); sehr kritisch zur sonstigen Rechtsprechung zu „unzureichenden Entsprechenserklärungen": *Krieger*, ZGR 2012, 201 (219 ff.).

221 Diese sind insbesondere von den Anregungen zu unterscheiden („sollte/kann"), die entgegen der Empfehlungen ausweislich des eindeutigen Gesetzeswortlauts in § 161 Abs. 1 S. 1 AktG nicht von der Pflicht zur Entsprechungserklärung umfasst sind, *von der Linden*, Wilsing-DCGK, § 161 AktG, Rn. 13.

gesetzgeberische Legitimation besitzt[222]. Hierdurch entsteht das nur schwer aufzulösende Spannungsverhältnis, dass der Gesetzgeber Leitungs- und Überwachungsorgane verpflichtet, zu Empfehlungen Stellung zu nehmen und sich gegebenenfalls letztlich an ihnen auszurichten, auf dessen Ausgestaltung er jedoch keinen direkten Einfluss hat[223]. So enthält der Kodex mit den Empfehlungen Regelungen, die letztlich vor allem allein die Auffassung der Kommission wiederspiegeln[224]. Diesen wird zwar von der wohl absolut herrschenden Meinung aufgrund der fehlenden Gesetzesqualität keinerlei rechtsetzende und im Sinne des § 93 Abs. 1 AktG pflichtsetzende Qualität zugesprochen, noch sind in ihnen Handelsbräuche nach Maßgabe der Vorschrift des § 346 HGB zu sehen[225]. Eine Haftung des Vorstands aus § 93 Abs. 2 AktG kann demnach auch nur bei einer Verletzung von § 161 AktG und der durch ihn geregelten Pflichten in Betracht kommen, keinesfalls aber, weil er Empfehlungen des DCGK nicht befolgt, also von ihnen negativ abweicht[226]. Haftungsrelevantes Fehlverhalten liegt also allein in dem Unterlassen einer Entsprechungserklärung, einer fehlerhaften Publikation, dem Abgeben einer falschen Entsprechungserklärung für die Vergangenheit und dem Nichtnachkommen der sog. unterjährigen Aktualisierung bei Abweichung einer zukunftsgerichteten Absichtserklärung[227]. Keinesfalls soll hingegen eine Feststellung der Pflichtwidrigkeit mit Blick auf die Empfehlungen zu treffen sein, sei es durch deren Nichtbefolgung oder Übererfüllung[228]. Fraglich ist aber, ob diese Ansicht wirklich bis zum letzten Schluss trägt. Oder ob nicht

222 *Von der Linden*, Wilsing-DCGK, § 161 AktG, Rn. 11, wenngleich die Regelungen durch das BMJ im BAnz bekannt gegeben werden, fehlt ihnen jegliches parlamentarisches Verfahren und für eine Rechtssetzung durch die Exekutive die nötige gesetzliche Ermächtigungsgrundlage; *Scholl*, Vorstandshaftung und Vorstandsermessen, S. 57 f.; wegen des dennoch hohen faktischen Befolgungsdrucks der Empfehlungen, mehren sich die Stimmen der Verfassungswidrigkeit des § 161 AktG, mit dem Verweis auf ein Verstoß gegen das Demokratieprinzip, vgl. zur Übersicht mwN: *Krieger*, ZGR 2012, 201 (217).

223 Vgl. *Goette*, MünchKommAktG, § 161, Rn. 1.

224 *Krieger*, ZGR 2012, 202 (211), weshalb sich die Kommission letztlich immer weiter von ihrem Ziel entferne, lediglich anerkannte Standards wiederzugeben, sich dafür aber umso mehr gesellschaftspolitische Diskussionen zu eigen mache (212).

225 *Runte*, Bürgers/Körber, § 161, Rn. 29; *von der Linden*, Wilsing-DCGK, § 161 AktG, Rn. 12 mwN.

226 *Goette*, MünchKommAktG, § 161, Rn. 99; *Raiser/Veil*, Das Recht der Kapitalgesellschaften, § 14, Rn. 85.

227 *Runte*, Bürgers/Körber, § 161, Rn. 19; vgl. auch *Hüffer*, AktG, § 161, Rn. 25, der wegen oftmals fehlendem Schaden und der gleichwohl erforderlichen Kausalität die Praxisrelevanz solcher Pflichtverletzungen als niedrig einstuft.

228 *Von der Linden*, Wilsing-DCGK, § 161 AktG, Rn. 64, die Pflichtwidrigkeit richte sich ausschließlich nach den gesetzlichen und in der jeweiligen Satzung manifestierten Vorgaben; *Hüffer*, AktG, § 161, Rn. 27 mwN zum Streitstand; *Raiser/Veil*, Das Recht der Kapitalgesellschaften, § 14, Rn. 85.

zumindest Zweifel an der vermeintlichen Zwanglosigkeit der Empfehlungen und dem sog. „Opting out" angebracht sind.

Denn ihr Einfluss auf das Verständnis der Pflichten eines ordentlichen und gewissenhaften Geschäftsmannes im Sinne von § 93 Abs. 1 AktG sind keinesfalls außer Acht zu lassen. So entsteht durch die Publizitätspflicht der Entsprechungserklärung nach Vorgabe des § 161 Abs. 2 AktG ganz bewusst ein öffentlicher Druck auf das Unternehmen den Vorgaben „guter" Corporate Governance möglichst vollständig zu entsprechen um vom Kapitalmarkt nicht abgestraft zu werden[229], sodass das Wahlrecht de jure de facto allenfalls ein „Scheinwahlrecht" ist[230]. Das sog. „opting out", also das gänzliche Nichtbefolgen der Empfehlungen verschiebt sich mithin immer weiter ins Theoretische[231]. Denn es entstehen durch das Zusammenspiel der hohen Akzeptanz des Kodex, dass er also von der Mehrheit der erklärungspflichtigen Unternehmen umgesetzt wird[232] und der Tatsache, dass die Geschäftsleiterpflichten wie oben gezeigt, stets nach einem objektivierten Maßstab bestimmt werden, sog. „best practices". Hierunter sind anerkannte Standardverhaltensweisen zu verstehen, wie auf bestimmte Situationen grundsätzlich zu reagieren ist. So ist dem Vorstand gegebenenfalls ein Pflichtwidrigkeitsvorwurf nicht deswegen zu machen, weil er erklärt hat einer Regelung des Kodex nicht zu folgen, wohl aber weil er sich in einer konkreten Situation nicht so verhalten hat, wie es ihm von dieser Regelung „empfohlen" wurde. So verschiebt sich zwar im Vergleich zu einer gesetzlichen Regelung der Anknüpfungspunkt für die Pflichtverletzung, im Ergebnis wird aber gleichfalls wenn auch zeitverzögert de facto ein Verhaltensmaßstab etabliert, der in letzter Konsequenz pflichtenkonstituierend wirkt[233]. Teils hat der Gesetzgeber ausgesprochene

---

229 So bereits in seiner Einleitung: *Goette*, MünchKommAktG, § 161, Rn. 1, 19, wobei der Druck bei größeren, auf den Kapitalmarkt stärker angewiesenen Unternehmen spürbarer sei, als bei den kleineren Gesellschaften (Rn. 17), auch habe durch die Begründungspflicht der Rechtfertigungsdruck und somit der faktische Befolgungszwang nochmals weiter zugenommen (Rn. 52); vgl. wenn auch im anderen Zusammenhang: *Weber-Rey*, KSzW 2013, 77 (82), „gute Corporate Governance-Nachrichten (fördern) zunehmend das Medienimage von Unternehmen".

230 *Krieger*, ZGR 2012, 201 (215), im Ergebnis stünden „die Empfehlungen daher zwingendem Recht de facto daher weitaus näher als dispositivem Recht".

231 *Hüffer*, AktG, § 161, Rn. 17a, durch die Begründungspflicht werde der Druck auf Unternehmen weiter erhöht, den Empfehlungen letztlich zu entsprechen, wodurch sich der Akzent von der „Freiwilligkeit zum mittelbaren Rechtszwang" verschiebe; aA *von der Linden*, Wilsing-DCGK, § 161 AktG, der die grundsätzliche Möglichkeit der Nichtbefolgung auch als tatsächlich wahrzunehmende Handlungsoption verstanden wissen will.

232 Nach der Kodexstudie 2013 des Berlin Center of Corporate Governance (BCCG) liegt die Befolgungsquote im DAX bei derzeit 95,8 %, vgl. *Werder/ Bartz*, DB 2013, 885 (886).

233 Ähnlich kritisch: *Hemeling*, ZHR 175 (2011), 368 (381), die Etablierung von Standards führt praktisch zur Begründung von Organpflichten, was wiederum das unternehmerische Ermessen einschränke (383); vgl. auch: *Kort*, NZG 2012,

Empfehlungen sogar direkt übernommen und gesetzlich verankert, wodurch die Kodexkommission, wenn wohl auch ungewollt, eine Vorreiterrolle übernommen hat[234]. Dem kann hinsichtlich der Empfehlungen auch nur schwerlich mit dem zutiefst theoretischen Argument entgegengetreten werden, dass die Unternehmen durch die Befolgung des DCGK ja selbst an der Etablierung von „best practices" und somit deren Einfluss auf den Pflichtenmaßstab mitwirken. Denn durch den öffentlichen Druck der möglichst vollständigen Befolgung des Kodex würden sich einzelne Unternehmen durch die Nichtbefolgung nur ins Abseits stellen[235]. Beispielhaft hierfür stehen auch vier Kodexbestimmungen, die 2012 inhaltsgleich von Anregungen zu Empfehlungen geändert wurden und deren Befolgung daraufhin zumindest bei dreien deutlich anstieg[236]. Es bräuchte schon der Boykottierung in der Masse der Unternehmen um dem Druck des Kapitalmarkts entgegenzutreten, was – ausgenommen wohl eher nicht zu erwartender krasser Fehlempfehlungen – auch nicht zu erwarten sein dürfte[237]. So ist die 2012 begonnene und 2013 fortgeführte Befragung von Entscheidungsträgern zu den Empfehlungsentwürfen zwar zu begrüßen, jedoch zeigt der Endfassung des DCGK, dass deren Einfluss letztlich doch begrenzt bleibt[238]. Somit stehen Vorstand und Aufsichtsrat einer, wenn de jure auch

---

926 (927), im Zusammenhang mit europäischen Regelungsvorschlägen zur Corporate Social Responsibility; aA: *von der Linden*, Wilsing-DCGK, § 161 AktG, der den Empfehlungen wegen ihrer fehlenden parlamentarischen Legitimation jeglichen Einfluss auf die Konkretisierung der allgemeinen Sorgfaltspflichten abspricht.

234 *Goette*, MünchKommAktG, § 161, Rn. 18, mit Beispielen wie unter anderem dem zwingenden Selbstbehalt in der D&O-Versicherung nach § 93 Abs. 1 Satz 3 AktG; so auch: *Krieger*, ZGR 2012, 201 (212 f.), wonach Kommission durch Empfehlungen dem Gesetzgeber oftmals den Weg für eine anschließende gesetzliche Regelung biete.

235 *Krieger*, ZGR 2012, 201 (215), so seien Vorstand und Aufsichtsräte letztlich der Auffassung, Empfehlungen folgen zu müssen „um nicht gegen den Strom (zu) schwimmen"; ebenfalls: *Weber-Rey*, KSzW 2013, 77 (81), die trotz der grundsätzlichen der Möglichkeit zur Abweichung einen als stark empfundenen „Befolgungsdruck" feststellen muss, wes-wegen die „Abweichkultur" deutlich zu fördern sei.

236 *Werder/Bartz*, DB 2013, 885 (892), mit Verweis auf die entsprechende Kodexstudie des BCCG.

237 Vgl. *Goette*, MünchKommAktG, § 161, Rn. 21, dessen Forderung Unternehmen sollten in „weit größerem Umfang als bisher den Mut" aufbringen, als unpassend empfundene Empfehlungen nicht zu befolgen, auch eher theoretisch zu verstehen sein dürfte; *Krieger*, ZGR 2012, 201 (216).

238 Vgl. zunächst, wenngleich die fehlende Rechtskraft der Regelungen des DCGK begrüßend: *Wilsing*, Wilsing-DCGK, Vorwort, Seite V, wonach trotz sehr kritischen Reaktionen seitens befragter Unternehmen und Verbände eine Beeinflussung des Reformvorschlages der Regierungskommission keinesfalls erwartet werden könne; ebenso, die endgültige Version des DCGK 2012 kommentierend: *Paschos/Goslar*, NZG 2012, 1361 (1362, 1365), die zur Verschärfung der Unabhängigkeit von Aufsichtsratsmitgliedern diagnostizieren, dass die endgültige Version durch

nicht verbindlichen, „Verrechtlichung“ ihrer Tätigkeit letztlich hilflos gegenüber[239]. Diese Tendenz verstärkt sich zudem durch das Bestreben der Regierungskommission, jährlich Neuerungen einzuführen, die die Anpassung der Unternehmen weiter erschweren[240]. Im Ergebnis darf es aber nicht Aufgabe der Unternehmen werden, den misslichen Zustand zu überwinden, dass der Gesetzgeber keine Klarheiten schafft, in dem er den Kodex oder einzelne Teile gesetzlich nicht bestätigt[241].

Die insbesondere haftungsrechtliche Dimension des DCGK aus Legalitätspflichten ist mithin noch keineswegs abgesteckt. Gleichfalls mehren sich, wie gezeigt die Stimmen, die hierauf kritisch verweisen. Keinesfalls soll hierdurch einer Abschaffung des § 161 AktG das Wort geredet werden[242]. Gleichwohl ist den Stimmen beizupflichten, die einerseits eine klare gesetzliche Grundlage für die Regierungskommission verlangen und diese selbst auffordern sich in ihren Empfehlungen von eigenen Zweckmäßigkeitsüberlegungen wieder mehr auf tatsächlich anerkannter Grundsätze guter Unternehmensführung zu beschränken[243]. Gleichfalls ist das eigene Bestreben der Regierungskommission, verstärkt für eine „Abweichkultur“ zugunsten des Unternehmensinteresses ohne zeitgleiche Stigmatisierung zu werben[244], zu begrüßen. Bisher ist die Auswirkung jedoch noch allenfalls marginal[245].

---

die Kritik lediglich abgemildert werden konnte und darüber hinaus auch bisher unbekannte, „überraschende“ Empfehlungen wie Nr. 5.4.1. Abs. 4 bis 6 DCGK enthielt, die sehr einschneidende Offenlegungspflichten beinhaltet.

239 *Krieger*, ZGR 2012, 201 (218 f.), durch den faktischen Befolgungsdruck der Empfehlungen oder derer gesetzlichen Transformation habe der Gesetzgeber das Gegenteil seines ursprünglichen Ziels erreicht, durch das Comply or Explain-Prinzip, eine Deregulierung und Flexibilisierung des Rechts zu erreichen.

240 *Krieger*, ZGR 2012, 201 (212 f.).

241 So *Runte*, Bürgers/Körber, § 161, Rn. 30.

242 Mit Blick auf europarechtliche Vorgaben wäre dies zudem rechtlich gar nicht möglich, vgl. *Krieger*, ZGR 2012, 201 (225).

243 *Goette*, MünchKommAktG, § 161, Rn. 21, mit dem gleichzeitigen Appell an Gerichte, zur Eindämmung einer uferlosen Welle an Anfechtungen von Hauptversammlungsbeschlüssen, solche wegen Verstoßes gegen § 161 AktG nur dort zuzulassen, wo dessen Informationsziel in relevanter Weise verfehlt wurde; *Krieger*, ZGR 2012, 201 (226 f.), der gar einen gesetzlichen Ausschluss der Anfechtung von Hauptversammlungsbeschlüssen wegen Verstoßes gegen § 161 AktG fordert.

244 *Weber-Rey*, KSzW 2013, 77 (81), mit Verweis auf die diesbezüglich nunmehr angepasste Präambel des DCGK und dem Hinweis, das eine selbstbewusste und gut begründete Abweichung von den Empfehlungen einer guten Unternehmensführung ebenso gut entsprechen könne.

245 So ist im Vergleich der Jahre 2010 und 2013 ein Rückgang von lediglich 0,5% der Befolgung von Empfehlungen zu verzeichnen, *Werder/Bartz*, DB 2013, 885 (892) mit Verweis auf die aktuelle Studie des BCCG.

b) Äußere Legalitätspflicht

Die äußere Legalitätspflicht umschreibt dagegen solche Vorschriften, welche die Gesellschaft und somit ihre Organe gegenüber dem Staat und sämtlichen Teilnehmern des Rechtsverkehrs als Rechtssubjekt treffen, wie z.B. die §§ 823, 826, 1004 BGB oder Normen des StGB, des Umwelt-, Steuer oder Kartellrechts[246]. Insbesondere bei den letzteren Dreien ist jedoch notwendig, dass sie eindeutige Gebote oder Verbote aussprechen[247]. Hiernach stellt ein rechtswidriges Verhalten des Unternehmens im Außenverhältnis grundsätzlich zugleich eine Pflichtverletzung der Leitungsorgane im Innenverhältnis dar[248].

Bereits zu Beginn ist begrifflich schon darauf zu achten, die Legalitätspflicht von solchen Pflichten abzugrenzen, die den Vorstand selbst im Außenverhältnis binden[249]. Letztere Pflichten sollen nicht Gegenstand der nachfolgenden Untersuchung sein. Die Legalitätspflicht ist somit, auch wenn sie externe Pflichten des Unternehmens betrifft, Binnenpflicht des Vorstands[250].

Auch ausländisches Recht ist von der Legalitätspflicht umfasst, soweit es nach Kollisionsrecht Anwendung findet[251]. Hierbei darf es auch keine Rolle spielen, inwieweit diese ausländischen Normen in ihrem jeweiligen Rechtsraum effektiv durchgesetzt werden, oder ob es dabei um bloßes „Papierrecht" handelt, da die Legalitätspflicht allein am existierenden Normbefehl anknüpft[252]. Die Auffassung, dass es sehr wohl auch auf die konkrete Umsetzung des Gesetzes im jeweiligen Staat ankomme, da nicht verlangt werden könne, dass sich das Unternehmen dort rechtstreuer Verhalte, als die Rechtssubjekte vor Ort[253], dürfte hingegen kaum (mehr)

---

246 *Hölters*, Hölters-AktG, § 93, Rn. 68; *Paefgen*, Unternehmerische Entscheidungen, S. 24 f.; *derselbe*, AG 2014, 554 (559); entsprechend für die GmbH: *Fleischer*, MünchKommGmbHG, § 43, Rn. 30.

247 *Paefgen*, AG 2014, 554 (559); *Schwarz*, BB 2012, 136 (142).

248 Vgl nur: *Habersack*, FS Schneider 2011, 429 (433); für Straftaten: *Hasselbach/Ebbinghaus*, AG 2014, 873 (879); *Paefgen*, AG 2014, 554 (558); *Brand/Sperling*, AG 2011, 233 (234); entsprechend für die GmbH: *Fleischer*, MünchKommGmbHG, § 43, Rn. 31; *Schneider*, Scholz-GmbHG, § 43, Rn. 78.

249 *Habersack*, FS Schneider 2011, 429 (432); *Thole*, ZHR 173 (2009), 504 (506 f.), mit Verweisen auf entsprechende deliktsrechtliche Verantwortlichkeiten oder strafrechtliche Vorschriften, auch wenn Übergänge fließend sein können.

250 *Wiesner*, Münch. Hdb. AG, § 25, Rn. 23; *Poelzig/Thole*, ZGR 2010, 836 (838).

251 Hölters, Hölters-AktG, § 93, Rn. 71; *HoptRoth*, GroßkommAktG, § 93, Rn. 142 f.; *Wiesner*, Münch. Hdb. AG, § 25, Rn. 27; *Liese*, BB Special 5 (zu BB 2008, Heft 25), 17 (18); vgl. auch zur GmbH: Zöllner/*Noack*, Baumbach/Hueck GmbHG, § 43, Rn. 23.

252 *Cichy/Cziupka*, BB 2014, 1482 (1485 f.); im Ergebnis auch (für die GmbH): *Schneider*, Scholz-GmbHG, § 43, Rn. 76.

253 *Spindler*, MünchKommAktG, § 93, Rn. 97, wonach dies trotz eingeführter OECD-Richtline über die Bekämpfung der Bestechung ausländischer Amtsträger im internationalen Zahlungsverkehr vom 17.12.1997 weiterhin gelte; *Mertens-Cahn*, KölnKommAktG, § 93, Rn. 73; *Hopt/Roth*, GroßkommAktG, § 93, Rn. 142.

vertretbar sein. Ein solcher Ansatz findet keine gesetzliche Grundlage, noch dürfte kaum verlässlich erhebbar sein, ob und wenn ja, ab wann denn die nötige Schwelle an Rechtsdurchsetzung erreicht sein soll.

Eine solche Wertung lässt sich auch in der neueren Rechtsprechung, zuletzt in der sog. „Siemens/Neubürger"-Entscheidung[254], anhand der Wertung der Einrichtung sog. „schwarzer Kassen" nachvollziehen, mit denen im Ausland Privatpersonen, Amtsträger oder Abgeordnete nach gängiger Praxis aller in dem jeweiligen Land tätigen Unternehmen, zur Erlangung von Aufträgen bestochen wurden. War es nach der Entscheidung des BGH aus dem Jahre 1985 noch zulässig, solche „schwarze Kassen" im Unternehmen aufrechtzuerhalten oder einzurichten, sofern dies nötig war, um so im Wettbewerb auf ausländischen Märkten gegen dies ebenfalls praktizierende Unternehmen bestehen zu können[255], stellt dies spätestens seit höchstrichterlicher Entscheidung aus dem Jahre 2010 eine strafbare Untreue durch Verletzung der Vermögensbetreuungspflicht gemäß § 266 Abs. 1 StGB und somit einen Legalitätspflichtverstoß dar[256]. Das Zahlen von Bestechungsgeldern wurde ohnedies für die Zahlung an Privatpersonen durch § 299 Abs. 3 StGB und für die Zahlung an ausländische Beamte und Abgeordnete durch § 334 StGB in Verbindung mit Art. 2 §§ 1 ff. IntBestG[257] sowie Art. 2 § 1 EuBestG[258] verschärft unter Strafe gestellt und begründet somit auch für sich genommen einen Legalitätspflichtverstoß[259]. In Fortführung dessen stellte das Landgericht München in der zuvor genannten Siemens/„Neubürger"-Entscheidung klar, dass neben der Regressierung etwaiger Schäden aus der untreuerelevanten Unterhaltung „schwarzer Kassen", auch die Beachtung des Rechts unabhängig der Durchsetzung vor Ort oder hieraus resultierender Nachteile zu beachten, insbesondere ein Verweis auf wirtschaftliche Verluste unerheblich sei[260]. Maßstab zum Vergleich kann daher fortan nur noch der sich rechtmäßig verhaltene Konkurrent sein[261].

Zu verneinen ist hingegen ein (vollumfänglicher) Einbezug des Gemeinwohls auch darüber hinaus, wo dieses keinen Niederschlag in gesetzlichen Vorschriften

---

254 LG München, Urteil vom 10.12.2013 – 5 HKO 1387/10, „Neubürger", insb. Rn. 89, juris.de, das Rechtsmittelverfahren ist derzeit anhängig, OLG München – 7 U 113/14.

255 BGH, Urteil vom 08.05.1985 – IVa ZR 138/83, Rn. 23, juris.de.

256 BGH, Urteil vom 27.08.2010 – 2 StR 111/09, Rn. 29 f., juris.de; für die verfassungsgerichtliche Bestätigung dieser Auslegung des § 266 Abs. 1 StGB, vgl. BVerfG, Beschluss vom 23.06.2010 – 2 BvR 2559/08, 2 BvR 105/09, 2 BvR 491/09, Rn. 119 ff., juris.de.

257 BGBl. II 1998, S. 2327.

258 BGBl. II 1996, S. 2340.

259 *Hölters*, Hölters-AktG, § 93, Rn. 72 ff.; *Mertens/Cahn*, KöKo.AktG, § 93 AktG, Rn. 74.

260 LG München, Urteil vom 10.12.2013 – 5 HKO 1387/10, „Neubürger", Rn. 89, juris.de.

261 So auch *Schneider*, Scholz-GmbHG, § 43, Rn. 76.

gefunden hat[262]. Dasselbe gilt für jedwede Ausprägung einer Art Geschäftsmoral[263]. Denn wo der Gesetzgeber keine Pflicht normiert, kann er folgerichtig auch kein pflichtgemäßes Verhalten erwarten, womit eine Außenhaftung der Gesellschaft als Grundvoraussetzung des Legalitätsprinzips entfällt. Hinzu kommt, dass die Unternehmensleitung umso weniger kontrollierbar wird, je vielschichtiger und abstrakter die von ihr einzuhaltenden und zu berücksichtigen Vorgaben sind[264]. Als Grenze des Handelns können daher in diesen Fällen allein die sehr weiten §§ 138, 242 BGB heran gezogen werden[265]. Hier kann es allenfalls zu einer Einbeziehung auf der Ebene der zuvor gezeigten unternehmerischen Entscheidung kommen, innerhalb derer das Leitungsorgan auch zur Rücksicht auf das Allgemeinwohl angehalten ist[266].

aa) Grundlage der sog. „äußeren" Legalitätspflicht

Die „äußere" Legalitätspflicht wird grundsätzlich als originärer Ausfluss der allgemeinen Leitungspflicht aus § 76 Abs. 1 AktG[267] beziehungsweise als einen der Sorgfaltspflicht aus §§ 93 Abs. 1 S. 1, 116 S.1 AktG verstanden[268] und ist in ihrer Existenz unstrittig. Dennoch soll hier auch ein vertiefter Blick auf deren umstrittene Herleitung geworfen werden, da sich je nach deren Ausgestaltung unterschiedliche Konsequenzen für Folgeprobleme ergeben. Soweit überhaupt Ausführungen zur Herleitung der Legalitätspflicht gemacht werden, beziehen sie sich, wenn auch meist nicht ausdrücklich so gekennzeichnet, auf die äußere Legalitätspflicht[269]. Denn wo das Gesetz oder die Satzung bereits Pflichten an die Organe adressieren, bedarf es keines Konzeptes zur Erklärung mehr, warum sie Ge- oder Verbote befolgen sollen, die zunächst gar nicht an sie adressiert sind.

Zunächst einmal ist systematisch klarzustellen, dass das Unternehmen als Kapitalgesellschaft und somit selbstständiger Rechtsträger Adressat gesetzlicher Handlungspflichten ist. Es unterliegt somit denselben Pflichtenkreisen des Rechts wie

---

262 *Hopt/Roth*, GroßkommAktG, § 93, Rn. 149 f.; *Kort*, NZG 2012, 926 ff.; *Thole*, ZHR 173 (2009), 504 (515), entsprechend zur GmbH: *Fleischer*, MünchKommGmbHG, § 43, Rn. 32, was nicht heiße, dass die Berücksichtigung des Gemeinwohl nicht grundsätzlich im Unternehmensinteresse liegen könne (Bild des „good corporate citizen").

263 *Hölters*, Hölters-AktG, § 93, Rn. 70; *Wiesner*, Münch. Hdb. AG, § 25, Rn. 28; ebenso für die GmbH: *Schneider*, Scholz-GmbHG, § 43, Rn. 77.

264 *Hopt/Roth*, GroßkommAktG, § 93, Rn. 139.

265 *Hölters*, Hölters-AktG, § 93, Rn. 70; ebenso für die GmbH: *Schneider*, Scholz-GmbHG, § 43, Rn. 77.

266 Siehe entsprechende Ausführungen unter E.I.4)c)bb)iii)., wonach nach das Allgemeinwohl für sich allein keine Pflichten für den Vorstand zu begründen vermag, sondern allein innerhalb einer unternehmerischen Gesamtentscheidung Berücksichtigung finden kann.

267 *Hemeling*, ZHR 175 (2011), 368 (370) mwN.

268 Vgl. nur: *Wiesner*, Münch. Hdb. AG, § 25, Rn. 23; *Paefgen*, AG 2014, 554 (556) mwN.

269 Zur begrifflichen Klarstellung, vgl. *Thole*, ZHR 173 (2009), 504 (506 f.).

andere Personen auch[270], kann diesen aber nur durch seine Organe nachkommen[271], deren (eigenes) Verhalten der Gesellschaft wiederum über § 31 BGB (analog) zugerechnet wird[272]. Es bleibt somit die zunächst banal klingende Frage, warum eben diese Organe nun Recht und Gesetz zu achten haben, da sie doch selbst gar nicht Adressat dieser Pflichten sind, die vielmehr das Unternehmen selbst betreffen.

bb) Kein Ausfluss der Vermögensbetreuungspflicht – Verbot sog. nützlicher Pflichtverletzungen

Zunächst ließe sich anhand der oben[273] gezeigten Stellung des Vorstands als „Treuhänder fremden Vermögens" und seiner Pflicht, Schäden von der Gesellschaft abzuwenden, argumentieren, dass Rechtsverstöße meist staatlich sanktioniert werden und der Gesellschaft hierdurch ein mitunter finanzieller Schaden in oft nicht unerheblichem Umfang drohe[274]. Insoweit wäre der Ursprung der Legalitätspflicht in der Vermeidung von Vermögensschäden im Ergebnis rein vermögensbezogener Natur[275]. Dieser Ansatz geht jedoch fehl.

Denn dieses Denkmodell versagt umfänglich in denjenigen Fällen, in denen der Gesellschaft kein Schaden entsteht oder unterm Strich sogar ein Gewinn verbleibt[276]. So ist es nicht zu leugnen, dass eine Missachtung von Gesetzen, wie beispielsweise von Umweltauflagen oder Sozialversicherungspflichten, sogar zu erheblichen Vermögensvorteilen führen kann[277]. Da hier kein Vermögensschaden entstünde, dürfte in der begangenen Rechtsverletzung diesem falschen Ansatz zufolge auch keine Pflichtverletzung liegen. Solche sog. „nützlichen Pflichtverletzungen" sind jedoch nach absolut herrschender Meinung unzulässig[278]: Denn es ist auf Grundlage der

---

270 Mit Ausnahme solcher Pflichten, dessen Adressat nur natürliche Personen sein können, wie dies zum Beispiel im Strafrecht grundsätzlich der Fall ist.

271 *Thole*, ZHR 173 (2009), 504 (509); *Spindler*, FS Canaris 2007, Bd. II, 403 (412).

272 *Wiedemann*, ZGR 2011, 183 (198).

273 Vgl. entsprechende Ausführungen unter E.I.1).

274 Als Beispiel sollen hier nur die Bußgelder in Milliardenhöhe durch die „schwarzen Kassen" bei der Siemens AG oder die mittlerweile in Regelmäßigkeit verhängten Kartellbußgelder deutscher und europäischer Kartellbehörden dienen.

275 *Ihrig*, WM 2004, 2098 (2105); zumindest hinsichtlich kleinerer Rechtsverstöße zustimmend: *Kocher*, CCZ 2009, 215 (218), ohne nennen zu können, wo eine Trenngrenze liegen soll; sog. „efficient breach of public law", wenn auch gleichwohl ablehnend: *Fleischer*, MünchKommGmbHG, § 43, Rn. 43.

276 Zurecht: *Krieger/Sailer-Coceani*, Schmidt/Lutter AktG, § 93, Rn. 7, 15; *Habersack*, Festschrift Schneider 2011, 429 (434); *Paefgen*, AG 2014, 554 (557); *Verse*, ZHR 175 (2011), 401 (405 f.), die Legalitätspflicht dürfe nicht auf ein Gebot wirtschaftlicher Zweckmäßigkeit reduziert werden; so aber anscheinend: *Sieg/Zeidler*, Corporate Compliance, § 3, Rn. 22 ff.

277 Vgl. *Thole*, ZHR 173 (2009), 504 (512 f.).

278 BGH, Urteil vom 27.08.2010 – 2 StR 111/09, Rn. 29 f., juris.de; *Spindler*, MünchKommAktG, § 93, Rn. 92; *Hölters*, Hölters- AktG, § 93 Rn. 75; *Hopt/Roth*, GroßkommAktG,

deutschen Rechtsordnung grundsätzlich verboten, zum Wohle der Gesellschaft gegen geltendes Recht zu verstoßen, da sonst dessen praktisch wirksame Durchsetzbarkeit nicht mehr gewährleistet wäre Dieses Verbot ist umfassend zu verstehen und bietet auch keinerlei Ausnahmen für sog. Bagatellpflichtverletzungen oder Fälle, in denen ein großer Schaden durch eine ungleich kleinere Rechtsverletzung verhindert wird[279]. Zudem würde es sich, diesen falschen Ansatz unterstellt, kaum genau bestimmen lassen, was noch eine Bagatell- und was schon eine „echte" Rechtsverletzung darstellen sollte[280]. Dasselbe Problem stellte sich in noch viel größerem Maße bei dem Versuch der Definition welchen Missverhältnisses es zwischen verhindertem Schaden und der hierdurch verhinderten Rechtsverletzung bedürfte.

Die Grundlage der umfassenden Ablehnung nützlicher Pflichtverletzungen besteht darin, dass durch sie im Ergebnis eine Art Zweiklassen-Rechtssystem[281] entstünde, in dem ein Vorstand gezielt Rechtsverstöße begehen könnte, solange er hierbei sicherstellt, dass sich dieser für das Unternehmen lohnt[282]. Die normalerweise von jedem selbst zu tragenden Konsequenzen von Rechtsverstößen könnten somit konfliktlos auf das Unternehmen abgewälzt werden. Im Weiteren vermag die ausschließliche Fokussierung auf den Schaden zur Begründung der Pflichtwidrigkeit nicht zu erklären, warum die Veursachung eines solchen Schadens zwar nicht im Rahmen der Business Judgment Rule aber sehr wohl im Kontext eines Rechtsverstoßes pflichtwidrig sein soll[283]. Gewiss ist das Bedürfnis anzuerkennen, dem

§ 93, Rn. 134; *Wiesner*, Münch. Hdb. AG; § 25, Rn. 32; *Wiedemann*, ZGR 2011, 183 (199); *Schneider*, FS Hüffer 2010, 905 (909 f.); *Bayer*, FS Schmidt 2009, 85 (90 f.); *Krause*, BB Special 2007, Heft 8, 2 (6); *Kort*, FS Hopt 2010, 983 (993), ebenso für die GmbH: *Zöllner/Noack*, Baumbach/Hueck GmbHG, § 43, Rn. 23; *Fleischer*, MünchKommGmbHG, § 43, Rn. 43, *Schneider*, Scholz-GmbHG, § 43, Rn. 78, *Fleischer*, ZIP 2005, 141 (148 f.); dennoch zum charakteristischem Interessenkonflikt für den Arbeitgeber handeln zu wollen: *Göpfert/Landauer*, NZA-Beilage 2011, 16.

279 *Falkenhausen*, NZG 2012, 644 (646), Fn. 39; ablehnend: *Habersack*, FS Schneider 2011, 429 (437 ff.); *Hauschka*, GmbHR 2007, 11 (14); jeweils mit dem viel zitierten Beispiel für Bagatellrechtsverletzungen: Das Unternehmen weist den Zustellfahrer an, nötigenfalls im Halteverbot zu parken, da das Unternehmen ein entsprechendes Strafmandat weniger kostet, als der Zeitverlust des Zustellers, langwierig nach einem rechtmäßigen Parkplatz zu suchen; *Hopt/Roth*, GroßkommAktG, § 93, Rn. 133; aA: *Schneider*, FS Hüffer 2010, 905 (910), wonach es das Unternehmensinteresse durchaus rechtfertigen könne, gegen solche Normen mit Ordnungscharakter und sogar im Einzelfall gegen öffentlich-rechtliche Zahlungsverpflichtungen wie der Pflicht zur Zahlung von Arbeitnehmerbeiträgen zu verstoßen.

280 Die von *Habersack*, FS Schneider 2011, 429 (439) vorgenommene Differenzierung anhand des in diesen Fällen verblassenden verhaltenssteuernden Effektes wird sich kaum durchhalten lassen.

281 Zurecht ablehnend: *Thole*, ZHR 173 (2009), 504 (520), „es gibt keine Rechtsnormen zweiter Klasse"; ebenso *Fleischer*, ZIP 2005, 141 (149).

282 *Habersack*, FS Schneider 2011, 429 (435).

283 Ähnlich: *Habersack*, FS Schneider 2011, 429 (433).

Vorstand nicht wegen „jeder Kleinigkeit zur Kasse“ zu bitten, jedoch erscheint die Verortung an dieser Stelle aus zuvor genannten Gründen misslungen. Eine Rechtsverletzung im Außenverhältnis muss eine Pflichtverletzung im Innenverhältnis bleiben. Auf die Frage der Inanspruchnahme durch den Aufsichtsrat hingegen und seiner Möglichkeit in begründeten Fällen auf selbige zu verzichten, soll an anderer Stelle zurückgekommen werden[284]. Mithin taugt dieser Ansatz nicht zu Herleitung der Legalitätspflicht und ist abzulehnen[285].

cc) Keine Begründung durch Korporationsrecht

Einer anderen Auffassung nach lässt sich die Legalitätspflicht aus aktienrechtlichen Vorschriften wie den §§ 93 Abs. 4 S. 1, 396 oder 241 Nr. 3 AktG herleiten[286]. Zugegebenermaßen bieten all diese Vorschriften Reaktionen auf rechtswidriges Verhalten der Hauptversammlung oder der Geschäftsleitung an, beziehungsweise erlauben eine Enthaftung durch Hauptversammlungsbeschluss nur im Falle dessen Gesetzmäßigkeit, die im Falle rechtswidrigen Handelns gerade nicht bestehen soll.

Soweit sich hieraus jedoch überhaupt konkrete Pflichten für die Geschäftsleitung ableiten lassen, gilt dies aber keinesfalls für eine umfassende Pflicht zur Rechtskonformität der Gesellschaft. Bei diesen sehr speziellen Vorschriften handelt es sich allenfalls um Ausflüsse der Legalitätspflicht, die in diesen zum Ausdruck kommen[287], mithin letztlich Spezialvorschriften. Folgerichtig wäre es falsch herum gedacht von solchen Spezialvorschriften auf ein allgemeines und umfassend geltendes Prinzip zu schließen. Im Ergebnis sind diese Vorschriften für sich genommen noch nicht ausreichend, das Legalitätsprinzip umfassend zu begründen.

dd) Herleitung aus grundlegenden übergesetzlichen Rechtsprinzipien

Vielmehr bedarf es hier eines umfassenderen Ansatzes. Denn grundsätzlich funktioniert eine Rechtsordnung nur dann, wenn eine jede Person Adressat derselben Pflichten ist und im Falle der Nichtbefolgung auch höchstpersönlich sanktioniert wird[288]. So kann sich eine natürliche Person selbstredend über Normen und deren

---

284 Siehe hierzu unten unter IV.

285 Was nicht heißt, dass sich nicht im Einzelfall auch (zusätzlich) aus der Schadensabwendungspflicht eine Pflicht zur Verhinderung von Rechtsverstößen ergeben kann, vgl. hierzu: *Bunting*, ZIP 2012, 1542 (1544).

286 *Paefgen*, AG 2014, 554 (556), mit entsprechenden weiteren Nachweisen in dortiger Fn. 16.

287 So wohl *Fleischer*, ZIP 2005, 141 (148), zur Vorschrift des § 396 Abs. 1 AktG; ähnlich: *Wiesner*, Münch. Hdb. AG, § 25, Rn. 23.

288 Vgl. *Spindler*, MünchKommAktG, § 93, Rn. 74, wenngleich mit Tendenz zu einer Herleitung aus § 93 Abs. 4 AktG; *Arnold*, Die Steuerung des Vorstandshandelns, S. 170 f.; ganz allgemein: *Wiedemann*, ZGR 2011, 183 (185), Verantwortung als Verbindung von der Möglichkeit der Einflussnahme und der Last der Folgentragung.

präventiven Charakter hinwegsetzen, muss dann aber auch selbst die Konsequenzen finanzieller oder strafvollzugstechnischer Natur tragen[289]. Wie gezeigt, klafft hier bei juristischen Personen grundsätzlich eine Lücke[290], da diese durch ihre Organe gesteuert werden, welche den Schaden aber nur tragen, wenn dieser eine Pflichtverletzung im Innenverhältnis darstellt[291]. Denn das Unternehmen schützt durch seine rechtliche Selbstständigkeit den Vorstand vor einer Inanspruchnahme, der bei Schäden oder Geldbußen von diesen zunächst gar nicht betroffen ist, wodurch die Gefahr begründet wird, dass die Verhaltensanreizfunktion von Rechtsnormen leerläuft[292]. Dennoch ist der Vorstand nun einmal das maßgebliche Leitungsorgan, der über den Einfluss, die Macht und auch die gebotene Weitsicht verfügt, Rechtsverstöße in der Zukunft zu vermeiden und ihre Begehung in der Vergangenheit mit entsprechenden innergesellschaftlichen Instrumentarien zu sanktionieren[293].

Zu einer solchen Schadensabwälzung auf das Unternehmen, bedingt durch den fehlenden Gleichlauf aus Handlung und Haftung, darf es mithin nicht kommen[294], da sonst der Rechtsverstoß seinen Schrecken, die Bestrafung ihren präventiven Charakter verlören. Allein der Schaden kann hier, wie oben gezeigt, nicht die Grundlage der Pflichtwidrigkeit sein, da ansonsten allenfalls der Anreiz geschaffen würde, Rechtsverstöße möglichst profitabel zu gestalten. Folglich lässt sich ein grundsätzlicher Gleichlauf aus Handlung und Haftung hinsichtlich begangener Rechtsverstöße durch die juristische Personen und somit deren Rechtstreue nur dann erreichen, wenn ein Gesetzesverstoß zugleich eine Pflichtverletzung im Sinne des § 93 Abs. 1 S. 1 AktG darstellt[295].

---

289 Ebenfalls zur generalpräventiven Grundlage der Legalitätspflicht: *Habersack*, FS Schneider 2011, 429 (435).

290 Ähnlich: *Brand/Sperling*, AG 2011, 233 (240), zum Unterschied der Beurteilung einer Strafbarkeit aus § 266 StGB, ob ein Einzelunternehmer sein eigenes oder ein Vorstand das Geld seiner Aktionäre einsetze.

291 Vgl. *Arnold*, Die Steuerung des Vorstandshandelns, S. 170 f.; *Berger*, Vorstandshaftung und Beratung, S. 85.

292 *Arnold*, Die Steuerung des Vorstandshandelns, S. 170 f.; *Paefgen*, AG 2014, 554 (569).

293 So auch: *Thole*, ZHR 173 (2009), 504 (517); ähnlich: *Bunting*, ZIP 2012, 1542 (1545), Compliance als „Verbesserung der Normbefolgung durch die Mitarbeiter im Interesse und zum Schutz der Außenwelt".

294 So auch: *Thole*, ZHR 173 (2009), 504 (517).

295 *Arnold*, Die Steuerung des Vorstandshandelns, S. 177, wobei die verhaltenssteuernde Wirkung allgemein durch verschiedene Haftungserleichterung wie der Business Judgment Rule oder Merkmalen wie der Angemessenheit einer Informationsbeschaffung eingeschränkt würden; *Verse*, ZHR 175 (2011), 401 (406), der sich ebenfalls auf das Allgemeininteresse an der gleichen Geltung der Gesetze für jedermann beruft.

Die Legalitätspflicht entstammt daher im Ergebnis einem übergeordneten Rechtsprinzip, das die essentiellen Grundlagen einer jeden Rechtsordnung bildet, die sich die Gleichheit vor dem Gesetz als wesenskonstituierend vorgibt[296].

c) Vertragspflichten sind kein Bestandteil der Legalitätspflicht

Fraglich ist, ob die Legalitätspflicht auch das Erfüllen vertraglicher Verpflichtungen erfasst. Nach zum Teil vertretener Auffassung sind Vertragspflichten ebenso Ausdruck gesetzgeberischer Entscheidungen, weshalb es beispielsweise nicht einerseits pflichtwidrig sein könne, Gift gegen Umweltauflagen zu verklappen, es aber gleichwohl keine Pflichtwidrigkeit im Sinne der Legalitätspflicht sei, wenn dies auf dem Grundstück eines Vertragspartners geschehe[297].

Hiergegen spricht zunächst einmal der Einwand, dass vertragliche Pflichten inter partes begründet werden und gerade keinen Anspruch der allgemeinen Rechtsordnung an jeden einzelnen darstellen[298]. Durch eine Nichterfüllung vertraglicher Pflichten kommt es zudem grundsätzlich auch zu keiner Rechtsverletzung, vielmehr begründet eine solche Nicht- oder Schlechterfüllung lediglich entsprechende Schadensersatzansprüche[299]. Kommt es hierbei dennoch zu einem Gesetzesverstoß, bspw. wegen einer Verletzung von § 263 StGB oder der Begründung einer deliktischen Haftung entsprechend § 826 BGB, so stellt der für die Legalitätspflicht maßgebliche Anknüpfungspunkt eben diese Gesetzes- und nicht die Vertragsverletzung dar[300].

Verstößt der Vorstand also beispielsweise gegen Umweltauflagen, handelt er ausschließlich deswegen pflichtwidrig, unabhängig davon, ob dies zugleich eine Vertragsverletzung darstellt oder nicht. Die Legalitätspflicht ist Ausdruck des Interesses der Allgemeinheit an der Befolgung allgemeinverbindlicher Regeln. Der Vertrag hingegen stellt lediglich speziell zwischen den Vertragspartnern ausgehandelte Pflichten dar, die für sich keinerlei Relevanz für die Allgemeinheit besitzen und

---

296 Vgl. *Thole*, ZHR 173 (2009), 505 (531), der die Legalitätspflicht zugleich als eine normativ-öffentlich-rechtlich aufgeladene Pflicht bezeichnet.

297 *Zöllner/Noack*, Baumbach/Hueck GmbHG, § 43, Rn. 23a, Ausnahme soll lediglich für Zahlungsverpflichtungen bei Liquiditätsengpässen bestehen; gleichfalls kritisch: *Habersack*, FS Schneider 2011, 429 (436), mit dem Ansatz, dass eine privatautonom vereinbarte Regelung in einer sich dieser verpflichtenden Rechtsordnung gleichviel zählen müsse, wie eine staatlich verordnete Verhaltenspflicht; ebenfalls gegen Ermessen zum Vertragsbruch: *Wiedemann*, ZGR 2011, 183 (193, 199).

298 *Fleischer*, FS Hüffer 2010, 187 (201 f.); *derselbe*, ZIP 2009, 1397 (1405); *derselbe*, ZIP 2005, 141 (150); *Thole*, ZHR 173 (2009), 504 (518), *Paefgen*, Unternehmerische Entscheidungen, S. 25.

299 *Spindler*, MünchKommAktG, § 93, Rn. 88; *Hölters*, Hölters-AktG, § 93, 77; *Fleischer*, MünchKommGmbHG, § 43, Rn. 40, weshalb es sich bei Vertragspflichten auch nicht um eine Durchbrechung der Legalitätspflicht handele, sondern vielmehr um dessen sachgerechte Anwendung (Rn. 35).

300 *Thole*, ZHR 173 (2009), 504 (518).

somit auch keine Legalitätspflichtverletzung begründen können[301]. Es bleibt somit im unternehmerischen Ermessen des Vorstands vertragliche Pflichten zu erfüllen[302]. Ist der Schaden aus einer Nichterfüllung kleiner als der hierdurch gewonnene Vorteil spricht grundsätzlich nichts für eine Pflichtwidrigkeit dieser Entscheidung[303].

2) Exkurs: Der Rechtsirrtum im Strafrecht

Trotz der alleinigen Fokussierung dieser Arbeit auf zivilrechtliche Fragen der Organhaftung, insbesondere solche der Legalitätspflicht, soll hier ein Seitenblick auf das Strafrecht nicht ausgespart bleiben. Denn mit Blick auf die nachfolgend zu klärende Frage der Behandlung von Legalitätspflichtverletzungen bei unsicheren Rechtslagen ist in den Blick zu nehmen, dass es auch im Strafrecht in Anbetracht einer zunehmend komplexeren Rechtslage außerhalb des Kernstrafrechts für die Betroffenen schwieriger wird, die Tatbestandsweite einer Verbotsnorm abzuschätzen[304]. Die seit Jahren anwachsende Strafverfolgung[305] von Entscheidungsträgern der Wirtschaft mit Vorwürfen von Verstößen insbesondere gegen § 266 StGB, sorgt zudem für eine zunehmende wirtschaftliche Bedeutung dieser Problematik[306]. Das wird weiterhin dadurch verstärkt, dass Organmitglieder nicht nur für eigenes Verhalten, sondern durch eine Ausdehnung der Garantenpflicht der Unternehmensleitung

301 *Hölters*, Hölters-AktG, § 93, 77; *Fleischer*, ZIP 2005, 141 (150), „der Vertrag stellt keine Rechtsquelle im technischen Sinne dar".

302 *Spindler*, MünchKommAktG, § 93, Rn. 88; *Hölters*, Hölters-AktG, § 93, 77; *Wiesner*, Münch. Hdb. AG, § 25, Rn. 29; *Hasselbach/Ebbinghaus*, AG 2014, 873 (881); *Paefgen*, AG 2014, 554 (559); *Schneider*, FS Hüffer 2011, 905 (912), wonach es außerhalb von gesetzlichen Ge- und Verboten keinen Gleichlauf zwischen der Pflicht des Vorstands zur Wahrung des Unternehmensinteresses und der Außenverpflichtung der Gesellschaft gibt; *derselbe*, Scholz-GmbHG, § 43, Rn. 79.

303 *Hölters*, Hölters-AktG, § 93, Rn. 77, vorausgesetzt sie entspricht im Übrigen der Pflicht zur sorgfältigen Unternehmensleitung; *Hopt/Roth*, GroßkommAktG, § 93, Rn. 148; *Wiesner*, Münch. Hdb. AG, § 25, Rn. 29; ebenso: *Fleischer*, ZIP 2005, 141 (150); *Bicker*, AG 2014, 8 (9 f.).

304 Vgl. nur übersichtshalber die in Anbetracht zum Zivilrecht bereits sehr weit entwickelte Rechtsprechung und Literatur hinsichtlich der Unvermeidbarkeit von Verbotsirrtümern aufgrund eingeholten Rechtsrats, *Vogel*, LeiKo-StGB, § 17, Rn. 76 ff.

305 *Marsch-Barner*, Handbuch Managerhaftung, § 17, Rn. 2; Vgl. zudem nur jüngst: Die Anklagen der ehemaligen Gesellschafter der Privatbank Sal. Oppenheim vor dem LG Köln, Spiegel Online vom 27.02.2013.

306 Vgl. *Safferling*, NStZ 2011, 376 (376), § 266 StGB als „Auffangtatbestand für unlauteres Verhalten im Wirtschaftsverkehr" mit „ungeheurer Spannbreite"; ebenso: *Schubert*, Anmerkung zu BGH, Urteil vom 20.09.2011 – II ZR 234/09, „ISION", CCZ 2012, 79 (80), der insoweit von einer „nicht ungefährlichen Neigung" der Strafgerichte spricht.

auch zunehmend für Taten nachgeordneter Mitarbeiter zur Verantwortung gezogen werden[307].

Gleich dem Zivilrecht sieht auch das Strafrecht Lösungen vor, die eine Person trotz Verwirklichung des Straftatbestandes unter engen Voraussetzungen straffrei stellen. Hier soll wegen der Fokussierung der Arbeit auf Rechtsirrtümer der unvermeidbare Verbotsirrtum nach § 17 StGB im Vordergrund stehen, der stets dort greift, wo einer Person die Einsicht fehlt Unrecht zu tun. Die Vorschrift trägt dem Umstand Rechnung, dass von einer Person ein rechtstreues Verhalten nur dann schuldhaft erwartet werden kann, wenn es ihr auch möglich ist, den Unrechtsgehalt eigenen Handelns zu erfassen[308]. In diesem Zusammenhang herrscht Streit zu der Frage, ob bei sog. Blankett-Tatbeständen[309], also solchen, die für die Strafbarkeit auf ein weiteres Gesetz verweisen, bei Irrtümern hinsichtlich des Verweisgesetzes statt eines Verbotsirrtums gemäß § 17 StGB nicht vielmehr ein vorsatzausschließender Tatbestandsirrtum nach § 16 StGB vorliegt. So wird dies vereinzelt mit dem Verweis auf die Ähnlichkeit zu den normativen Tatbestandsmerkmalen bei diversen Delikten (bspw. „fremd“ im Rahmen des § 242 StGB[310]) gefordert[311], aber weit überwiegend abgelehnt, da durch die gesetzliche Regelung des § 17 StGB die Verortung von Rechtsirrtümern außerhalb des Tatbestandes abschließend auf der Schuldebene geschehe[312]. Der Streit soll trotz weitreichender Abgrenzungsschwierigkeiten[313] hier im Weiteren dahinstehen, da er für die folgende Analyse keine Bedeutung hat; insbesondere soll nämlich die Frage aufgeworfen werden, ob in der Konstellation einer unsicheren Rechtslage überhaupt noch von einem Irrtum gesprochen werden kann.

In der folgenden Analyse sind somit zunächst die Voraussetzungen eines unvermeidbaren Verbotsirrtums zu klären. Im Anschluss ist zu zeigen, dass auch im Strafrecht für Gesellschaftsorgane zum Teil massive Schwierigkeiten bestehen, trotz eingeholten Rechtsrats Rechtslagen im Vorhinein abzuschätzen und so auf

---

307 *Spindler*, AG 2013, 889 (902), insbesondere gilt dies für ein mit der Compliance beauftragtes Organmitglied.

308 Vgl. Roxin, Strafrecht AT I, § 21, Rn. 6 ff., insbesondere auch zur Entwicklung der Schuldtheorie, wonach das fehlende Unrechtsbewusstsein keinesfalls die Vorsätzlichkeit und Rechtswidrigkeit einer Tat entfallen lässt, sondern allenfalls den Schuldvorwurf.

309 Bspw. § 242 StGB, für weitere instruktive Beispiele, vgl. *Bülte*, NStZ 2013, 65 (66 f.), mwN

310 Mit weiteren Beispielen, *Heuchemer*, BeckOK-StGB, § 17, Rn. 19.

311 *Roxin*, FS Tiedemann, 375 (381); *Papathanasiou*, FS Roxin, 467 (480 ff.); *Bülte*, NStZ 2013, 65 (71).

312 BGH, Beschluss vom 23.08.2006 – 5 StR 105/06, Rn. 7, juris.de; bestätigt durch: BGH, Beschluss vom 15.11.2012 – 3 StR 295/12, Rn. 3, juris.de; *Sternberg-Lieben*, Schönke/Schröder, § 15, Rn. 103;

313 *Fischer*, BKK-StGB, § 17, Rn. 11, Abgrenzung sei „vielfach schwierig“ und werde „bisweilen eher intuitiv gehandhabt“.

unsichere Rechtslagen zu reagieren. Zuletzt soll gefragt werden, ob und wie diese Erkenntnisse für die hier gegenständlichen zivilrechtlichen Probleme verwertet werden können.

a) Voraussetzungen des Verbotsirrtums nach § 17 StGB

Konnte der Täter es bei Begehung der Tat nicht vermeiden einzusehen, dass er Unrecht tut[314], lässt § 17 S. 1 StGB dessen Schuld entfallen und stellt ihn somit straflos[315]. Da hierdurch eine Strafbarkeit der pflichtvergessenen Person ausscheidet, sind die Anforderungen an den unvermeidbaren Verbotsirrtum entsprechend hoch[316]. Die Norm ist als absoluter Ausnahmetatbestand konzipiert, um untragbare Ergebnisse zu vermeiden. So verlangt die Vorschrift bereits im Tatbestand, dass die Verkennung eines Verbots unvermeidbar gewesen sein muss. Eine lediglich Unkenntnis der Norm oder ihrer Tatbestandsweite schützt demnach nicht vor einer strafrechtlichen Verfolgung. Gleiches gilt, wenn der Täter es lediglich für möglich hält, Unrecht zu tun, dies aber billigend in Kauf nimmt[317]. Der umgangssprachliche Satz, Unkenntnis schütze vor Strafe nicht, hat hierin seinen Ursprung[318].

Vielmehr hat der Täter grundsätzlich alles in seiner Macht stehende zu tun, sich über das mögliche Unrecht seines Verhaltens zu informieren und aufkommende Zweifel durch Nachdenken oder notfalls durch Einholung einer Erkundigung zu beseitigen[319]. So ist ein Irrtum jedenfalls dann vermeidbar, wenn sich der Täter trotz Erkenntnismöglichkeit und gegebenen Anhaltspunkten einer möglichen

---

314 Nicht erforderlich ist hingegen, dass der Täter die Strafbarkeit seines Handelns erkennt, *Fischer*, BKK-StGB, § 17, Rn. 3, mit entsprechenden Nachweisen zur diesbezüglichen ständigen Rechtsprechung; *Kühl*, Lackner/Kühl StGB, § 17, Rn. 2, 6.

315 *Joecks*, MünchKommStGB, § 17, Rn. 73.

316 Vgl. nur *Göpfert/Landauer*, NZA-Beil. 2011, 16 (17), zum Beispiel des Arbeitnehmers, der Straftaten „für" sein Unternehmen begeht; nicht selten war der Irrtum noch vermeidbar, was dann verpflichtend im Rahmen einer Strafminderung gemäß § 17 S. 2 StGB zu berücksichtigen ist, wenn die fehlende Unrechtseinsicht nicht gerade auf Rechtsfeindschaft beruht, vgl. *Roxin*, Strafrecht AT I, § 21, Rn. 71.

317 St. Rspr.: vgl. BGH, Urteil vom 11.10.2012 – 1 StR 213/10, Rn. 65, juris.de; *Fischer*, BKK-StGB, § 17, Rn. 5, *Kühl*, Lackner/Kühl StGB, § 17, Rn. 4, sog. Unrechtszweifel.

318 *Roxin*, Strafrecht AT I, § 21, Rn. 9, ansonsten hätte es der Täter in der Hand, allein durch Unkenntnis von Rechtsnormen einer Bestrafung seines vorsätzlichen und rechtswidrigen Handelns zu entgehen.

319 St. Rspr.: zuletzt: BGH, Urteil vom 04.04.2013 – 3 StR 521/12, Rn. 10, juris.de; *Fischer*, BKK-StGB, § 17, Rn. 7 ff.; *Kühl*, Lakcner/Kühl, § 17, Rn. 7; vgl. auch *Joecks*, MünchKommStGB, § 17, Rn. 42, der das Kriterium der Rechtsprechung, dass der Täter in einer im zuzumutenden Art und Weise sein Gewissen anstrengen müssen, wegen fehlender Griffigkeit kritisch beurteilt.

Rechtswidrigkeit[320] gar nicht informiert oder sich am Recht gänzlich uninteressiert zeigt[321]. Mit Blick auf den Schwerpunkt dieser Arbeit, soll im Folgenden der Blick allein noch auf die Fallgestaltung gelegt werden, in der sich eine Person zur Absicherung des (vermeintlich) fehlenden Unrechts ihres Verhaltens auf die fachliche Kompetenz eines Dritten, bspw. eines Rechtsanwalts oder Steuerberaters, stützt.

Hierfür ist es nach ständiger Rechtsprechung erforderlich, dass die „Auskunft bei einer verlässlichen, unvoreingenommenen und sachkundigen Person oder Stelle, die keine Eigeninteressen verfolgt und die Gewähr für eine objektive, sorgfältige, pflichtgemäße und verantwortungsbewusste Auskunftserteilung bietet", eingeholt wird[322]. Dabei bietet allein die Berufsstellung der Auskunftsperson noch keinen ausreichenden Vertrauenstatbestand, vielmehr muss der Rat aus Sicht des Betroffenen auch eine sorgfältige, von der nötigen Sachkenntnis sowie erforderlichen Detailtiefe getragene Prüfung erkennen lassen und zudem einen unrechtsverneinenden Inhalt haben[323]. Diese Prüfung muss zudem selbst der offenen Rechtsfindung dienen, darf sich also nicht in der Bestätigung eines bereits vorweg vorgegebenen Ergebnisses erschöpfen und hat hieraufhin auch vom Ratsuchenden grob überprüft zu werden[324].

Allerdings kann hierdurch verständlicherweise auch nicht jede Rechtsauffassung abgesichert werden. Bedeutend ist, dass die Rechtsposition auch vertreten werden kann, sei es weil die Auslegung der Vorschrift zur streitigen Handlung ungeklärt oder zumindest umstritten, somit aber zumindest in jedem Falle offen ist[325]. Dies soll zumindest dann der Fall sein, wenn ein Blick in die derzeitige Fachliteratur keine eindeutige Auslegung erkennen lässt und auch keine vorentscheidende

---

320 *Joecks*, MünchKommStGB, § 17, Rn. 43 f., wobei Erkenntnismöglichkeit hier nicht täterbezogen zu verstehen ist, sondern ob grundsätzlich jemand in der Lage gewesen wäre, die entsprechende Rechtsauskunft zu erteilen.

321 *Fischer*, BKK-StGB, § 17, Rn. 7; hat Täter jede Rechtsauskunft unterlassen, indiziert dies die Vermeidbarkeit des Irrtums, *Vogel*, LeiKo-StGB, § 17, Rn. 76.

322 So LG Düsseldorf, Urteil vom 22.07.2004 – XIV 5/03, „Mannesmann", Rn. 873, juris.de, zum Untreuevorwurf unter anderem gegen den damaligen Vorstandsvorsitzenden Dr. Josef Ackermann, der auch im Falle eines eingeholten Rechtsrats den Verbotsirrtum nicht hätte vermeiden können; diese Annahme wurde durch die Revision aufgehoben, wonach die Angeklagten wegen der offensichtlichen Pflichtwidrigkeit kompensationsloser Anerkennungsprämien das Unrecht ihres Verhaltens auch ohne Rechtsrat hätten erkennen müssen, BGH, Urteil vom 21.12.2005 – 3 StR 470/04, „Mannesmann", Rn. 58, juris.de.

323 St.Rspr. BGH, Urteil vom 11.10.2012 – 1 StR 213/10, Rn. 70, 74, juris.de, weshalb es auch mit steigender Komplexität der zu erteilenden Auskunft, zunehmend der Schriftform bedarf, damit es dem Ratsuchenden möglich ist, diese eingehend zu verstehen; *Sternberg-Lieben/Schuster*, Schönke/Schröder, § 17, Rn. 18.

324 St. Rspr. BGH, Urteil vom 11.10.2012 – 1 StR 213/10, Rn. 74, juris.de, so darf er den Rat keinesfalls unbesehen übernehmen und sich hinter ihm verstecken, sondern muss ihn vielmehr auf erkennbare Begründungslücken und Vordergründigkeit hin untersuchen, Verbot der „Feigenblattfunktion".

325 St. Rspr., zuletzt: BGH, Urteil vom: 04.04.2013 – 3 StR 521/12, Rn. 11, juris.de.

obergerichtliche oder entscheidende höchstrichterliche Entscheidung vorliegt[326]. Jedenfalls ist der Ratsuchende zur Überprüfung der Auskunft verpflichtet und hat diese in Zweifel zu ziehen, wenn sich die Unerlaubtheit entgegen des Rates erkennen lässt[327]. In Anbetracht der ausführlichen Ausführungen im nachfolgenden Besonderen Teil, soll eine tiefergehende Erläuterungen der diesbezüglichen Anforderungen hier noch entfallen.

b) (Problem:) Die „nachträgliche" Ausfüllung unklarer Tatbestände durch die Tatgerichte

aa) Der Grundsatz

Fehlt dem Täter bei Begehung einer rechtswidrigen Tat aufgrund eines unvermeidbaren Irrtums die Einsicht Unrecht zu tun, handelt er nach Maßgabe des § 17 StGB entsprechend der gesetzgeberischen Entscheidung ohne Schuld[328]. Nur folgerichtig werden Irrtümer über den Unrechtsgehalt daher auf der Schuldebene geprüft, nehmen der Tat daher nicht ihren Unrechtsgehalt, sondern sprechen den Täter lediglich von deren persönlichen Vorwerfbarkeit frei[329]. So stellt das Strafgericht in freier Beweiswürdigung fest, ob ein Straftatbestand erfüllt wurde und lässt dann gegebenenfalls ausnahmsweise die Schuld entfallen. An dieser Lösung besteht auch kein Anlass zur Kritik, soweit die jeweilige Verbotsnorm hinsichtlich der Umschreibung des strafbaren Verhaltens klar ist und somit die rechtswidrige Tat klar benennt. Hier kann allein ein Irrtum über die Strafbarkeit selbst die Vorwerfbarkeit entfallen lassen.

bb) Problem der Auslegung offener Tatbestände durch die Strafgerichte

Problematisch wird es jedoch dann, wenn ein Straftatbestand in seiner Auslegung umstritten oder ungeklärt, also noch offen ist. Denn hier steht nicht allein die

---

326 LG Düsseldorf, Urteil vom 22.07.2004 – XIV 5/03, „Mannesmann", Rn. 875, juris.de; ebenso: *Sternberg-Lieben/Schuster*, Schönke/Schröder, § 17, Rn. 20; *Kühl*, Lackner/Kühl StGB, § 17, Rn. 7; *Joecks*, MünchKommStGB, § 17, Rn. 49 ff., wonach insbesondere die höchstrichterliche Rechtsprechung für die Erkennbarkeit besondere Bedeutung habe.

327 St. höchstrichterliche Rspr., zuletzt: BGH, Urteil vom: 04.04.2013 – 3 StR 521/12, Rn. 11, juris.de; *Fischer*, BKK-StGB, § 17, Rn. 9a, weshalb insbesondere reine Gefälligkeitsgutachten und solche zum alleinigen Zwecke der Gesetzesumgehung keinen tauglichen Vertrauensgrund bilden und die Vermeidbarkeit nicht beseitigen; umfassend: *Joecks*, MünchKommStGB, § 17, Rn. 58 ff., wobei für einen Laien die Seriösität einer Auskunft nur dann in Zweifel zu ziehen ist, wenn diese „erkennbar abwegig, vordergründig oder mangelhaft" ist; sowohl die unrechtsverneinende Auskunft als auch die Auskunftsperson muss verlässlich sein, *Vogel*, LeiKo-StGB, § 17, Rn. 78.

328 *Fischer*, BKK-StGB, § 17, Rn. 2, 12.

329 *Kühl*, Lackner/Kühl StGB, § 17, Rn. 2.

persönliche Schuld des Angeklagten im Raum, sich gegebenenfalls nicht ausreichend über die geltende (Straf-) Rechtslage kundig gemacht zu haben. Vielmehr ist im Zeitpunkt der Tathandlung noch gar nicht klar, ob das tatgegenständliche Verhalten überhaupt unter die jeweilige Verbotsnorm fällt. Diese Problematik taucht im Wesentlichen in Rechtsmaterien mit wirtschaftlichen Bezug auf, die in aller Regel zunehmend komplex sind und oftmals, insbesondere bei Einführung neuer oder wesentlicher Änderungen bestehender Vorschriften, zu erheblichen Rechtsfragen führen. Ohne die im nachfolgenden Abschnitt unter der Ziffer 3) folgende Erörterungen vorweg zu nehmen, besteht aus diesem Grunde auch im strafrechtlichen Schrifttum erhebliche Kritik an der alleinigen Verortung dieser Problematik auf der Schuldebene[330], die im Folgenden kurz dargestellt werden sollen.

Als veranschaulichendes Beispiel soll hier das von der Rechtsprechung entwickelte Erfordernis der sog. „gravierenden Pflichtverletzung" aus § 266 Abs. 1 StGB dienen[331], das zunehmend entsprechend zivilrechtlicher (Geschäftsleiter-) Pflichten bestimmt wird[332]. Denn eine Untreue setzt zwingend die Überschreitung der zivilrechtlichen Schranken der Vermögensbetreuungspflicht oder Verfügungsbefugnis voraus, womit die strafrechtliche Beurteilung auf der zivilrechtlichen aufsetzt[333]. Exemplarisch soll ein Beschluss des OLG Braunschweig aus dem Jahre 2012 in den Blick genommen werden. Hier weitete das Gericht die Vermögensbetreuungspflicht der Aufsichtsräte nicht nur für das eigene sondern auch für das Fehlverhalten anderer Aufsichtsratsmitglieder mittels der Annahme einer Garantenpflicht deutlich aus und erkannte den Angeklagten trotz einer bis dato entgegenstehenden Praxis nicht mal einen Vorsatzausschluss oder zumindest einen den Vorsatz ausschließenden Irrtum zu[334]. Eine solch weite Auslegung der Strafbarkeit war vor dieser gerichtlichen Entscheidung nicht zu erwarten und wäre daher auch bei gehöriger rechtlicher Prüfung im Vorfeld nicht zu vermeiden gewesen[335].

---

330 *Neumann*, NK-StGB, § 17, Rn. 51.

331 So gilt bereits als unumstritten, dass Geschäftsleitern als Treuhändern fremden Vermögens auch eine entsprechende Vermögensbetreuungs-pflicht nach Maßgabe des § 266 Abs. 1 StGB zukomme, vgl. BVerfG, Be-schluss vom 23.06.2010 – 2 BvR 2559/08, 2 BvR 105/09, 2 BvR 491/09, Rn. 110 f., ZIP 2010, 1596 (1602).

332 *Momsen*, Satzger/Schluckebier/Widmaier, § 17, Rn. 30; *Safferling*, NStZ 2011, 376 (377), zwar sei es nötig, bei der Konkretisierung des komplexen Tatbestandsmerkmals der Verletzung einer Vermögensbetreuungspflicht auch auf außerstrafrechtliche Sorgfaltsanforderungen abzustellen, jedoch könne hier keinesfalls ein Gleichlauf zwischen zivilen und öffentlich-rechtlichen Verhaltensnormen angenommen werden, vielmehr sei auch in Anbetracht des nationalsozialistischen Missbrauchs der Vorschrift eine deutlich restriktivere Auslegung geboten.

333 Vgl. *Krieger*, FS Bezzenberger, 211 (216).

334 OLG Braunschweig, Beschluss vom 12.06.2012 – Ws 44/12, Ws 45/12, Rn. 47 ff., juris.de.

335 Vgl. für die bis dahin vertretene Auffassung: *Fischer*, BKK-StGB, 60. Auflage 2013, § 266, Rn. 105 f.; *Schünemann*, LeiKo-StGB, § 266, Rn. 258 ff.

cc) Verschärfung bei Auslegung offener Zivilrechtstatbestände durch die Strafgerichte

Das zuvor gezeigte Problem verschärft sich indes noch, wenn das Strafgericht hierbei zusätzlich auf zivilrechtliche Pflichten zurückgreift, deren Tatbestand selbst ebenfalls noch offen beziehungsweise unklar ist. Denn die Untreue nach § 266 Abs. 1 StGB schützt das zu betreuende Vermögen, weshalb sich die für den Tatbestand relevanten Pflichtverhältnisse nach dem zugrundeliegenden zivilen oder öffentlichen Rechtsverhältnis richten[336]. Eine Verletzung des für diese Arbeit maßgeblichen Aktienrechts reicht hierfür allein jedoch noch nicht aus, auch wenn diese Normverletzung beispielsweise aus Legalitätspflichtgesichtspunkten nach Maßgabe der §§ 76, 93, 116 AktG schadensersatzauslösend sein mag. Vielmehr muss die unmittelbar verletzte Norm selbst vermögensschützenden Charakter haben[337].

Ist diese (zivilrechtliche) Norm hierbei in ihrer tatbestandlichen Weite selbst noch offen, nimmt das Strafgericht dann anstatt der hierfür prädestinierten und fachlich qualifizierten Zivilgerichte eigenständig die Auslegung von Aktien- oder GmbH-Recht vor[338]. Das kann dann mitunter völlig sachfremd geschehen oder sogar herrschenden Grundsätzen widersprechen. Eine solche Vorgehensweise widerspricht der – hier vertretenen und noch näher zu begründenden – Auffassung[339], dass dem Geschäftsleiter zwar trotz offener Rechtslage und redlicher Bemühungen diese vertretbar zu ergründen, nicht dennoch durch nachträglich anderweitige Auslegung der Vorwurf der Pflichtwidrigkeit und hierauf aufbauend der Strafbarkeit gemacht werden kann[340]. Obwohl die im dann den Angeklagten verurteilenden Strafurteil enthaltenen Feststellungen für das Zivilgericht zwar nicht bindend sind, können die Akten eines Strafverfahrens und rechtskräftige Strafurteile zudem noch im Zivilprozess als Beweisurkunden herangezogen werden und prägen somit darüberhinaus auch noch die Entscheidung des Zivilgerichts[341].

---

336 BGH, Beschluss vom 13.09.2010 – 1 StR 220/09, Rn. 35, juris.de.

337 BGH, Beschluss vom 13.09.2010 – 1 StR 220/09, Rn. 36 ff., juris.de, weshalb eine Legalitätspflichtverletzung für sich auch noch keinen Untreuevorwurf zu begründen vermag (Rn. 38).

338 Vgl. nur BGH, Urteil vom 21.12.2005 – 3 StR 470/04, „Mannesmann", Rn. 19 ff., juris.de, der entgegen der Auffassung gewichtiger Stimmen der Literatur (ua. Prof. Hüffer, Prof. Baums, Prof. Hoffmann-Becking) die bis dahin offene Frage der Pflichtwidrigkeit kompensationsloser Anerkennungsprämien zulasten der Angeklagten höchstrichterlich entschied.

339 Vgl. entsprechende Ausführungen unter E.II.3)b)ee).

340 *Tiedemann*, Kommentierung von LG Düsseldorf, Urteil vom 22.07.2004 – XIV 5/03, „Mannesmann", ZIP 2004, 2056, der die eigenwillige Auslegung von Strafgerichten gar als „selbstherrlich" geißelt; ähnlich: *Puppe*, FS Rudolphi, 231 (234), mwN.

341 Vgl. OLG Bamberg, Urteil vom 12.11.2012 – 4 U 168/12, Rn. 73, juris.de.

dd) Verfassungsgemäßheit offener Tatbestände

Trotz der mannigfaltigen praktischen Anwendungsprobleme aufgrund der tatbestandlichen Unschärfe hat das Bundesverfassungsgericht in einem Beschluss von 2010 die Verfassungsmäßigkeit des § 266 StGB (noch) mit der Begründung bestätigt, dass kein Verstoß gegen das Bestimmtheitsgebot des Art. 103 Abs. 2 GG vorliege, sondern vielmehr die Rechtsprechung gehalten sei eine Tatbestandskonkretisierung durch die Bildung von (restriktiven) Fallgruppen herbeizuführen, da nur so der Gesetzgeber der „Vielgestaltigkeit des Lebens Herr" werden könne, auch wenn hierdurch im Einzelfall Zweifel über die Tatbestandsmäßigkeit eines Verhaltens entstehen könnten[342]. Infolgedessen erklärte das BVerfG das betroffene Urteil nicht deshalb für verfassungswidrig, weil das urteilende Gericht einen Gefährdungsschaden trotz der hiervon ausgehenden Gefahr einer Überdehnung des Untreuetatbestands annahm, sondern weil es den Vermögensnachteil mit Blick auf die Pflichtwidrigkeit des Geschäftsleiterverhaltens wertend feststellte, ohne ihn separat zu ermitteln[343]. Hierdurch zeigte das BVerfG der strafrechtlichen Rechtsprechung allerdings dahingehend ihre Grenzen auf, als dass diese einzelne Tatbestandsmerkmale als Tatbestandsbegrenzung zu wahren und eine Strafbarkeit nur bei deren jeweiligen Vorliegen und nicht mittels einer wertenden Gesamtbetrachtung anzunehmen sind[344].

Dennoch bleiben die Konturen des § 266 StGB und seine Beschränkung auf „evidente" Fallgruppen unscharf und lassen viele Fragen offen, was es für Betroffene weiterhin – trotz gegebenenfalls eingeholten Rechtsrats – äußerst schwierig macht, eine etwaige Strafbarkeit ihres Verhaltens im Vorfeld zu erkennen[345]. So ist der Kritik *Safferlings* beizupflichten, nach der die Verurteilung aufgrund unklarer oder zumindest weit dehnbarer Tatbestandsmerkmale Zweifel an der Einhaltung des

---

342 BVerfG, Beschluss vom 23.06.2010 – 2 BvR 2559/08, 2 BvR 105/09, 2 BvR 491/09, Rn. 85 ff., juris.de

343 BVerfG, Beschluss vom 23.06.2010 – 2 BvR 2559/08, 2 BvR 105/09, 2 BvR 491/09, Rn. 149 ff., juris.de.

344 BVerfG, Beschluss vom 23.06.2010 – 2 BvR 2559/08, 2 BvR 105/09, 2 BvR 491/09, Rn. 149 und 152, juris.de, sog. „Verschleifung" von Tatbestandsmerkmalen, die diesen ihre tatbestandsbegrenzende Funktion nimmt, indem ihre Auslegung dazu führt, dass sie vollständig in anderen Tatbestandsmerkmalen aufgehen und mit diesen mitverwirklicht werden (Rn. 149 ff.,); nochmals: BverfG, Beschluss vom 01.11.2012 – 2 BvR 1235/11, Rn. 18 ff., juris.de; aufgrund der Deutlichkeit des Verschleifungsverbots sei auch in Zukunft mit einer erhöhten Anzahl von Verfassungsbeschwerden in diesem Bereich zu rechnen, *Saliger*, NJW 2010, 3195 (3198).

345 Vgl. *Safferling*, NStZ 2011, 376 (378 f.); aA *Saliger*, NJW 2010, 3195 (3197), der die Begrenzung auf „evidente" Pflichtverletzungen begrüßt, ohne hierbei zu erläutern, warum hierin auch tatsächliche eine Tatbestandsbegrenzung zu sehen sei.

Bestimmtheitsgebot aufwerfen, das nicht zuletzt gerade auch die Vorhersehbarkeit einer Strafbarkeit gewährleisten soll[346].

ee) Kritik an der Irrtumslösung über § 17 StGB

Vereinzelt wird daher darüber hinaus auch in der Vorgehensweise der Strafrechtsprechung ein Verstoß gegen Art. 103 Abs. 2 GG gesehen, da bei der Verwendung generalklauselartiger Begriffe des Wirtschaftsrechts ausschließlich auf „gesicherte Maßstäbe und Wertungen" zurückgegriffen werden dürfe, „die das Täterhandeln als eindeutig unvertretbar erscheinen lassen"[347]. Denn Art. 103 Abs. 2 GG fordert nicht nur, dass der Gesetzgeber selbst die Wertentscheidung über das Unrecht treffen muss, sondern auch, dass der Bürger die Strafbarkeit vorhersehen können muss, wobei hierbei stets auf den jeweiligen Adressatenkreis abzustellen ist[348]. Die Verfassung gebietet es daher, die Anwendung der Untreue auf klare und deutliche Fälle pflichtwidrigen Handelns zu beschränken und so die ultima-ratio-Funktion des Strafrechts zu wahren[349]. Von solchen „klaren" und „eindeutigen" Fällen pflichtwidrigen Handeln kann aber dort nicht mehr die Rede sein, wo die jeweiligen zugrunde gelegten (zivilrechtlichen) Tatbestände für die konkrete Fallgestaltung selbst noch unklar sind.

Diese Ansicht verdient, ohne zur Verfassungsmäßigkeit abschließend Stellung zu beziehen, jedenfalls dahingehend Zuspruch, als dass von Betroffenen erwartet werden darf, dass sie sich, ggfs. unter Zuhilfenahme von Rechtsrat, über geltendes Recht informieren. Nicht zu erwarten ist aber, dass sie versuchen einer Form „schwebender Strafbarkeit"dadurch zu entgehen, dass sie mittels eine Worst-Case Auslegung offener Straftatbestände die spätere Rechtsfindungen der Gerichte vorhersagen. Denn wo liegt der Unterschied, ob ein Gesetzgeber ein Verhalten rückwirkend für strafbar erklärt oder dies durch die Auslegung eines Gerichts geschieht? Denn in beiden Fällen ist das strafbare Verhalten im Zeitpunkt der Tat (noch) nicht (klar) benannt und dieses auch nicht bereits zu diesem Zeitpunkt durch eine gefestigte Rechtsprechung konkretisiert worden. Zwar ist in diesen Fällen unstreitig, dass ein Irrtum hier unvermeidbar war und der Betroffene demzufolge straffrei zu bleiben hat[350]. Allerdings ist zu zeigen, dass die bisherige

---

346 *Safferling*, NStZ 2011, 376 (376 f.).

347 *Tiedemann*, ZIP 2004, 2056, Kommentierung von LG Düsseldorf, Urteil vom 22.07.2004 – XIV 5/03, „Mannesmann", mit Verweis auf BVerfG, Beschluss vom 10.01.1995 – 1 BvR 718/89, 719/89, 722/89, 723/89, juris.de, zur Verfassungswidrigkeit der seinerzeit ausufernden Gewaltrechtsprechung des BGH zu § 240 I StGB (Sitzblockadefälle).

348 *Papanthanasiou*, FS Roxin, 467 (479), mit Verweisen auf die ständige diesbezügliche Rspr. des BVerfG.

349 BGH, Beschluss vom 13.09.2010 – 1 StR 220/09, Rn. 35, 38, juris.de.

350 *Sternberg-Lieben/Schuster*, Schönke/Schröder, § 17, Rn. 20; *Fischer*, BKK-StGB, § 17, Rn. 9; *Momsen*, Satzger/Schluckebier/Widmaier, § 17, Rn. 13.

Handhabung der Rechtsprechung im Strafrecht, die Bewertung unsicherer Rechtslagen durch die Angeklagten über § 17 StGB zu lösen, nicht konsequent ist. Denn einer Person ist das Strafbarkeit einer etwaigen Tathandlung nur dann vorzuwerfen, wenn dieses im Zeitpunkt der Begehung[351] bereits im Wesentlichen feststeht, die Tatumschreibung also gerade nicht unklar ist[352]. Nimmt ein Gericht jedoch seine kraft Verfassung eingeräumten Möglichkeit war und ändert seine Rechtsprechung zu einem Tatbestandsmerkmal oder spricht erstmals Recht zu einem neuen Gesetz, so kann dies nur ex-nunc geschehen und nicht ex-tunc[353]. Geschieht die Rechtsfindung aber eben ex-nunc, stellt sich sodann die weitere Frage, inwieweit der von der Verbotsnorm oder vielmehr der neuen Auslegung Betroffene hierüber überhaupt irren kann[354]. Es geht also nicht um ein Informationsdefizit des Betroffenen, sondern um ein Regelungsdefizit im Zeitpunkt der Tatbegehung[355]. Denn wie soll man über etwas irren, wenn gar nicht klar ist, wovon eigentliche eine falsche Vorstellung, also das Irren, bestehen soll. Hier dennoch von einem Verbot und somit einer Strafbarkeit im Zeitpunkt der Tatbegehung auszugehen, dem der Betroffene lediglich durch fehlendes Verschulden entgehen kann, hieße, dass die Rechtslage trotz ihrer ungenauen gesetzlichen Konzeption bereits feststeht und nur durch einen Richter ausgesprochen werden müsste[356]. Hierdurch aber würde der Bürger – auf die Spitze getrieben – zum Spielball späterer gerichtlicher Auslegung und wäre mit der Hoffnung allein gelassen, eben diese spätere Auslegung im Zeitpunkt der Tatbegehung richtig vorweggenommen zu haben[357]. So ist es die Aufgabe der Gerichte, das Recht fortzuentwickeln, immer wieder anzupassen und über den jeweiligen Fall hinaus Rechtssicherheit zu schaffen. Hierbei ist jedoch stärker im Blick zu behalten, dass der Betroffene nicht nur unverschuldet straffrei bleibt, sondern sein Verhalten als solches eben noch nicht strafbar war und die neue Auslegung erst für spätere Fälle greift[358].

Damit soll keiner allgemeinen Straffreiheit das Wort geredet werden. Wie bei der bisherigen Lösung über § 17 StGB wird eine fehlende Strafbarkeit auch in diesen Fällen auf wenige Ausnahmen beschränkt bleiben. In diesen Fällen bedarf es jedoch ein stringenten Lösung.

351 *Heuchemer*, BeckOK-StGB, § 17, Rn. 15; *Fischer*, BKK-StGB, § 17, Rn. 15.
352 *Neumann*, NK-StGB, § 17, Rn. 51.
353 *Puppe*, FS Rudolphi, 231 (234).
354 *Neumann*, NK-StGB, § 17, Rn. 51; *Puppe*, FS Rudolphi, 231 (234); *Dehne-Niemann*, wistra 2008, 361 (365).
355 *Neumann*, NK-StGB, § 17, Rn. 51; *Dehne-Niemann*, wistra 2008, 361 (365).
356 *Neumann*, NK-StGB, § 17, Rn. 51; *Puppe*, FS Rudolphi, 231 (234), Rechtssetzung nur ex-tunc.
357 *Neumann*, NK-StGB, § 17, Rn. 51.
358 So auch *Puppe*, FS Rudolphi, 231 (234).

c) *Übertragbarkeit auf das Zivilrecht*

Wie nun gezeigt wurde, bestehen auch im Strafrecht ernste Probleme für Organe sich gegen eine drohende Strafbarkeit ihres Verhaltens im Vorhinein abzusichern. Die hier bereits weit gediehene Rechtsprechung und Literatur zu den Rechtsirrtümern und dem externen Rechtsrat können im nachfolgenden Teil E.II.3) der vorliegenden Arbeit für den (Zivil-) Rechtsirrtum immer wieder aufgegriffen werden. Zwar sind dabei stets auch die Besonderheiten des Strafrechts im Vergleich zum Zivilrecht zu beachten. Insbesondere für die Spezialfragestellung der Anforderungen an externen Rechtsrat im Besonderen Teil dürfte dies jedoch nur eine untergeordnete Rolle spielen. Denn dort sollen allein die Anforderungen an die Organe, beziehungsweise an den von ihnen eingeholten Rechtsrat beleuchtet werden, damit ihnen der Nachweis gelingt, alles ihnen mögliche getan zu haben, sich der Rechtslage bestmöglich zu vergewissern. Der zu betreibende Informationsaufwand hinsichtlich der Vermeidbarkeit einer Fehlentscheidung dürfte daher in beiden Fällen vergleichbar sein[359].

3) Behandlung von Legalitätspflichtverstößen im Zivilrecht

Im Folgenden ist nun zu klären, wie auf Legalitätspflichtverstöße zu reagieren ist. Hierbei ist von Wichtigkeit, nicht vorschnell eine einheitliche Lösung für alle Verletzungen zu fordern, sondern einerseits zwischen bewussten und irrtümlichen Rechtsverstößen zu differenzieren und andererseits bei Irrtümern weiterhin danach zu unterscheiden, ob es sich um einfache oder unsichere Rechtslagen handelt. Insbesondere bei Letzterem wird zu klären sein, ob es sich in diesem Falle überhaupt um einen Irrtum handeln kann. Was in der Diskussion um die Behandlung dieser Problematik nicht aus den Augen verloren werden darf, ist die Praktikabilität und Angemessenheit der Lösung im Auge zu behalten und sie in die oben angeführte Vielschichtigkeit der Leitungsfunktion zu integrieren.

a) *Die grundsätzliche Behandlung von Legalitätspflichtverletzungen*

Die gesetzlichen Regelungen postulieren als Rahmen allen unternehmerischen Handelns im Grundsatz ausdrückliche Ver- oder Gebote, über die sich weder die Gesellschaft noch ihre Organe hinwegsetzen dürfen[360]. Verstößt der Vorstand gegen diese Handlungs- oder Unterlassungspflichten und somit gegen die Legalitätspflicht, erfolgt daher grundsätzlich keinerlei inhaltliche Überprüfung der getroffenen

---

359 Ähnlich: *Binder*, AG 2008, 274 (275), der die Frage der Vermeidbarkeit des Irrtums ebenfalls als das zentrale verbindende Element begreift; ganz allgemein: *Löwisch/Caspers*, Staudinger-BGB, § 276, Rn. 54, die für den Fahrlässigkeitsvorwurf danach fragen, ob der Handelnde „ausreichend Vorsorge für die Schadensverhütung getroffen hat“.

360 *Paefgen*, Unternehmerische Entscheidungen, S. 26.

Maßnahmen mehr; diese ist vielmehr per se rechtswidrig und stellt eine Verletzung der Leitungspflicht im Sinne des § 93 Abs. 1 S. 1 AktG dar[361]. Je nach Gewicht des Verstoßes kann dies auch die Beendigung der Anstellung oder gar strafrechtliche Folgen für das Organmitglied als Privatperson zur Folge haben[362]. Denn Gesellschaftsorgangen obliegt, wie gezeigt, keinerlei Ermessen, sich an die rechtlichen Vorgaben zu halten oder diese nach ihren Belieben zu missachten.

Allein im Falle eines Irrtums, also dem Verkennen der tatsächlichen rechtlichen Lage, kann ein Legalitätspflichtverstoß entschuldigt sein, wenn das pflichtvergessene Organ also alles in seiner Macht stehende getan hat, um die Rechtmäßigkeit seines Verhaltens oder das der Gesellschaft sicherzustellen[363]. Jedoch sind die Anforderungen hieran entsprechend hoch. Sie müssen zunächst die Rechtslage selbst sorgfältig prüfen, gegebenenfalls Rechtsrat einholen und haben die höchstrichterliche Rechtsprechung zu beachten, wobei ihn grundsätzlich das Risiko trifft, die Rechtslage zu verkennen[364]. Im Grundsatz kann sich der Vorstand einer Legalitätspflichtverletzung also allenfalls nur durch den Nachweis eines fehlenden Verschuldens beim Irrtum lossagen.

Ein Beurteilungsspielraum verbleibt lediglich bei der Frage, wie die Organe innerhalb dieses gesetzlichen beziehungsweise satzungsmäßigen Handlungsspielraums agieren, um das Unternehmen rechtstreu bestmöglich zu führen[365]. Somit stellt sich die ermessensfreie wesensgebende Komponente der Legalitätspflicht maßgeblich als eine Frage des „Ob", seltener als eine Frage des „Wie" der Rechtserfüllung dar[366]. Hinsichtlich der Umsetzung der Rechtsbefehle hat der Vorstand damit sehr wohl eine Handlungsfreiheit.

---

361 *Spindler*, MünchKommAktG, § 76, Rn. 73 f.; *Wiesner*, Münch. Hdb. AG, § 25, Rn. 23; *Paefgen*, Unternehmerische Entscheidungen, S. 25 f.; *Bayer*, FS Schmidt 2009, 85 (89); vgl. zudem: *Brand/Sperling*, AG 2011, 233 (234 ff.), mit einer neuen Tendenz in Schrifttum und Rechtsprechung, nach der Legalitätspflichtverstöße zugleich auf die Möglichkeit einer Untreuestrafbarkeit gem. § 266 StGB untersucht werden.

362 Exemplarisch: LG Düsseldorf, Urteil vom 20.06.2013 – 32 O 90/08, Rn. 89, juris.de, zur fristlosen Kündigung eines Aufsichtsratsmitglieds wegen vorsätzlicher Marktmanipulation.

363 Vgl. RegE UMAG, BT-Drucks. 15/5092, S. 11; aA *Berger*, Vorstandshaftung und Beratung, S. 91 f., nach der nicht nur der Verstoß gegen eine unklare, sonderen auch der Verstoß gegen eine eindeutige Rechtsnorm bei entsprechender Anstrengung und Beratung die Pflichtwidrigkeit entfallen lassen soll.

364 BGH, Beschluss vom 29.06.2010 – XI ZR 308/09, Rn. 3, juris.de; vgl. zur Notwendigkeit der Unvermeidbarkeit des Rechtsirrtums als Verschuldensausschluss E.II.3)a) und zu den Voraussetzungen der Unvermeidbarkeit aufgrund externen Rechtsrats, F.I.

365 OLG Düsseldorf, Beschluss vom 9.12.2009 – I-6 W 45/09, Rn. 41, juris.de,

366 Vgl. *Bachmann*, ZIP 2014, 579 (580); *Buck-Heeb*, BB 2013, 2247 (2255); *Falkenhausen*, NZG 2012, 644 (646).

b) Problematik der offenen oder sich ändernden Rechtslage

Problematischer wird es für den Vorstand hingegen dann, wenn die Rechtslage ein Verhalten gerade nicht ausdrücklich ge- oder verbietet und somit einen Handlungsspielraum offen lässt, die Rechtslage also mithin trotz umfassender Informationseinholung[367] unklar ist[368]. Denn hier wird der Vorstand Probleme haben den jeweiligen Normbefehl zweifelsfrei zu verstehen und sein Handeln daran auszurichten.

aa) Vorliegen einer unklaren Rechtslage

Zunächst ist daher die Frage zu klären, wann eine Rechtslage tatsächlich als unklar angesehen werden kann. Hierbei kann und muss eine Beurteilung letztlich nur am Einzelfall erfolgen. Als typische Beispiele wären hier etwa Gesetzesänderungen ohne konkretisierende Rechtsprechung, eine divergierende obergerichtliche Rechtsprechung oder unbestimmte Rechtsbegriffe zu nennen, die entweder ein zweifelsfreies und eindeutiges Gebot vermissen lassen oder nennenswert umstritten sind[369]. Dabei lässt sich der Grundsatz aufstellen, dass die Anforderungen an die Pflichtgemäßheit wie auch das berechtigte Vertrauen in den Fortbestand umso höher sind, desto mehr eine Rechtsprechung als gefestigt angesehen werden darf[370] oder Vorgaben durch eine Aufsichtsbehörde gemacht wurden, die keine offensichtlichen Anhaltspunkte für Zweifel an ihrer Richtigkeit bieten[371]. Eine bestehende Rechtsprechung nebst Literatur gilt jedenfalls nicht bereits dann als nicht mehr gefestigt, wenn sie lediglich von wenigen Stimmen in der Literatur angegriffen wird[372]. Sollte hingegen der Gesetzgeber eine bis dato als unklar geltende Rechtsnorm nachträglich für die Vergangenheit konkretisieren, ist er hierbei den verfassungsmäßigen Beschränkungen des Rückwirkungsverbots unterworfen, unabhängig davon, dass er diese Änderung selbst als lediglich „deklaratorische Klarstellung" bezeichnet[373]. Denn zur Auslegung und Ausgestaltung bestehender Gesetzesnormen sind grundsätzlich die Fachgerichte berufen, sodass einer hierzu bestehenden Rechtsprechung

---

367 So besteht bei für den Geschäftsleiter bei unklarer Rechtslage – wie zuvor bereits gezeigt – zunächst eine Rechtsvergewisserungspflicht, *Fleischer*, MünchKommGmbHG, § 43, Rn. 36 ff. Die nachfolgenden Äußerungen beziehen sich also auf den Fall, in denen auch eine Rechtsvergewisserung keine ausreichende Klarheit gebracht hat.

368 *Spindler*, MünchKommAktG, § 93, Rn. 75; *Falkenhausen*, NZG 2012, 644 (647); *Fleischer*, ZIP 2005, 141 (149 f.); *Habersack*, FS Schneider 2011, 429 (436);

369 *Zöllner/Noack*, Baumbach/Hueck GmbHG, § 43, Rn. 23c; *Buck-Heeb*, BB 2013, 2247 (2249); *Zimmermann*, WM 2008, 433 (435).

370 Vgl. *Thole*, ZHR 173 (2009), 504 (521); jedenfalls bei einschlägiger BGH-Judikatur kann nicht mehr von einer unklaren Rechtslage gesprochen werden, vgl. *Dauner-Lieb*, Der Konzern 2009, 583 (592).

371 *Buck-Heeb*, BB 2013, 2247 (2249), mwN.

372 *Hasselbach/Ebbinghaus*, AG 2014, 873 (880).

373 BVerfG, Beschluss vom 17.12.2013 – 1 BvL 5/08, Rn. 48, juris.de.

nicht nachträglich wieder der Boden entzogen werden darf, was einer sog. echten Rückwirkung gleichkäme, die abseits weniger Ausnahmefälle verfassungswidrig ist[374]. Entscheidend ist somit das Gesetz in derjenigen Auslegung, die es zum Zeitpunkt der Fällung der Entscheidung durch den Vorstand durch die Rechtsprechung und ergänzend durch die Literatur erfahren hat.

bb) Keine Vorhersage der Rechtsentwicklung

Höchst fraglich ist, ob es in diesem Falle überhaupt zu einem Rechtsirrtum kommen kann, da das Recht über das man irren kann, zumindest in der hierfür nötigen Klarheit, ja noch gar nicht existiert. In Fortführung an die bereits zum Strafrecht angeführten Erwägungen[375], wird auch hier zum Teil ein alter juristischer Denkansatz angeführt, wonach die Rechtslage bereits feststeht, auch wenn sie erst noch durch einen Richter gesprochen werden muss, die Unsicherheit also nur in der Vorhersage der richterlichen Entscheidung bestehe[376]. Es ist jedoch – wie zuvor bereits gezeigt – unzutreffend, anzunehmen, dass ein Richter, und sei er an einem OLG oder sogar BGH, stets nur zu einer möglichen Rechtslösung kommen würde oder gar könne. Als verdeutlichendes Beispiel zur Unvorhersehbarkeit richterlicher Entscheidungen auch im Zivilrecht diene hier nur die als bekannt vorausgesetzte Grundsatzentscheidung des BGH zur Außenrechtsfähigkeit der Gesellschaft bürgerlichen Rechts aus dem Jahre 2001[377]. Noch einen einzigen Tag vor Fällung dieses Urteils ging nahezu einhellig das gesamte deutsche Schrifttum wie auch Rechtsprechung vom Gegenteil aus[378]. Handelt ein gedachter Vorstand in diesem Moment pflichtwidrig, wenn er seine Leitungsentscheidung an einer, wie in diesem Falle, scheinbar eindeutigen Rechtslage ausrichtete, die aber später von der Rechtsprechung nicht bestätigt beziehungsweise verworfen wurde? Dem oben gezeigten Denkansatz zufolge müsste dem ja so sein. Dann hätte die Rechtslage bereits festgestanden, wurde jedoch vom deutschen Schrifttum und der überwiegenden Rechtsprechung eben nur noch nicht erkannt. Hieran anschließen ließe sich die Frage, wer denn zur Erkenntnis fähig wäre, da ja wie am Beispiel gezeigt, selbst das OLG Nürnberg in der Vorinstanz einem zum BGH gegenteiligen Standpunkt einnahm. Noch problematischer wird

---

374 BVerfG, Beschluss vom 17.12.2013 – 1 BvL 5/08, Rn. 53, 55, juris.de.

375 Vgl. Ausführungen unter E.II.2)b)ee).

376 So etwa *Thole*, ZHR 173 (2009), 504 (523) mwN, der jedoch nicht zu erklären vermag, wie etwas „noch unerkannt" feststehen kann.

377 BGH, Urteil vom 29.01.2001 – II ZR 331/00, „ARGE Weißes Ross", juris.de; für weitere Beispiele aus dem Zivilrecht, vgl. *Buck-Heeb*, BB 2013, 2247 (2249); für andere Beispiele aus dem Strafrecht, wie beispielsweise das seinerzeit geltende Züchtigungsrecht, vgl. *Roxin*, Strafrecht AT I, § 21, Rn. 65.

378 Vgl. entsprechende Auffassungen, wie beispielsweise die individualistische Theorie oder die sog. Gesamthandslehre, hier nur zum Überblick: *Windbichler*, Gesellschaftsrecht, § 8, Rn. 11, mwN zum Schrifttum; hinsichtlich der Rechtsprechung, vgl. nur Auffassung der Vorinstanz: OLG Nürnberg, Urteil vom 15.03.2000 – 12 U 4408/99, Rn. 18, juris.de.

es dann, wenn eine Frage von der Rechtsprechung bisher überhaupt nicht erörtert wurde, beispielsweise bei einer Gesetzesänderung. Hier käme der Versuch einer Vorhersage einer späteren gerichtlichen Bewertung, überspitzt formuliert, dem sog. Blick in die Kristallkugel gleich. Eine Vorhersage des Ergebnisses einer rechtlichen Entwicklung ist aber nicht möglich, genauso wenig, wie ein Manager den Absatz eines Produkts oder die Entwicklung eines Marktes präzise vorhersagen kann. Es kann allein erwartet werden, die bisherige Rechtsprechung und den Meinungsstand sauber ab- und mögliche Auslegungsansätze sorgsam herauszubilden. Denn auch wenn den Gerichten qua Verfassung die Rechtsfindung zusteht, so geschieht diese erst ex-nunc, keinesfalls ex-tunc, sodass eine Verletzung der Nachforschungspflicht und infolgedessen ein Irrtum gar nicht bestehen kann[379]. Über eine Pflicht kann folglich nur geirrt werden, wenn diese zum Zeitpunkt der Entscheidungsfindung auch erkennbar besteht. Ist dies nicht der Fall, fehlt es dann nicht bereits an einem Ansatzpunkt der Pflichtwidrigkeit?

Als Leitungsorgan eines Unternehmens steckte der Vorstand, den Ansatz eines unterstellten Irrtums vorausgesetzt, dann nämlich in dem nachweislichen Dilemma, auf der einen Seite eine Entscheidung treffen zu müssen, da er die Geschäftstätigkeit ja nicht einfach auf Verdacht stoppen kann[380]. Auf der anderen Seite liefe er dennoch stets Gefahr, und sei die Entscheidungsvorbereitung noch so sorgfältig verlaufen, trotz der Anstrengung zur Beachtung geltenden Rechts, gegen genau dieses zu verstoßen und somit pflichtwidrig zu handeln. Nicht zuletzt deswegen ist festzustellen, dass Geschäftsleiter immer mehr Zeit allein damit verbringen, sich gegen eine wachsende Anzahl drohender Haftungsrisiken vorsorglich abzusichern, was zulasten ihrer eigentlichen Tätigkeit geht, der wirtschaftlichen Führung ihres Unternehmens[381]. Andererseits darf nicht aus dem Blick geraten, dass eine effektive Haftungsvermeidung nicht umsonst zu haben ist, auch wenn dies Ressourcen bindet[382].

Zu klären ist nun, wie das Spannungsverhältnis des staatlichen Interesses an der unbedingten Normbefolgung einerseits und der praktischen Not der Rechtsanwender, unklare Rechtslagen im Sinne späterer gerichtlicher Entscheidungen vorherzusehen

---

379 *Puppe*, FS Rudolphi, 231 (232 f.) mit entsprechenden Erwägungen für das Strafrecht, vgl. entsprechende Erwägungen unter E.II.2)b).

380 Ähnlich *Berger*, Vorstandshaftung und Beratung, S. 98, wonach sich der Vorstand einer Haftung nicht einfach durch Nichtvornahme der Maßnahme entziehen könne; zur Pflicht den Satzungsgegenstand auszufüllen und nicht zu unterschreiten, OLG Stuttgart, Urteil vom 14.05.2003 – 20 U 31/02, Rn. 92, juris.de; *Hopt/Roth*, GroßkommAktG, § 93, Rn. 78.

381 *Krieger*, ZGR 2012, 496 (496); zur Situation der Aufsrichtsratsmitglieder; zurecht ebenso kritisch: *Dauner-Lieb*, Der Konzern 2009, 583 (592), wonach eine zunehmende Verrechtlichung stets eine wachsende Bürokratie nach sich zöge und Energien bündele, die besser zur Unternehmenssteuerung genutzt werden könnten, dies jedoch die Finanzkrise nicht verhindern konnte.

382 *Bachmann*, Reform der Organhaftung, S. E 22.

andererseits, in einen verträglichen Ausgleich zu bringen ist. Maßgebliches Kriterium ist hierbei die Vermeidbarkeit der Fehleinschätzung. Wichtig ist es bei dieser Fragestellung nicht aus den Augen zu verlieren, dass die Leitungsaufgabe des Vorstands (und auch die Kontrollfunktion des Aufsichtsrat) zuallererst[383] darin bestehen muss, das Unternehmen strategisch frei und rentabel zu führen und dass aufgrund der Vielzahl der zu treffenden Entscheidungen ein gewisser Anteil an „Fehlentscheidungen" nicht zu vermeiden ist[384].

cc) Der Ansatz der Lösung über den entschuldigten Rechtsirrtum

Eine Ansicht hält entgegen der zuvor dargebrachten Kritik weiterhin an einer strikten Lösung über den entschuldigten Rechtsirrtum fest[385]. Denn die Problematik sei in der Praxis keineswegs unbeachtet und bereits einer in sich grundsätzlich plausiblen Lösung zugeführt worden. So soll einer möglichen Rechtsunsicherheit dadurch Abhilfe geschaffen werden, dass im Falle eines Verstoßes gegen die Legalitätspflicht zwar nicht die Pflichtwidrigkeit entfällt, letztere aber im Falle einer gehörigen Anstrengung der irrenden Person, entsprechend allgemeinen zivilrechtlichen Regeln[386], schuldlos geschehe[387]. Demnach sei das Verschulden ein ausreichendes Korrektiv dafür, dass das Vorstandsmitglied bei Rechtsirrtümern nicht zwingend auf Schadensersatz hafte[388]. Hierfür spreche wesentlich der – nach hier vertretener Ansicht lediglich vermeintlich – eindeutige Wille des Gesetzgebers, Rechtsirrtümer lediglich für entschuldbar zu halten[389]. Im Weiteren zeigten vergleichende Betrachtungen [390] in das Verwaltungs- und Strafrecht, dass eine Verortung von Rechtsirrtümern dort ebenfalls auf der Verschuldensebene erfolge.

Zugunsten dieser Ansicht lässt sich hier bereits ein oft vorgebrachtes Argument zur Verortung auf der Pflichtwidrigkeitsebene, dass es neben der Vermeidung der Haftung auf Schadensersatz auch darum geht, den Vorstand vor einem Abberufungsgrund

383 *Hemeling*, ZHR 175 (2011), 368 (387).

384 Vgl. *Sieg/Zeidler*, Corporate Compliance, § 3, Rn. 13, 15, so dürfe es vor dem Hintergrund einer stets wachsenden Bürokratie sowie einer immer schwieriger zu bewältigen Gesetzesflut nicht zu einer Unterdrückung unternehmerischer Entscheidungen per se kommen, Rn. 17.

385 *Hüffer*, AktG, § 93, Rn. 19; *Scholl*, Vorstandshaftung und Vorstandsermessen, S. 64, 197 f.; *Binder*, ZGR 2012, 757 (767 ff.); *Merkt/ Mylich*, NZG 2012, 525 (529); *Strohn*, ZHR 176 (2012), 137 (138 f.).

386 *Scholl*, Vorstandshaftung und Vorstandsermessen, S. 64; *Strohn*, ZHR 176 (2012), 137 (138).

387 Vgl. nur: BGH, Urteil vom 20.09.2011 – II ZR 234/09, Rn. 16, juris.de; zustimmend: *Scholl*, Vorstandshaftung und Vorstandsermessen, S. 64, 197 f.; *Binder*, ZGR 2012, 757 (767 ff.); wohl auch: *Merkt/Mylich*, NZG 2012, 525 (529).

388 *Scholl*, Vorstandshaftung und Vorstandsermessen, S. 64, 197 f.

389 Nochmals: Begr.RegE UMAG, BT-Drucks. 15/5092, S. 11.

390 Vgl. *Spindler*, FS Canaris 2007, Bd. II, 403 (416 ff.).

gemäß § 84 Abs. 3 AktG zu schützen[391], widerlegen. Denn es führt nicht per se jede Pflichtwidrigkeit zu einem Abberufungsgrund gemäß § 84 Abs. 3 AktG, da es hierfür ausweislich des Gesetzeswortlauts eines wichtigen Grundes bedarf, bspw. einer groben Pflichtverletzung oder der Unfähigkeit zur Geschäftsführung[392]. Hat der Vorstand hingegen derartige Bemühungen an den Tag gelegt, dass ein Rechtsirrtum entschuldigt ist, kann von solchen wichtigen Gründen sicherlich nicht mehr die Rede sein[393].

Fraglich ist aber, ob die vorgebrachten Argumente die Ansicht wirklich zu tragen vermögen. Es wird zu zeigen sein, dass einerseits die Regierungsbegründung, als auch das neuerliche Ision-Urteil eben nicht ohne Weiteres zur Lösung von unsicheren Rechtslagen taugen.

dd) Der Ansatz der (gegebenenfalls analogen) Anwendung der Business Judgment Rule

Ein anderer Ansatz fragt, in welchem Verhältnis eine Verletzung der Legalitätspflicht zur Anwendbarkeit der Business Judgment Rule steht. Dabei wird eine direkte oder zumindest analoge[394] Anwendung derselben auf Legalitätspflichtverletzungen befürwortet[395]. Der Grund hierfür liegt in der zuvor gezeigten Erkenntnis, dass auch die Beurteilung einer Rechtslage, bspw. bei der Auslegung unbestimmter Rechtsbegriffe oder unsicherer Rechtslagen, de facto sehr oft prognostische Elemente enthält, die den Vorstand vor ähnliche Konflikte wie bei unternehmerischen Entscheidungen stellen kann[396]. Wegen der zunehmend flächendeckenden Durchnormierung des Wirtschaftslebens sei sonst zudem zu befürchten, dass der Anwendungsbereich einer allein unternehmerischen Entscheidung zunehmend entfalle[397]. Im Ergebnis

---

391 Vgl. *Habersack*, FS Schneider 2011, 429 (437); *Krieger*, Handbuch Managerhaftung, § 3, Rn. 8, zur Vorteilhaftigkeit der Business Judgment Rule; vgl auch: *Wiesner*, Münch. Hdb AG, § 25, Rn. 30; *Hasselbach/Ebbinghaus*, AG 2014, 873 (875); *Fleischer*, ZIP 2005, 141 (144).

392 Inwieweit bei der Beurteilung des Vorliegens eines wichtigen Grundes die widerstreitenden Interessen der Gesellschaft und die des Organwalters gegeneinander abzuwägen oder allein das Gesellschaftsinteresse von Belang ist, vgl. zur Übersicht: *Schmolke*, AG 2014, 377 (383 f).

393 Im Ergebnis zustimmend: *Paefgen*, AG 2014, 554 (560); aA *Hopt/Roth*, GroßkommAktG, § 116, Rn. 141, der im Verstoß gegen gesetzliche Pflichten scheinbar grundsätzlich einen wichtigen Grund für eine Abberufung sehen will.

394 So z.B.: *Dauner-Lieb*, Der Konzern 2009, 583 (593) mwN.

395 *Hopt/Roth*, GroßkommAktG, § 93, Rn. 76; *Krieger*, Handbuch Managerhaftung, § 3, Rn. 8; *Wiesner*, Münch. Hdb. AG, § 25, Rn. 30; *Habersack*, FS Schneider 2011, 429 (437); *Nietsch*, ZGR 2015, 631 (655 f.); wohl auch: *Bachmann*, Reform der Organhaftung, S. E 43 ff.; *Schneider*, DB 2011, 99 (100), mwN.

396 *Spindler*, MünchKommAktG, § 93, Rn. 76; *derselbe*, FS Canaris 2007, Bd. II, 403 (404, 414); *Bachmann*, Reform der Organhaftung, S. E 44; *Fleischer*, FS Hüffer 2010, 187 (201); *Thole*, ZHR 173 (2009), 504 (522), „Parallelen zwischen Business Judgment und Legal Judgment".

397 *Bachmann*, Reform der Organhaftung, S. E 44.

würde dann bei der Findung einer Rechtsauslegung beziehungsweise eines Rechtsstandpunkts des Vorstands für das Unternehmen lediglich überprüft, ob das betroffene Organmitglied den Rechtsstandpunkt vernünftiger weise wählen durfte, also keine groben Fehler begann. Ein weiterer Grund für die (ggfs. analoge) Anwendung der Business Judgement Rule liegt hier, wie zuvor bereits widerlegt, eben auch darin, dass es neben der Vermeidung der Haftung auf Schadensersatz auch darum geht, den Vorstand vor einem Abberufungsgrund gemäß § 84 Abs. 3 AktG zu schützen[398].

ee) Stellungnahme

Die gezeigten Ansätze sind nun kritisch zu durchleuchten und auf ihre Schlüssigkeit hin zu untersuchen.

Der Lösung von unsicheren Rechtslagen mithilfe des entschuldigten Rechtsirrtums ist zwar zunächst zuzugeben, dass die Rechtsprechung im besagten „Ision"-Urteil lediglich auf die Möglichkeit eines entschuldigten Rechtsirrtums abgestellt hat. Jedoch stellt sich die Frage, ob dieses Urteil wirklich zur Findung einer sachgerechten Lösung für unklare Rechtsbegriffe oder –lagen herangezogen werden sollte. Im gegenständlichen Urteil ging es nämlich grundsätzlich um die Rechtsfrage einer Einlagefähigkeit eigener Aktien der Gesellschaft, beziehungsweise eines Anspruchs auf Rückgewähr derselben, § 205 Abs. 4 AktG a.F.[399]. Diese mag vielleicht nicht von jedem Geschäftsführer oder Vorstand zu beantworten sein, jedoch dürfte sie im Grundsatz keinesfalls als unklar oder umstritten gegolten haben[400], womit es im besagten Fall letztlich gar nicht um die gegenständliche Frage zur Lösung von unklaren Rechtslagen ging. Eine vergleichbare „klare" Rechtslage lag auch der Fortführung der „ISION"–Rechtsprechung durch den BGH zugrunde, wo sich ein Rechtsunkundiger auf den falschen Rat eines Rechtsberaters verließ, dass ein spezieller Vertragsabschluss durch den Vorstand nicht der Zustimmung des Aufsichtsrats bedürfe, obwohl dies wegen einer enthaltenen Vergütungsentscheidung gemäß §§ 84 Abs. 1 S. 1 u. 5, 87 Abs. 1, 112 AktG zwingend der Fall war[401]. So ist diesen Urteilen genau genommen nur zu entnehmen, dass die Rechtsprechung für klare Rechtslagen dem oben gezeigten Grundsatz entsprechend der Gesetzesbegründung folgt und den Legalitätsverstoß nur im Falle eines entschuldigten Rechtsirrtums entfallen lässt. Wie sie in Zukunft hingegen unklare Rechtslagen beurteilen will, lässt sich hieraus noch nicht ableiten.

---

398 Vgl. *Habersack*, FS Schneider 2011, 429 (437); *Krieger*, Handbuch Managerhaftung, § 3, Rn. 8, zur Vorteilhaftigkeit der BJR; vgl auch: *Wiesner*, Münch. Hdb AG, § 25, Rn. 9.

399 BGH, Urteil vom 20.09.2011 – II ZR 234/09, Rn. 13 ff., juris.de.

400 BGH, Urteil vom 20.09.2011 – II ZR 234/09, Rn. 13 ff., juris.de, mit entsprechenden Verweisen auf das Schrifttum; zustimmend: *Merkt/Mylich*, NZG 2012, 525 (529); ebenso: *Kiefner/ Krämer*, AG 2012, 498 (499), „ein Verstoß gegen das Gebot der realen Kapitalaufbringung lag auf der Hand".

401 BGH, Urteil vom 28.04.2015 – II ZR 63/14, Rn. 24 ff., juris.de.,

Auch stellt sich der Verweis auf die Gesetzesbegründung zum Beleg der Verortung auf der Verschuldensebene nur auf den ersten Blick als tragfestes Argument dar. Dort heißt es, dass es für „illegales Verhalten" lediglich am Verschulden fehlen kann[402]. Jedoch wurde bereits zuvor[403] gezeigt, dass eine solche Illegalität nur dann bestehen kann, wenn es hierfür einen eindeutigen Normbefehl gibt oder anders formuliert, die gesetzliche Pflicht nicht auf mehreren Wegen erreicht werden kann[404]. Mangelt es an diesem, kann ein Verhalten auch schlechterdings nicht als gesetzeswidrig bezeichnet werden. Insoweit trifft die Gesetzesbegründung genau genommen keinerlei Aussage zur Vorgehensweise bei unsicherer Rechtslage. Letztlich erscheinen auch vergleichende Betrachtungen ins Straf- oder Verwaltungsrecht hinsichtlich der Wahl der Verortung nur bedingt tauglich. Denn zunächst ist die Verortung eines rechtlichen Irrtums auf der Schuldebene allein auf die gesetzliche Regelung des § 17 StGB in seiner Einführung aus dem Jahre 1975 zurück zu führen[405] und führt auch dort zu dem gezeigten Problem, wie eine im Zeitpunkt der Tatbegehung unklare Vorschrift ein taugliches Verbot darstellen kann, über das der Betroffene dann irren soll[406]. Ob der Gesetzgeber heute Rechtsirrtümer immer noch allein auf der Verschuldensebene regeln würde, ist daher keinesfalls sicher. Jedenfalls fehlt es im Zivilrecht an einer solchen ausdrücklichen dogmatischen Verortung, sodass der Problematik auch anders begegnet werden kann und sollte. Weiterhin unterliegen, soweit auf das Verwaltungsrecht verwiesen wird, Entscheidungsträger in der Verwaltung nicht demselben Zeit- und Kostendruck wie ein Vorstand in einer AG, was in den Anforderungen an die Entscheidungsvorbereitung nicht unberücksichtigt bleiben darf[407]. Zudem fehlt es, anders als im Straf- oder Verwaltungsrecht, wo im Falle einer Entschuldigung niemand haftet, also zur Verantwortung gezogen wird und die Anforderungen an einen solchen entschuldigenden Irrtum dementsprechend hoch sind, im Fall eines Rechtsverstoßes des Unternehmens nicht an einer haftenden Person. Denn diese liegt in Person der Gesellschaft ja vor[408], auch wenn gezeigt wurde, dass die nachträgliche Konkretisierung einer „Pflicht" auch im Strafrecht Bedenken auslöst.

Die hier gegenständliche Frage ist, ob diese (Außen-) Haftung der Gesellschaft, bei fehlender Vorhersehbarkeit späterer gerichtlicher Entscheidungen oder behördlicher Anwendungen, zugleich eine Pflichtwidrigkeit des Vorstands im Innenverhältnis

---

402 Begr.RegE UMAG, BT-Drucks. 15/5092, S. 11.

403 Vgl. entsprechende Ausführungen unter E.II.2)b)dd).

404 *Bachmann*, Reform der Organhaftung, S. E 44; *Kiefner/Krämer*, AG 2012, 498 (499).

405 Vgl. *Joecks*, MünchKommStGB, § 17, Rn. 1 und 3; *Neumann*, NK-StGB, § 17, Rn. 1.

406 Vgl. nochmals: *Neumann*, NK-StGB, § 17, Rn. 51 f.; ausführliche Erwägungen bei E.II.2) b) ee).

407 *Spindler*, MünchKommAktG, § 93, Rn. 76; ähnlich *Berger*, Vorstandshaftung und Beratung, S. 83 f., 91, die ebenfalls auf die Besonderheit der Komplexität des Entscheidungsumfeldes von Organmitgliedern hinweist.

408 Vgl. entsprechende Ausführungen unter E.II.1)b), zur Außenhaftung der Gesellschaft als wesentliche Voraussetzung einer Legalitätspflichtverletzung.

darstellt[409]. Diese Frage muss dementsprechend auch zuerst auf der Ebene der Pflichtwidrigkeit beantwortet werden. Erst wenn dies zweifelsfrei geschehen und bejaht worden ist, dürfen Erwägungen eines gegebenenfalls fehlenden Verschuldens eingebracht werden. Eine vorschnelle Verortung auf der Verschuldensebene ist deshalb nicht angezeigt[410]. Eine Pflichtwidrigkeit bedarf nämlich zu aller erst der Feststellung einer Pflicht, an der es, wie bereits gezeigt fehlt, wenn der Normbefehl eine Pflicht eben nicht eindeutig erkennen lässt. Anderenfalls käme es zu einer Pflichtenkonstruktion, rechtliche Entwicklungen vorher zu sehen, was schlicht unmöglich ist.

Eine solche Sichtweise scheint auch der Gesetzgeber nicht zu vertreten. Vielmehr lässt sich in seiner Begründung zur Business Judgment Rule und der Intention, eine Verrechtlichung der wirtschaftlichen Tätigkeit in Form der Eingehung wohl kalkulierter Risiken zu vermeiden und dafür allein deren genügende Vorbereitung sicherzustellen[411], eine für die Behandlung von Prognosen gewichtige Unterscheidung ausmachen. So wird dort bei Prognosen, also unsicheren Einschätzungen zukünftiger Entwicklungen, zwischen einer sorgfältigen Bestandsaufnahme, also maßgeblich der Informationspflicht zum status quo und der sich erst hierauf stützenden, zukunftsgerichteten Einschätzung unterschieden und nur erstere für gerichtlich voll überprüfbar erklärt, soweit die hierauf folgende Entscheidung nicht bar jeder Nachvollziehbarkeit ist. Hieraus folgt, dass auch nach Ansicht des Gesetzgebers Prognosen in Form zukunftsgerichteter Einschätzungen und Entscheidungen im Kern nicht justiziabel sind, was deren Verrechtlichung ausschließt[412]. Denn so wenig ein Vorstand oder Geschäftsführer die künftige Marktentwicklung oder den Absatz eines speziellen Produkts präzise und verlässlich vorhersehen kann, so wenig ist es ihm oder einem Juristen möglich, das Ergebnis einer späteren Rechtsentwicklung oder einer Auslegung durch ein Gericht oder eine Behörde vorherzusehen. Insofern kann auch der Legalitätspflicht hinsichtlich der Behandlung unsicherer Rechtslagen hinsichtlich deren prognostischen Elements, der das selbe Maß an Unsicherheit zugrunde liegt[413], nur ex-ante genügt werden[414]. Daraus folgt, dass die Vorbereitung sowie die Art und Weise der Findung des später vertretenen rechtlichen Standpunkts im status quo, nicht aber das gefundene Ergebnis, heißt der letztlich gewählte Rechtsstandpunkt, Ansatzpunkt der Pflichtwidrigkeit sein können.

---

409 *Thole*, ZHR 173 (2009), 504 (508, 515), mit dem Hinweis, dass eine vollständige Synchronisierung der Außenhaftung der Gesellschaft mit der Innenhaftung des Vorstands, die Gesellschaft lediglich zum „Durchlauferhitzer" mache und ihre Eigenständigkeit leugne.

410 Ebenso: *Kiefner/Krämer*, AG 2012, 498 (499), sonst komme es zu einer „Überspannung des Pflichtenhefts des Geschäftsleiters".

411 Begr.RegE UMAG – BT-Drucks. 15/5092 S. 11; BGH, Urteil vom 21.04.1997 – II ZR 175/95, „ARAG/Garmenbeck", Rn. 22 f., juris.de.

412 *Hüffer*, AktG, § 87, Rn. 5, die Verrechtlichung der „richtigen" unternehmerischen Entscheidungen müsse fehlschlagen, weil sie immer fehlgeschlagen ist.

413 Im Ergebnis auch: *Spindler*, MünchKommAktG, § 93, Rn. 75 und 83.

414 Vgl. *Buck-Heeb*, BB 2013, 2247 (2253); *Kiefner/Krämer*, AG 2012, 498 (500).

Somit intendiert eine Rechtsverletzung im Außenverhältnis zwar eine (Legalitäts-) Pflichtverletzung im Innenverhältnis; es ginge aber dennoch zu weit, würde man hier stets einen Gleichlauf zwischen beiden annehmen, wenn die Pflichtverletzung unvermeidbar ist[415].

Dennoch ist zu zeigen, dass dieses Verständnis jedenfalls nicht mittels einer direkten oder analogen Anwendung der Business Judgment Rule umzusetzen ist. Denn die Mitglieder des Vertretungsorgans schulden wie gezeigt sowohl im inneren als auch im äußeren Bereich der Legalitätspflicht das geltende Recht zu beachten, also gesetzestreues Verhalten. Die Business Judgment Rule intendiert hingegen den Schutz unternehmerisch abwägender Zweckmäßigkeits- und Prognoseentscheidungen innerhalb der geltenden Rechtslage und entzieht allein diese einer richterlichen Kontrolle, um zu verhindern, dass sich der Richter als der bessere Unternehmer geriert[416]. Diesem fehlt hierzu nämlich einerseits meist die wirtschaftliche Kompetenz, zumal es andererseits im Rahmen des zulässigen Korridors unternehmerischer Entscheidungen keine „falschen" Entscheidungen geben kann, die Kategorien richtig oder falsch mithin nicht greifen.

Hiervon abweichend stellt sich die Situation bei der Findung der Rechtslage dar[417]. Dabei geriert sich der Richter eben nicht fachfremd, wenn er eine rechtliche Beurteilung im Nachgang einer kritischen Würdigung unterzieht. Es geht nämlich nicht darum, allein wegen einer unsicheren Rechtslage einen Haftungsfreiraum zu schaffen, innerhalb dessen der Vorstand jede beliebige Entscheidung treffen darf, solange sie den Bogen unternehmerischer Entscheidungen in nicht unverantwortlicher Weise überspannt[418]. Entgegen der Intention der Business Judgment Rule einer allzu risikoaversen Haltung bei unternehmerischen Entscheidungen entgegenzuwirken, um andersformuliert auch risikofreudiges Verhalten zu bedingen und das Suchen von (rechtlich zulässigen) Chancen zu fördern, muss es im Falle einer unsicheren Rechtslage zuallererst darum gehen, eine mögliche spätere Präzisierung der bisher noch unsicheren Rechtslage abzuschätzen und nicht – zugespitzt formuliert – eine risikofreudige Rechtsauslegung zu schützen. Hier ist es gerade nicht in einem größeren volkswirtschaftlichem Zusammenhang anerkannt, dass vereinzeltes Scheitern aufgrund einer Risikogeneigtheit einen größeren volkswirtschaftlichen

415 *Berger*, Vorstandshaftung und Beratung, S. 85 f.; *Dreher*, FS Konzen, 85 (94).

416 Vgl. hierzu die ausführlichen Erläuterungen bei E.I.1) und 2).

417 So im Ergebnis: *Spindler*, MüKo, § 93, Rn. 75.; *Fleischer*, ZIP 2005, 141 (149), der im Grundsatz zwar ein Geschäftsleiterermessen ablehnt, bei unklarer Rechtslage jedoch gleichfalls für einen weiten Handlungsspielraum des Vorstands plädiert.

418 So auch: *Thole*, ZHR 173 (2009), 504 (522), auch wenn er hierin gerade ein Argument für eine analoge Anwendung der Business Judgment Rule sehen will; aA: *Fleischer*, ZIP 2005, 141 (149); vgl. auch *Dauner-Lieb*, Der Konzern 2009, 583 (592), wonach es recht kühn sei, „die Unwägbarkeiten der höchstrichterlichen Rechtsprechung qualitativ auf eine Stufe mit den Unsicherheiten der Entwicklung der Märkte und Wirtschaftssysteme zu stellen", wenngleich sie für eine dann analoge Anwendung der Business Judgement Rule plädiert (593).

Nutzen mit sich bringt. Denn der Vorstand wird hier gerade nicht (alleinig) im risikobewussten Rentabilitätsinteresse der Anteilseigner tätig, sondern vielmehr weil der Gesetzgeber ihn „in die Pflicht nimmt“[419]. Dies kann in der Folge dann auch bedeuten, im Zweifel einen eher konservativeren Standpunkt einzunehmen[420]. Das Ziel ist hier nicht die Renditeerwirtschaftung zum Preis eines vertretbaren Risikos, sondern die möglichst genaue Befolgung der gesetzgeberischen Verhaltensanweisung[421].

Weiterhin hat der Gesetzgeber eindeutig nur den unternehmerischen Entscheidungen den Haftungsfreiraum der Business Judgment Rule zugesprochen[422]. Dieser ausdrücklichen Entscheidung liefe es zuwider, wenn man diesen Haftungsfreiraum nun analog auch auf die Beurteilung unsicherer Rechtslagen anwandte, womit es zumindest an der Planwidrigkeit einer hierfür notwendigen Regelungslücke fehlen dürfte[423]. Folglich werden auch solche Entscheidungen nicht von der Business Judgment Rule erfasst, bei denen die Auslegung des Rechts noch fehlt oder weiterhin streitig und ungeklärt ist[424].

Ein Seitenblick auf die Haftungssituation von Ärzten und Anwälten zeigt, dass diese ebenfalls ohne „sicheren Hafen“ unter Zeitdruck und Unsicherheit rechtmäßig zu handeln haben. Auch hier stellt eine spätere gerichtliche Überprüfung der Recht- und Pflichtgemäßheit den Entscheidungsträger nicht vor unbillige Härten, sondern es kann der Umstand, aufgrund einer Analyse des status quo eine naturgemäß unsichere Prognose für die Zukunft zu stellen, vielmehr ausreichend berücksichtigt werden[425]. Gerichte verstanden und verstehen es, zwischen der ordnungsgemäßen Entscheidungsvorbereitung und der Auswahl einer vertretbaren Entscheidung für

---

419 *Holle*, AG 2012, 778 (782), wonach Anteilseigner zur Renditeerzielung die Eingehung von Risiken fordern, der Gesetzgeber hingegen die klare Befolgung seiner Verhaltensvorgaben erwartet.

420 *Schneider*, DB 2011, 99 (100), im Zweifel gilt daher „der Grundsatz des sichersten Weges“; ebenso, wenngleich im Ergebnis für eine analoge Anwendung der Business Judgment Rule: *Wiesner*, Münch. Hdb. AG, § 25, Rn. 30.

421 *Nietsch*, ZGR 2015, 631 (642 f.); *Holle*, AG 2012, 778 (782 f.); Vgl. auch: *Fleischer*, MünchKommGmbHG, § 43, Rn. 38 f., der es hier jedoch offen lässt, ob die Pflichtgemäßheit der Entscheidungsfindung, einer gerichtlichen Überprüfung zugänglich oder der Busisness Jdugment Rule gleich entzogen ist.

422 Vgl. Begr.RegE UMAG, BT-Drucks. 15/5092, S. 11: „Die Vorschrift soll den Bereich unternehmerischen Handlungsspielraums ausgrenzen aus dem Tatbestand der Sorgfaltspflichten aus Satz 1“.

423 Im Ergebnis auch: *Berger*, Vorstandshaftung und Beratung, S. 333; *Spindler*, AG 2013, 889 (893); *Koch*, AG 2012, 429 (430, 438), der die Business Judgment Rule dafür umso offener für spätere Regressbegrenzungen auslegen will, als deren „teleologische Fortsetzung“.

424 *Dreher*, FS Konzen, 85 (95 f.).

425 Vgl. *Arnold*, Die Steuerung des Vorstandshandelns, S. 175; *Falkenhausen*, NZG 2012, 644 (648), der ohnehin mit Nachdruck anzweifelt, dass die Business Judgment Rule tatsächlich einen Haftungsfreiraum bietet.

das weitere Vorgehen zu differenzieren, also die Art der Entscheidungsfindung und nicht allein deren Ergebnis zu bewerten.

Daher erscheint es geboten, Gerichten die Überprüfung der Rechtmäßigkeit der Entscheidungsvorbereitung sowie der Auswahl einer vertretbaren Auslegungsvariante vollumfänglich zuzugestehen, eine Beschränkung ihres Prüfungsumfangs mithin nur dort vorzunehmen, wo sie an ihre Grenzen stößt. Genau wie bei gebundenen Entscheidungen[426], müssen daher auch diejenigen zur Beurteilung einer unsicheren Rechtslage vollauf von der Rechtsprechung überprüfbar sein[427]. Eine ähnliche Wertung vertrat der BGH auch in der ARAG/Garmenbeck Entscheidung, nach der im sog. Erkenntnisbereich, anders als im hierauf aufbauenden Handlungsbereich, kein autonomer unternehmerischer Ermessensspielraum bestehen dürfe, sondern lediglich ein begrenzter Beurteilungsspielraum, der im Nachgang auch vollauf gerichtlich überprüfbar sein soll[428]. So lässt sich die Entscheidungsvorbereitung der Findung eines geeigneten Rechtsstandpunkt als eine Art Teil der Informationspflicht und somit als Teil des Erkenntnisbereichs verstehen, nämlich (auch) über die geltende Rechtslage umfassend informiert zu sein und auf dieser Rechtsgrundlage eine Entscheidung zu treffen[429], auch wenn hierbei der prognostische Aspekt der Bewertung einer unsicheren Rechtslage eben keine Information darstellt und von dieser scharf zu trennen ist. Infolgedessen kann die Business Judgment Rule im Falle der Legalitätspflicht keine Anwendung finden und dementsprechend auch keinen „sicheren Hafen" bieten[430]. Sie ist daher von ihr zu trennen. Eine direkte oder analoge Anwendung auf Legalitätspflichtverletzungen muss daher ausscheiden[431]. Dasselbe gilt letztlich auch für die neuere (teils rechtspolitische) Forderung im Schrifttum nach einer sog. Legal Judgment Rule[432], die mangels bisheriger gesetzlicher Grundlage für die Handhabung offener oder ungewisser Rechtslagen auf die Wertungen der Business Judgment Rule nach § 93 Abs. 1 S. 2 AktG analog zurückgreift[433].

---

426 *Bayer*, FS Schmidt 2009, 85 (91); *Krieger*, Handbuch Managerhaftung, § 3, Rn. 9.

427 Im Ergebnis auch: *Paefgen*, AG 2014, 554 (560 und 565); *Langenbucher*, ZBB 2013, 16 (22); *Holle*, AG 2012, 778 (784), nur so lässt sich ermitteln, ob der gesetzgeberischen Zielvorstellung (vertretbar) bestmöglich entsprochen wurde.

428 BGH, Urteil vom: 21.04.1997 – II ZR 175/95, Rn. 23, juris.de; ebenso: *Reichert/Ott*, ZIP 2009, 2173 (2177).

429 So *Binder*, AG 2008, 274 (279); vgl. auch E.I.3).

430 Wenngleich auch für eine Verortung auf der Verschuldensebene plädierend: *Wagner*, BB 2012, 651 (653), mit Verweis auf Begr. RegE zum UMAG; ebenso: *Schwarz*, BB 2012, 136 (142); *Herrmann/Olufs/Barth*, BB 2012, 1935 (1936); *Schneider*, DB 2011, 99 (100); *Hemeling*, ZHR 175 (2011), 368 (385); *Kort*, FS Hopt 2010, 983 (991), Anwendbarkeit lediglich bei Frage der Umsetzung der Rechtskonformität.

431 Im Ergebnis ebenso: *Hemeling*, ZHR 175 (2011), 368 (385); *Schneider*, DB 2011, 99 (100).

432 Vgl. nur *Buck-Heeb*, BB 2013, 2247 (2252 f), mwN.

433 Im Ergebnis ebenso: *Berger*, Vorstandshaftung und Beratung, S. 342; *Nietsch*, ZGR 2015, 631 (655 f.); *Paefgen*, AG 2014, 554 (559 f.), der hingegen zustimmungswürdig

Letztlich folgt aus einer fehlenden Anwendbarkeit der Business Judgment Rule ja keineswegs automatisch die Pflichtwidrigkeit des Vorstandshandelns[434]. Dieser schuldet weiterhin die Pflicht eines ordentlichen und gewissenhaften Geschäftsleiters aus § 93 Abs. 1 S. 1 AktG[435]. Auch hier muss der Vorstand seine Entscheidung sorgfältig prüfen und vorbereiten, um dann zu einem vertretbaren Ergebnis zu kommen, eine Erfolgshaftung findet wie oben bereits gezeigt (auch hier) nicht statt[436]. Folglich kann sich die Pflichtgemäßheit seines Handelns nur danach bemessen, was für ihn auch tatsächlich erkennbar ist, womit er nicht für das Ergebnis, sondern lediglich für einen sorgfältigen Entscheidungsprozess haftet[437]. Hier wird ausweislich der Sorgfaltspflichten eines ordentlichen und gewissenhaften Geschäftsleiters gemäß § 93 Abs. 1 S. 1 AktG allein zu fordern sein, die für ihn unklare Rechtslage sorgfältig zu prüfen und mit Bedacht diejenige der verschiedenen vertretbaren – mithin nicht jede beliebige – Auffassungen unter Abwägung der gegebenenfalls hieraus resultierenden Nachteile für das Unternehmen auszuwählen, die sich für das Unternehmen am positivsten auswirken wird[438]. Dabei sollte auf eine sorgsame Dokumentation der Abwägung einzelner Rechtsstandpunkte, je nach Gewicht der rechtlichen Problematik, geachtet werden. Ist er dem nachgekommen, kann ihm aus Pflichtwidrigkeitssicht kein Vorwurf gemacht werden[439].

---

dafür plädiert, die Grundsätze des im Besonderen Teil näher beleuchten ISION-Urteils als eine Art Legal Judgment Rule zu bezeichnen.

434 *Paefgen*, AG 2014, 554 (564); *Habersack*, FS Schneider 2011, 429 (437).

435 So auch: *Bicker*, AG 2014, 8 (10).

436 *Falkenhausen*, NZG 2012, 644 (649).

437 *Paefgen*, AG 2014, 554 (565); *Falkenhausen*, NZG 2012, 644 (649).

438 *Spindler*, MünchKommAktG, § 93, Rn. 83; *Mertens/Cahn*, KölnKommAktG, § 93, Rn. 75, ohne Ausführung, ob dies auf eine (ggfs. analoge) Anwendung des § 93 Abs. 1 S. 2 AktG gestützt wird; so wohl auch: *Hopt/Roth*, GroßkommAktG, § 93, Rn. 75, dies gelte unabhängig davon, ob man den Ermessensspielraum in § 93 Abs. 1 S. 1 AktG oder in § 93 Abs. 1 S. 2 AktG und somit in der Business Judgment Rule verorte, Rn. 77; ebenso: *Hölters*, Hölters-AktG, § 93, Rn. 76; *Fleischer*, Spindler/Stilz AktG, § 93, Rn. 30 ff.; *Berger*, Vorstandshaftung und Beratung, S. 350, 357 f.; *Buck-Heeb*, BB 2013, 2247 (2255 f.); *Habersack*, FS Schneider 2011, 429 (437); *Bicker*, AG 2014, 8 (10); *Schneider*, DB 2011, 99 (101); *Thole*, ZHR 173 (2009), 504 (523); *Zimmermann*, WM 2008, 433 (435); die Anforderung, nicht nur eine vertretbare, sondern die „optimale" – heißt am besten zu vertretende – Auslegung einer Rechtsnorm zu wählen, *Langenbucher*, ZBB 2013, 16 (21 f.), dürfte jedenfalls außerhalb regulierter Branchen hingegen die Legalitätspflicht überspannen; ebenso für die GmbH: *Schneider*, Scholz-GmbHG, § 43, Rn. 79.

439 Spindler, MünchKommAktG, § 93, Rn. 83, der jedoch nicht klar erkennen lässt, ob die Zuerkennung eines Entscheidungsspielraums der gerichtlichen Kontrolle unterliegen und somit ein Fall der (ggfs. analogen) Anwendung der Business Judgment Rule sein soll; ebenso: Vgl. *Fleischer*, MünchKommGmbHG, § 43, Rn. 39; *Krieger*, ZGR 2012, 496 (502).

c) *Hinwegsetzung über bestehende Rechtslage im Ausnahmefall*

Darüber hinaus kann im Einzelfall sogar eine Hinwegsetzung über Rechtsbestimmungen pflichtgemäß sein, um eine behördliche Praxis oder instanzgerichtliche Rechtsprechung anzugreifen und einer höhergerichtlichen Überprüfung zuzuführen[440]. Alles andere würde einen Stillstand des Rechts bedeuten, der dessen grundsätzlicher Dynamik und notwendigen, fortwährenden Weiterentwicklung unvereinbar gegenüberstünde[441]. Je mehr die Rechtsprechung jedoch als gefestigt gilt, desto gewichtiger müssen die Gründe für eine Hinwegsetzung sein, beziehungsweise desto mehr muss erkennbar sein, dass die Rechtsprechung überholungsbedürftig und eine entsprechende Änderungsbereitschaft vorhanden ist[442]. Hierfür bedürfte es ersichtlicher Weise eines entsprechend hohen Sorgfalts- und Argumentationsaufwandes, beispielsweise durch das Vorbringen europa- oder verfassungsrechtlicher Bedenken[443]. Denn im Regelfall fehlt es an einer Vertretbarkeit, wenn damit gerechnet werden musste, dass Gerichte das jeweilige Verhalten als unzulässig bewerten werden[444].

4) Spezialproblem der kollidierenden Legalitätspflichten

Ein Spezialproblem stellt die bisher ebenso wenig einer einheitlichen Lösung zugeführte Frage dar, wie auf die Kollision zweier gegenläufiger Legalitätspflichten zu reagieren ist[445]. Hierbei handelt es sich um die Fallgestaltung, dass ein Vorstand, der zwei kollidierenden Pflichten, also zweierlei gesetzlichen Anordnungen, die wegen ihrer Gegenläufigkeit nicht beide befolgt werden können, ausgesetzt ist, letztlich nur eine hiervon befolgen kann und die andere daher missachten muss. Als Beispiel ließe sich hierzu anführen, dass wenn der Vorstand einer AG, der von einer Übernahme seines Unternehmens Kenntnis hat und diese daher gemäß § 33 Abs. 1

---

440 *Spindler*, MünchKommAktG, § 93, Rn. 85; *Hopt/Roth*, GroßkommAktG, § 93, Rn. 138; *Hölters*, Hölters-AktG, § 93, Rn. 76; *Fleischer*, Spindler/Stilz AktG, § 93, Rn. 30; *Zöllner/Noack*, Baumbach/Hueck GmbHG, § 43, Rn. 23c; *Fleischer*, MünchKommGmbHG, § 43, Rn. 38; *Berger*, Vorstandshaftung und Beratung, S. 359; *Fleischer*, ZIP 2009, 141 (150); *Krause*, BB Special 2007, Heft 8, 2 (6).

441 So auch: *Hopt/Roth*, GroßkommAktG, § 93, Rn. 138, der eine zu enge Pflichtenbindung an die bestehende Rechtsprechung geradezu als „systemschädlich" beschreibt.

442 *Fleischer*, Spindler/Stilz AktG, § 93, Rn. 31; *Buck-Heeb*, BB 2013, 2247 (2256); für das Kartellrecht: *Dreher*, FS Konzen, 85 (93); ebenso für die GmbH: *Schneider*, Scholz-GmbHG, § 43, Rn. 79.

443 *Spindler*, MünchKommAktG, § 93, Rn. 86, mit Beispielen.

444 BGH, Beschluss vom 12.01.2013 – II ZR 44/12, Rn. 12, juris.de; *Fleischer*, Spindler/Stilz AktG, § 93, Rn. 31.

445 Vgl. hierzu instruktiv mit dem Versuch einer einheitlichen Lösung: *Poelzig/Thole*, ZGR 2010, S. 836 ff.; *Hopt/Roth*, GroßkommAktG, § 93, Rn. 135; *Hölters*, Hölters-AktG, § 93, 78 f.

WpÜG grundsätzlich nicht vereiteln darf, Kenntnis davon erlangt, dass der Übernehmer mit dem Unternehmen eine dauerhaft rechtswidrige Tätigkeit ausüben oder es rechtswidrig ausbeuten will[446]. Mit dem Forschungsschwerpunkt der Findung beziehungsweise der Behandlung von Fehlbewertungen der Rechtslage, soll eine Erörterung hier nur kurz und überblickartig erfolgen. Einigkeit besteht in diesem Punkt bei den vertretenen Auffassung allein dahingehend, dass eine Haftung wegen einer Legalitätspflichtverletzung nicht stattfinden soll, sei es unter Berufung auf eine rechtfertigenden Pflichtenkollision oder einer Art aktienrechtlichem Notstand[447].

Überzeugend präsentiert sich der – auch durch höchstrichterliche Rechtsprechung flankierte – Grundsatz, dass zumindest im Falle einer strafbewährten Handlung des Vorstands, die gesellschaftsinterne Pflichtenbindung hinter den Normbefehl des StGB zurücktritt, sodass ein Vorstand sich zur Wahrung seiner Pflichten als ordentlicher und gewissenhafter Geschäftsleiter nicht dem Risiko einer Strafverfolgung aussetzen muss[448]. So sollen die § 34 StGB und § 904 BGB über § 71 Abs. 1 Nr. 1 AktG auch für die Organtätigkeit gelten und der strafrechtlichen Vorschrift den Vorrang einräumen[449].

Ungleich komplexer wird die Problematik dann, wenn sich andere Pflichten gegenüberstehen. Den überzeugenden Versuch einer dogmatischen Absicherung liefern *Poelzig/Thole* und stützen diesen auf vergleichende Betrachtungen in andere Rechtsgebiete, insbesondere dem Strafrecht. So sei zuerst entscheidend festzustellen, ob nicht möglicherweise die eine Pflicht die andere deutlich überwiege(sog. Prinzip des überwiegenden Interesses)[450]. Dies sei regelmäßig dann der Fall, wenn externe Pflichten (bspw. das Umweltrecht), interne Pflichten überlagerten, da in diesem Falle der Gesetzgeber die hieraus für die Unternehmen entstehenden Nachteile gesehen und zugunsten des Allgemeinwohls bewusst in Kauf genommen habe[451]. Im seltenen Fall, dass sich wirklich zwei gleichwertige Pflichten gegenüberständen, könne

446 *Spindler*, MünchKommAktG, § 93, Rn. 89; kritsch: *Hopt/Roth*, GroßkommAktG, § 93, Rn. 16, die Regelung für verfehlt und nicht verallgemeinerungsfähig halten.

447 *Spindler*, MünchKommAktG, § 93, Rn. 90; *Hopt/Roth*, GroßkommAktG, § 93, Rn. 135; *Hölters*, Hölters-AktG, § 93, Rn. 78; *Bicker*, AG 2014, 8 (12); für die GmbH: *Fleischer*, MünchKommGmbHG, § 43, Rn. 41.

448 Zum Beispiel der Kollision der Massesicherungspflicht nach Stellung des Insolvenzantrags aus § 92 Abs. 2 S. 1 AktG a.F. und dem Verbot der Nichtabführung von Sozialbeiträgen in § 266a StGB, BGH, Urteil vom 14.05.2007– II ZR 48/06, Rz 12, juris.de.

449 *Spindler*, MünchKommAktG, § 93, Rn. 89.

450 *Poelzig/Thole*, ZGR 2010, 836 (855 ff.); ähnlich: *Fleischer*, Spindler/Stilz AktG, § 93, Rn. 34; mit der diesbezüglichen Handhabung im Strafrecht: *Lencker/Sternberg-Lieben*, Schönke/Schröder, vor § 32, Rn. 73; *Paeffgen*, NK-StGB, vor § 32, Rn. 173; *Schlehofer*, MünchKommStGB, vor § 32, Rn. 208; *Fischer*, BKK-StGB, vor § 32, Rn. 11.

451 *Hölters*, Hölters-AktG, § 93, Rn. 79; *Fleischer*, Spindler/Stilz AktG, § 93, Rn. 34; *Poelzig/Thole*, ZGR 2010, 836 (861); wohl auch: *Hopt/Roth*, GroßkommAktG, § 93, Rn. 135; dasselbe gilt für die GmbH: *Fleischer*, MünchKommGmbH, § 43, Rn. 41.

dem Vorstand wegen der Unmöglichkeit der parallelen Befolgung beider Pflichten, kein Vorwurf der Pflichtwidrigkeit gemacht werden, solange er einer der beiden nachkomme (sog. Prinzip der Unmöglichkeit)[452]. Auch hier bietet sich wieder eine Parallelwertung zum Strafrecht und der dort geltenden rechtfertigenden Pflichtenkollision an, wonach dem Adressat schlicht nicht mehr zugemutet werden kann, als was er zu tun menschlich in der Lage ist; namentlich einer der beiden Pflichten nachzukommen und die andere außer Acht zu lassen[453]. Freilich hat hier eine tiefgehende Prüfung und Abwägung vorauszugehen, die dem Betroffenen zwar einen gewissen Entscheidungsraum offenlässt[454], aber als absolute Ausnahmesituation keinesfalls als ein Freibrief zur Hinwegsetzung über gegebenenfalls unliebsame Rechtspflichten missverstanden werden darf[455]. Im Rahmen dieser Abwägung darf auch die Größe des Unternehmens keine Rolle spielen, da sonst dem kleinen verwährt würde, was dem Größeren erlaubt wäre[456].

5) Das Ressortprinzip und die Arbeitsdelegation im Rahmen der Legalitätspflicht

In der Regel besteht der Vorstand einer AG aus mehreren Personen. Es fragt sich daher, ob hier im Sinne der Legalitätspflicht ein jeder für alles gleich verantwortlich, oder aber ob nicht möglichweise zu differenzieren ist.

Grundsätzlich gilt für die Unternehmensleitung das Prinzip der sog. Gesamtverantwortlichkeit, wonach alle Vorstandsmitglieder nur gemeinschaftlich zur Geschäftsführung befugt sind und dementsprechend auch dieselben (Überwachungs-) Pflichten haben[457]. In der Praxis kommt es hingegen, wie auch von Ziffer 4.2.1. des DCGK empfohlen und durch § 77 Abs. 1 S. 2 AktG zugelassen, häufig zu einer aufgabenbezogenen Aufteilung der Geschäftsführungszuständigkeiten innerhalb des Vorstands, sog. horizontale Delegation[458]. Sie ist der praktischen Notwendigkeit geschuldet, dass ein jedes Vorstandsmitglied aufgrund seiner begrenzten Kapazitäten nicht jede Aufgabe wahrnehmen kann und es infolgedessen sachgerechter ist, diese

---

452 *Poelzig/Thole*, ZGR 2010, 836 (863 ff.).

453 *Lencker/Sternberg-Lieben*, Schönke/Schröder, vor § 32, Rn. 74; *Paeffgen*, NK-StGB, vor § 32, Rn. 174; *Schlehofer*, MünchKommStGB, vor § 32, Rn. 208; *Fischer*, BKK-StGB, vor § 32, Rn. 11a.

454 So für das Strafrecht: *Schlehofer*, MünchKommStGB, vor § 32, Rn. 218.

455 *Spindler*, MünchKommAktG, § 93, Rn. 90; *Hölters*, Hölters-AktG, § 93, Rn. 79; *Wiesner*, Münch. Hdb. AG, § 25, Rn. 23; *Bicker*, AG 2014, 8 (13).

456 *Hölters*, Hölters-AktG, § 93, Rn. 79.

457 Anstatt vieler: *Windbichler*, Gesellschaftsrecht, § 27, Rn. 27 mwN, *Froesch*, DB 2009, 722 (723).

458 *Schmidt-Housson*, Corporate Compliance, § 7, Rn. 5; *Goette*, ZHR 175 (2011), 388 (394); *Paefgen*, Unternehmerische Entscheidungen, S. 20, eine Delegation der Gesamtverantwortung (Leitung) ist hingegen rechtswidrig.

Kapazitäten schwerpunktartig auf vordefinierte Aufgaben zu konzentrieren[459]. Eine solche Aufgabenzuteilung ist grundsätzlich auch im Rahmen der Legalitätspflicht zulässig, soweit es hierbei um die Überwachung derer Einhaltung im Unternehmen geht und nicht um die Einhaltung der Rechtsvorschriften durch die Vorstandsmitglieder selbst[460].

Durch eine Aufgabenzuweisung ändert sich nichts am Grundsatz der Gesamtverantwortung[461], welche sich allerdings dahingehend wandelt, dass die Geschäftsführungsverpflichtung primär beim ressortzuständigen Vorstandsmitglied liegt, wohingegen die anderen Mitglieder dessen Tätigkeit nur noch allgemein zu überwachen haben[462]. Dies bedeutet, dass eine vertiefte Prüfungspflicht oder gegebenenfalls ein Eingreifen in ein fremdes Ressort, vorliegend in das der Überwachung der Einhaltung der Rechtspflichten durch das Unternehmen, erst dann stattzufinden hat, wenn sich Anhaltspunkte ergeben, dass der jeweilige Ressortvorstand seine Aufgabe nicht mit der gebotenen Sorgfalt wahrnimmt[463]. Hierfür haben sie zur organinternen Selbstkontrolle ein Berichtssystem einzurichten, dessen Ausgestaltung weitestgehend frei ist, jedoch gewährleisten muss, dass ein jedes Organmitglied auf die wirtschaftlichen und finanziellen Daten der Gesellschaft zugreifen kann[464]. Neben die sog. Ressortverantwortung, also der vollständigen Leitungsverantwortung für das dem Vorstand zugewiesene Ressort, tritt somit eine sog. Restverantwortung für die Ressorts anderer Vorstände[465]. Aus dem Prinzip der kollegialen Zusammenarbeit folgt hierfür, dass ein Vorstandsmitglied seinen Kollegen die Wahrnehmung der Überwachung auch zu ermöglichen hat[466]. Von Bedeutung ist, dass eine Delegation klar und eindeutig erfolgt und es durch eine überschneidungsfreie Zuweisung nicht zu Unklarheiten und Lücken hinsichtlich der Zuständigkeiten kommt[467]. Letztlich bedarf es einer förmlichen Legitimation einer solchen Zuständigkeitsverteilung durch Geschäftsordnung, Satzung oder

---

459 *Froesch*, DB 2009, 722 (723).
460 *Wiesner*, Münch. Hdb. AG, § 25, Rn. 35.
461 *Habersack*, FS Schneider 2011, 429 (431); *Krause*, BB 2009, 1370 (1372).
462 *Wiesner*, Münch. Hdb. AG, § 25, Rn. 35; *Krieger*, Handbuch Managerhaftung, § 3, Rn. 9.
463 *Hemeling*, ZHR 175 (2011), 368 (377); *Goette*, ZHR 175 (2011), 388 (395); *Armbrüster*, KSzW 2013, 10 (12 f.), Ressortgrenzen werden unbeachtlicher, je mehr Anlass für konkrete Übermachungsmaßnahmen besteht.
464 *Schmidt-Housson*, Corporate Compliance, § 7, Rn. 24.
465 *Kort*, FS Hopt 2010, 983 (987 f.); *Armbrüster*, KSzW 2013, 10 (12), wonach Treuepflicht einem Organmitglied gebieten kann, ein Fehlverhalten gegenüber den anderen überwachenden Mitgliedern offenzulegen.
466 *Raiser/Veil*, Das Recht der Kapitalgesellschaften, § 14, Rn. 83.
467 *Schmidt-Housson*, Corporate Compliane, § 7, Rn. 20, wonach die Notwendigkeit einer förmlichen Fixierung zwar strittig aber zurecht zu empfehlen ist, um im Nachgang eine (auch nötigenfalls gerichtliche) Nachvollziehbarkeit zu gewährleisten, mwN.

Hauptversammlungsbeschluss, was wiederum eine alleinige diesbezügliche Praxis verbietet[468].

Hierdurch wird sichergestellt, dass ein jeder Bereich des Unternehmens besser und effektiver geleitet, die Verantwortlichkeit aber nicht einer einzigen Person aufgeladen wird. Die Ausgestaltung der Überwachungspflichten hinsichtlich Inhalt und Ausmaß ist einzelfallabhängig festzustellen, wobei überhöhte Anforderungen zu vermeiden sind, um die Möglichkeit der Geschäftsverteilung nicht nachträglich wieder zu unterminiren[469]. So bemisst sich auch die oben gezeigte Informationspflicht bei sauberer und überschneidungsfreier Aufgabenteilung des Vorstands zunächst ressortsabhängig[470]. Im Ergebnis folgt hieraus für etwaige Pflichtenverstöße, dass diese dann auch vordergründig bei den geschäftsführenden Vorstandsmitgliedern zu suchen sind, wohingegen den Rest eine vertiefte Prüfungspflicht und infolge dessen ein möglicher Pflichtenverstoß nur bei für diesen erkennbaren Anzeichen anhaften kann[471].

Des Weiteren ist es dem Vorstand mittels sog. vertikaler Delegation belassen, außerhalb nicht delegierbarer Aufgaben, Maßnahmen der Geschäftsführung auf niedere Entscheidungsebenen unterhalb des Vorstands zu delegieren, wenn er hierbei sicherstellt[472], dass er die Aufgaben mittels vorheriger Beschreibung und Begrenzung jederzeit überprüfen kann und somit für diese verantwortlich bleibt, sog. Residualpflichten[473]. Hierbei darf der Vorstand zunächst darauf vertrauen, dass der Delegatar die ihm zugewiesene Aufgabe pflichtgemäß erfüllt, muss also ohne erkennbare Anzeichen diesen nicht für pflichtvergessen halten und ihn auch nicht auf Schritt und Tritt überwachen[474]. Im Ergebnis hat das im Falle des ordnungsgemäß

---

468 *Armbrüster*, KSzW 2013, 10 (12), mwN, wonach auch ein Auswahlverschulden in Betracht kommt, wenn eine Person für die ihr übertragene Aufgabe nicht die fachliche Voraussetzung besitzt.

469 *Kort*, FS Hopt 2010, 983 (987); *Goette*, ZHR 175 (2011), 388 (396 f.).

470 *Hauschka*, GmbHR 2007, 11 (16).

471 *Lang/Balzer*, WM 2012, 1167 (1171); *Armbrüster*, KSzW 2013, 10 (12).

472 *Schmidt-Housson*, Corporate Compliance, § 7, Rn. 22 ff., wonach die Anforderungen an die Delegation entsprechend der Bedeutung der übertragenen Aufgaben steigen; *Schneider*, FS Hüffer, 905 (915).

473 *Bunting*, ZIP 2012, 1542 (1543); *Baums*, ZGR 2011, 218 (267 ff.); vgl. auch *Kort*, FS Hopt 2010, 983 (989), der insoweit von einer Pflichtentrias spricht, bestehend aus Auswahl-, Einweisungs- und Überwachungspflichten; gleichfalls: *Froesch*, DB 2009, 722 (725), der diese Pflichtentrias als Teil des Risikomanagements versteht; vgl. auch: *Wiedemann*, ZGR 2011, 184 (187 f.), zum sog. Grundsatz der Unveräußerlichkeit, nach dem das Amt des Vorstands als solches unübertragbar ist; *Meier-Greve*, BB 2009, 2555 (2556 f.).

474 *Schmidt-Housson*, Corporate Compliance, § 7, Rn. 11, bestehen jedoch Zweifel, hat er nachzuhaken und gegebenenfalls einzugreifen (Rn. 24); bedient er sich wegen derer Komplexität zur Überwachung nachgeordneter Mitarbeiter seinerseits eines Spezialisten, so hat er diesen nach den gleichen Grundsätzen zu überwachen, sog. Meta-Überwachung (Rn. 27ff.).

ausgewählten, eingewiesenen und überwachten Mitarbeiters zur Folge, dass dessen erstmaliges Fehlverhalten für den Vorstand regelmäßig ohne Konsequenzen bleibt, nicht aber der Wiederholungsfall[475]. Für die Informationspflicht bedeutet dies, dass er sich im Falle keiner erkennbaren Auffälligkeiten auf die Aussagen des Mitarbeiters verlassen darf und infolgedessen auch dann auf der Grundlage angemessener Informationen handelt, wenn dieser Informationen nicht weitergibt und er daher ohne die Informationen einen Entscheidung trifft[476]. Delegiert der Vorstand hingegen nicht delegierbare Pflichten, stellt dies eine Pflichtverletzung dar[477]. Zu diesen zählen im Besonderen die Gesamtverantwortung, Leitungsaufgaben von besonderer Bedeutung für die Gesellschaft und solche durch Gesetz ausdrücklich den Organen zugewiesenen Aufgaben, wie beispielsweise spezielle Meldepflichten gegenüber dem Handelsregister (bspw. § 36 Abs. 1 AktG) oder die Insolvenzantragspflicht gemäß § 15a Abs. 1 InsO[478]. Jedoch beschränken sich diese undelegierbaren Leitungsaufgaben – außerhalb von Krisen- und Ausnahmesituationen – im Tagesgeschäft auf die tatsächlichen strategischen und unternehmensstrukturierenden Entscheidungen, also nicht auf deren Vorbereitung oder einzelne umsetzende Maßnahmen[479].

Unabhängig der Art der Delegation ist auch hier wie stets zur späteren Nachvollziehbarkeit der getroffenen Maßnahme auf eine saubere Dokumentation der delegierten Aufgabe, der Auswahlkriterien sowie der Überwachung zu achten[480].

III. Die Rolle des Aufsichtsrates im Rahmen der Legalitätspflicht des Vorstands

Die Aufgaben des Aufsichtsrates richten sich primär nach § 111 AktG. Hier nach hat er, neben der Entscheidung über die Besetzung des Vorstandes nach § 84 AktG und der Festlegung einer angemessenen Vergütung nach Maßgabe des § 87 AktG[481], maßgeblich dessen Unternehmensleitung, also die hierin enthaltene Führungs- und Überwachungsaufgabe, nachträglich und auch präventiv beratend zu

---

475 *Hoffmann*, NJW 2012, 1393 (1396).

476 *Balthasar/Hamelmann*, WM 2010, 589 (592).

477 *Krause*, BB 2009, 1370 (1372) mwN.

478 *Schmidt-Husson*, Coporate Compliance, § 7, Rn. 14 ff., mit umfassender Darstellung nicht delegierbarer Pflichten.

479 Zurecht: *Schmidt-Housson*, Corporate Compliance, § 7, Rn. 18 f., so ist zwischen Geschäftsführungs- und Leitungsaufgabe zu differenzieren und Erstere kann trotz grundsätzlich zulässiger und erfolgter Delegation durchaus wieder zur „Chefsache" werden, wenn dies aufgrund besonderer Umstände wie beispielsweise einer Schadenshäufung geboten ist; gleichfalls: *Hemeling*, ZHR 173 (2005), 368 (380); vgl. ebenso: *Froesch*, DB 2009, 722 (724).

480 *Goette*, ZHR 175 (2011), 388 (397).

481 Zur Problematik der tatsächlichen wie rechtlichen Greifbarmachung dessen was „angemessen" ist, vgl. *Dauner-Lieb*, Der Konzern 2009, 583 (586 ff.).

kontrollieren[482]. Seine Prüfungspflicht beschränkt sich allein auf den Vorstand, nicht auf nachgeordnete Mitarbeiter, da diese wiederum vom Vorstand zu überwachen sind[483]. Dabei hat er nach Maßgabe des § 111 Abs. 2 S. 2 AktG weite Einsichts- und Prüfungsrechte und kann damit einzelne Aufsichtsratsmitglieder oder für bestimmte Aufgaben auch besondere Sachverständige beauftragen, § 111 Abs. 2 S. 2 AktG[484]. Untersuchungsgegenstand ist die Recht- und Zweckmäßigkeit der Geschäftsführung durch den Vorstand[485], die Sicherstellung eines angemessen Risikomanagements[486] sowie dessen Einrichtung und Organisation eines wirksamen Compliance-Systems[487], wobei auch der Aufsichtsrat seine Überwachungsmittel zweckmäßig einzusetzen hat, also im Normalfall auf die Richtigkeit und Vollständigkeit der Vorstandsberichte vertrauen darf und nur bei Auffälligkeiten vertieft prüfen muss[488]. Der Mindeststandard der Überwachungstätigkeit ergibt sich aus den unmittelbar aus dem Gesetz resultierenden Pflichten[489]. Insbesondere hat er gesetzeswidriges Verhalten des Vorstands zu verhindern, indem er entweder vorbeugend Zustimmungsvorbehalte[490] einführt oder nachträglich pflichtvergessenes Verhalten sanktioniert[491] . Wegen des Verweises von § 116 AktG auf § 93 AktG gilt die beim Vorstand aufgezeigte Pflichtenunterteilung hinsichtlich

---

482 Anstatt vieler: Windbichler, Gesellschaftsrecht, § 28, Rn. 32; *Bürgers/ Israel*, Bürgers/Körber, § 116, Rn. 4.

483 *Lutter/Krieger*, Rechte und Pflichten des Aufsichtsrats, § 13, Rn. 985; *Habersack*, AG 2014, 1 (5).

484 *Hoffmann-Becking*, ZGR 2011, 136 (137), wobei ein Berufen auf § 111 Abs. 2 S. 2 AktG nur in den Fällen nötig sei, in denen der externe Sachverständige selbst in der Gesellschaft zu prüfen haben, was bspw. bei der Beauftragung eines Anwalts mit der Ausarbeitung eines neuen Vorstandsvertrages nicht der Fall sei (S. 139).

485 *Lutter/Krieger*, Rechte und Pflichten des Aufsichtsrats, § 3, Rn. 71 ff.; *Lang/Balzer*, WM 2012, 1167 (1171).

486 *Scheffler*, BB 2014, 2859 ff.; zu den einzelnen Vorstandspflichten in Bezug auf die Abwägung von Risiken sowie die korrespondieren Prüfungs- und Überwachungspflichten des Aufsichtsrates, E. II.4) b), c).

487 *Habersack*, AG 2014, 1 (4), da wie unter E.II. bereits angezeigt, vorliegend allein die Handhabung von Legalitätspflichtverstößen den Schwerpunkt dieser Arbeit bilden soll, hat auch beim Aufsichtsrat die Thematisierung des Compliance-Systems außen vor zu bleiben; *Werner*, ZWH 2014, 449 (450).

488 *Krieger*, Handbuch Managerhaftung, § 3, Rn. 17 f.

489 *Hopt/Roth*, GroßkommAktG, § 116, Rn. 135, wozu unter anderem die einzelnen Vorstandsberichte, der Jahresabschluss, der Lagebericht sowie der Vorschlag zur Verwendung des Bilanzgewinns gehören, die von jedem Aufsichtsratsmitglied zu prüfen sind.

490 Zur Bedeutung von Zustimmungsvorbehalten vgl. insbesondere: *BGH*, Urteil vom 11.12.2006 – II ZR 243/05, Rn. 9 ff., juris.de, als maßgebliches Instrument des Aufsichtsrats um Maßnahmen zu verhindern, deren spätere Rückgängigmachung meist nicht möglich ist.

491 *Hopt/Roth*, GroßkommAktG, § 116, Rn. 144.

Legalitätspflicht und der Business Judgment Rule bei unternehmerischen Entscheidungen auch entsprechend für die Beurteilung der Überwachungstätigkeit durch den Aufsichtsrat[492]. In konsequenter Fortführung des oben Gesagten, hat er hinsichtlich der Rechtmäßigkeit seiner eigenen Handlungen und der des Vorstands grundsätzlich keinen Beurteilungsspielraum[493], hingegen sehr wohl bei unternehmerischen Entscheidungen[494]. Die Anforderungen an seinen Wissen- und Fähigkeitsstand richten sich, entsprechend[495] derer an den Vorstand, nach denen eines ordentlichen und gewissenhaften Überwachers und Beraters, sind also ebenso stets einzelfallabhängig festzustellen[496]. Grundvoraussetzung ist aber, dass er (mindest-) befähigt sein muss, das Geschäftsgebaren zu verstehen und die hierin auftretenden Probleme entsprechend beurteilen zu können, wobei ihnen hierfür entgegen der strengeren Handhabe beim Vorstand eine gewisse Einarbeitungszeit zuzubilligen ist[497]. Ansonsten trifft das Mitglied hinsichtlich der fehlenden Mindestfähigkeiten ein Übernahmeverschulden[498]. Dabei hat nicht ein jedes Aufsichtsratsmitglied über dieselben Fach- oder gar Spezialkenntnisse zu verfügen[499]. Vielmehr ist allein erforderlich, dass der Aufsichtsrat in seiner Gesamtheit zur

---

492 *Herrmann/Olufs/Barth*, BB 2012, 1935 (1941), mit dem Beispiel des unternehmerischen Charakters der Entscheidung über die Ausübung eines etwaigen Zustimmungsvorbehalts nach § 111 Abs. 4 S. 2 AktG; *Habersack*, MünchKommAktG, § 116, Rn. 39 ff., wenngleich die Business Judgment Rule beim Aufsichtsrat in der Praxis eine im Vergleich zum Vorstand eher untergeordnete Rolle spiele; *Bürgers/Israel*, Bürgers/ Körber, § 116, Rn. 15, wonach entscheidend sei, ob der Aufsichtsrat selbst eine zukunftsgerichtete Entscheidung treffe oder lediglich eine vom Vorstand getroffene Entscheidung überprüfe.

493 Vgl. schon BGH, Urteil vom 15.11.1993 – II ZR 235/92, Rn. 19 ff., juris.de: Pflicht des Aufsichtsrates rechtswidriges Verhalten des Vorstands zu verhindern; *Hopt/Roth*, GroßkommAktG, § 116, Rn. 97 ff.

494 Bspw. bei der Frage, „wie" eine entsprechende Überwachungsorganisation zur Gewährleistung der Legalität einzurichten ist, vgl. *Kort*, FS Hopt 2010, 983 (998 f.).

495 *Habersack*, MünchKommAktG, § 116 , Rn. 2, die „sinngemäße" Geltung des § 93 AktG nach § 116 AktG trägt ja gerade dem Umstand Rechnung, dass sich die Pflichten von Vorstand und Aufsichtsrat unterscheiden.

496 *Krieger*, Handbuch Managerhaftung, § 3, Rn. 16.

497 *Lang/Balzer*, WM 2012, 1167 (1171); mit Ausführungen zu § 36 Abs. 3 KWG, der gleichwohl höhere Anforderungen an Aufsichtsratsmitglieder von Kreditinstituten stellt, *derselbe*, WM 2012, 1167 (1172); Die Sorgfaltsbestimmung hat dem „Nebenamtscharakter" des Aufsichtsrates Rechnung zu tragen, wenngleich ein Mindestmaß an Professionalität unentbehrlich ist: *Habersack*, MünchKommAktG, § 116, Rn. 16, 24.

498 *Henssler*, Henssler/Strohn GesR, § 116 AktG, Rn 4; *Bürgers/Israel*, Bürgers/Körber, § 116, Rn. 11.

499 *Hopt/Roth*, GroßkommAktG, § 116, Rn. 54, was freilich nur eingeschränkt für besondere Funktionen wie beispielsweise den Aufsichtsratsvorsitzenden oder Mitglieder von Prüfungsausschüssen gilt, an die besondere Anforderungen gestellt werden, umstr. (Rn. 60 ff.).

Kontrolle und Überwachung der Geschäftstätigkeit des Vorstands befähigt ist[500]. Hat ein Aufsichtsratsmitglied hingegen vertiefte Kenntnisse so gelten nach ganz allgemeiner Auffassung auch höhere Sorgfaltspflichten, sofern sein Bereich betroffen ist[501]. Gleich dem Vorstand hat auch der Aufsichtsrat nach eigenem Ermessen die Möglichkeit zur Unterstützung externe Spezialisten heranzuziehen und sich so die für den Einzelfall notwendige Kenntnis zu verschaffen[502]. Die Berechtigung zum Abschluss eines solchen Beratungsvertrages ergibt sich aus der Annexkompetenz zur Überwachungspflicht, da eine Überwachung ihm sonst wegen der alleinigen Vertretung der Gesellschaft durch den Vorstand nach § 78 AktG nicht möglich wäre, könnte er sich nicht selbstständig beraten lassen[503]. Gleich dem Vorstand, trifft auch den Aufsichtsrat eine Treuepflicht, die es ihm verbietet, sein Amt und dessen Einfluss zugunsten eigener oder Interessen Dritter zu missbrauchen und der Gesellschaft dadurch einen Nachteil zuzufügen[504].

Hinsichtlich der zu fordernden Eigenschaften ist zuletzt noch auf eine sich in den letzten Jahren sehr verschärfende und der zunehmenden Professionalisierung[505] von Aufsichtsratsmitgliedern geschuldete Anforderung hinzuweisen, nämlich die der Unabhängigkeit. Deren inhaltliche Ausgestaltung war Gegenstand zahlreicher Novellen des DCGK[506], und wird wohl auch weiterhin diskutiert werden[507]. Fest steht, dass der Bestellung von Aufsichtsratsmitgliedern in Zukunft wohl eine deutlich stärke Prüfung und Veröffentlichung ihres eigenen Verhältnisses zur Gesellschaft und dem zu den Aktionären vorausgeht, als dies in der Vergangenheit der Fall war[508].

---

500 *Weber-Rey*, KSzW 2013, 77 (79); *Lang/Balzer*, WM 2012, 1167 (1171); *Habersack*, MünchKommAktG, § 116, Rn. 24.

501 Zuletzt: BGH, Urteil vom 20.09.2011 – II ZR 234/09, Rn. 28, juris.de; *Bürgers/Israel*, Bürgers/Körber, § 116, Rn. 5; aA mit entsprechenden Verweisen auf die Gegenansicht: *Selter*, AG 2012, 11 (18 f.).

502 *Hopt/Roth*, GroßkommAktG, § 116, Rn. 59, wobei unter anderem besonderer Wert auf deren Verschwiegenheit zu legen sei. Für eine detailliertere Aufarbeitung der Anforderungen an externen Expertenrat sei auf die Ausführungen unter F.I.2ff. verwiesen.

503 *Lutter/Krieger*, Rechte und Pflichten des Aufsichtsrats, § 12, Rn. 865 f.

504 OLG Stuttgart, Urteil vom 29.02.2012 – 20 U 3/11, „Porsche/VW (Piech)", Rn. 190, juris.de; bestätigt durch BGH, Beschluss vom 06.11.2012 – II ZR 111/12, „Porsche/VW (Piech)", juris.de, indem Ferdinand Piech unter anderem wegen Äußerungen zu Derivategeschäften der ehemaligen Porsche SE die Kreditgefährdung des Unternehmens und somit ein Treuepflichtverstoß als Aufsichtsratsmitglied angelastet wurde.

505 *Weber-Rey*, KSzW 2013, 77 (79), Professionalisierung der Beratungs- und Überwachungstätigkeit des Aufsichtsrats als maßgebliche Lehre aus der jüngsten Finanzmarktkrise und Dauerthema der Reformierung der Corporate Governance, mwN.

506 Vgl. nur deren Ausweitung in Nr. 5.4.2. DCGK 2012 zur Vorgängerregelung.

507 Vgl. zur Übersicht: *Paschos/Goslar*, NZG 2012, 1361 (1362 ff.), mwN.

508 Vgl. *Paschos/Goslar*, NZG 2012, 1361 (1365), so sei allein bei Wahlvorschlägen des Aufsichtsrats an die Hauptversammlung eine umfassende Veröffentlichung

1) Delegation von Prüfungs- und Überwachungspflichten

Seine Überwachungstätigkeit hat der Aufsichtsrat entsprechend den allgemeinen Grundsätzen mehrköpfig besetzter Organe grundsätzlich in Gesamtverantwortung auszuüben[509]. Seine Überwachungspflichten hat jedes Mitglied auch hier zunächst selbst zu erfüllen, kann sie aufgrund derer Höchstpersönlichkeit also nicht delegieren, § 111 Abs. 5 AktG[510]. Allerdings besteht auch hier die Möglichkeit, vergleichbar der Ressortaufteilung beim Vorstand, einzelne Aufgaben auf Ausschüsse zu übertragen und so in einem arbeitsteiligen Zusammenwirken der Überwachungs- und Kontrollfunktion des Aufsichtsrates gerecht zu werden, § 107 Abs. 3 AktG[511]. Auch hier führt eine Übertragung auf den Ausschuss keinesfalls zu einer Haftungsfreiheit des übertragenden Aufsichtsrats, aber zu einem geminderten Sorgfaltsmaßstab, nach dem er fortan lediglich zur Überwachung der Ausschusstätigkeit verpflichtet ist[512]. Um die Ausschusstätigkeit nicht zu entwerten, darf er sich auf dessen Berichte und Einschätzungen zunächst verlassen und ist erst bei Anzeichen von Unstimmigkeiten zu einer vertieften eigenen Überprüfung verpflichtet, will er denn nicht haften[513]. Dieses arbeitsteilige Zusammenwirken wird den begrenzten Ressourcen eines Aufsichtsratsmitglieds und der Tatsache gerecht, dass das Amt des Aufsichtsrates ohnehin oft nur im Nebenamt ausgeübt wird[514].

2) Informationspflicht

Ebenso wie den Vorstand trifft auch den Aufsichtsrat eine Informationspflicht, die entsprechend der zum Vorstand unterschiedlichen Aufgaben an seine Tätigkeit

derer „persönlichen Beziehungen“ zur Gesellschaft, den Organen und relevanten Aktionären nach Nr. 5.4.1. Abs. 4 DCGK 2013 zu erwarten.

509 *Lutter/Krieger*, Rechte und Pflichten des Aufsichtsrats, § 3, Rn. 67; *Kort*, FS Hopt 2010, 983 (998).

510 *Schmidt-Housson*, Corporate Compliance, § 7, Rn. 33 f., was nicht bedeutet, dass sich die Aufsichtsratsmitglieder nicht auch dritter Personen zur Vorbereitung und Unterstützung ihrer Überwachungstätigkeit bedienen dürfen, jedoch tragen sie hierfür das volle Haftungsrisiko.

511 *Habersack*, MünchKommAktG, § 116, Rn. 27, sog. Delegationsautonomie, mit den Grenzen des § 107 Abs. 3 S. 2 AktG und dem Verbot der Übertragung der Überwachungsaufgabe als solche.

512 *Schmidt-Housson*, Corporate Compliance, § 7, Rn. 39; *Henssler*, Henssler/Strohn GesR, § 116 AktG, Rn. 6; *Hopt/Roth*, GroßkommAktG, § 116, Rn. 116; *Bürgers/Israel*, Bürgers/Körber, § 116, Rn. 7.

513 *Hüffer*, AktG, § 116 Rn. 9, je wesentlicher die vom Ausschuss bearbeitete Frage ist, desto mehr steigen die Anforderungen an die zu leistende Überwachung, sodass die lediglich Entgegennahme eines Berichtes nicht ausreichend sein kann, mwN.

514 *Lang/Balzer*, WM 2012, 1167 (1172) mwN.

entsprechend anzupassen ist[515]. Er hat sich umfassend über die Tätigkeit der Geschäftsleitung zu informieren, um seine Entscheidungen auf eine ausreichende Tatsachengrundlage zu stellen und sich so in die Lage zu versetzen, deren Tätigkeit umfassend überwachen zu können[516]. Dabei trifft den Vorstand nach dem Prinzip der kollegialen Zusammenarbeit die Pflicht, dem Aufsichtsrat diese Informationen auch vollumfänglich zur Verfügung zu stellen[517]. Für das Ausmaß der einzuholenden Informationen gilt auch hier der Grundsatz, dass eine ressourcengebundene Abwägung zwischen Kosten und Nutzen gemessen an der Risikogeneigtheit des Vorstands zu erfolgen hat[518]. Steigt somit das Risiko der Geschäftstätigkeit, bspw. bei der oben gezeigten Möglichkeit zur Eingehung bestandsgefährdender Risiken, so erhöht sich dementsprechend auch die Pflicht des Aufsichtsrats eine intensivere Prüfung vorzunehmen[519]. Dasselbe gilt auch bei Vorstandsentscheidungen außerhalb der gewöhnlichen Geschäftstätigkeit, sei es aufgrund deren Umfangs, Risikos oder strategischen Bedeutung für die Gesellschaft[520]. Dies gilt umso mehr, wenn sich die Geschäftsleitung zuvor bereits über Zustimmungspflichten des Aufsichtsrates hinweggesetzt hat und auch im weiteren Unregelmäßigkeiten im Geschäftsgebaren auffallen[521]. Kommt er hierbei zu dem Ergebnis, dass die Gesellschaft insolvenzreif ist, hat er auf eine umgehende Stellung des Insolvenzantrages hinzuwirken, mit allen Mitteln einen weiteren Mittelabfluss zu verhindern und unzuverlässige Vorstandsmitglieder nötigenfalls abzuberufen[522]. Auch darf er demnach keinesfalls zustimmungspflichtige Investitionen billigen, ohne sich vorher über das Investitionsobjekt und dessen wirtschaftliches Umfeld informiert zu haben. Gleich der Informationspflicht des Vorstands ist die des Aufsichtsrats grundsätzlich als Holpflicht

515 *Habersack*, MünchKommAktG, § 116, Rn. 40; *Hopt/Roth*, GroßkommAktG, § 116, Rn. 53, auch hier unterscheiden sich die Pflichten nach Art und Größe des Unternehmens und sind, dem Vorstand gleich, einzelfallabhängig festzustellen.

516 *Herrmann/Olufs/Barth*, BB 2012, 1935 (1941); *Strohn*, Henssler/ Strohn, § 116 AktG, Rn. 5.

517 *Mertens/Cahn*, KölnKommAktG, § 93, Rn. 81.

518 *Lang/Balzer*, WM 2012, 1167 (1173).

519 *Hopt/Roth*, GroßkommAktG, § 116, Rn. 141; BGH, Urteil vom 16.03.2009 – II ZR 280/07, Rn. 15, juris.de; OLG Düsseldorf, Urteil vom 31.05.2012 – I-16 U 176/10, Rn. 34, juris.de, „Die Intensität der vom Aufsichtsrat geschuldeten Überwachungstätigkeit richtet sich nach der Lage der Gesellschaft".

520 OLG Stuttgart, Urteil vom 29.02.2012 – 20 U 3/11, „Porsche/VW (Piech)", Rn. 161 ff., juris.de; bestätigt durch BGH, Beschluss vom 06.11.2012 – II ZR 111/12, juris.de.

521 BGH, Urteil vom 11.12.2006 – II ZR 243/05, Rn. 12 f., juris.de. Gegenstand war ein Fall, in dem der Geschäftsführer deutlich höhere Investitionen tätigte, als vom Aufsichtsrat genehmigt wurde, erste Anzeichen einer Veruntreuung vorlagen und die Tätigkeit dennoch vom Aufsichtsrat nachträglich genehmigt wurden.

522 BGH, Urteil vom 16.03.2009 – II ZR 280/07, Rn. 15, juris.de; OLG Düsseldorf, Urteil vom 31.05.2012 – I-16 U 176/10, Rn. 34, juris.de.

ausgestaltet[523], sofern nicht der Vorstand wegen etwaiger Zustimmungsvorbehalte ohnehin zur Vorlage von Informationen und Darlegung seiner Entscheidungsgrundlage verpflichtet ist[524].

Fraglich und umstritten bleibt, in welchem Maße der Aufsichtsrat die vom Vorstand dargelegten Informationen zur Grundlage seiner Entscheidungen machen darf oder ob er darüber hinaus nicht selbst verpflichtet ist, sich eine eigene Entscheidungsgrundlage zu erarbeiten[525]. Jedenfalls bleiben ihm vertiefte Prüfungspflichten nicht allein wegen einer günstigen allgemeinen Marktentwicklung erspart[526]. Hierfür gilt zunächst der Grundsatz, dass er dem Vorstand grundsätzlich aber keinesfalls „blind" vertrauen darf[527], was freilich noch einer weiteren Konkretisierung bedarf. Richtig wird sein, hierbei eine gestufte Prüfungspflicht zu verlangen[528]: Der Aufsichtsrat hat demnach zunächst die dargelegten Informationen hinsichtlich ihrer Vollständigkeit und Eignung zur Entscheidungsfindung zu überprüfen. Nur wenn sich auf deren Basis, sei es wegen Unschlüssig- oder Unvollständigkeit, keine verantwortungsvolle Entscheidung stützen lässt, verdichtet sich das Informationsrecht zu einer Pflicht zur weiteren Nachforschung. Dies gilt umso mehr, wenn sich eine wirtschaftliche Schieflage der Gesellschaft abzeichnet. Hier wird der Aufsichtsrat seiner Pflicht, über deren Situation und Belange stets vollumfänglich informiert zu sein, nur gerecht werden können, wenn er selbst alle ihm zur Verfügung stehenden Erkenntnismöglichkeiten ausschöpft[529]. Hierdurch wird einerseits gewährleistet, dass der Aufsichtsrat ohne unnötig hohe Belastungen umfassend informiert ist und ein genaues Bild der Geschäftstätigkeit vorliegen hat, das Verhältnis einer vertrauensvollen Zusammenarbeit mit dem Vorstand andererseits aber nicht über Gebühr

---

523 *Hopt/Roth*, GroßkommAktG, § 116, Rn. 126.; aA: *Hoffmann-Becking*, ZGR 2011, 136 (147), der zuerst eine „Bringschuld" beim Vorstand sieht und die „Holschuld" des Aufsichtsrats daher erst greife, wenn der Vorstand seiner „Bringschuld" nicht nachkomme.

524 *Lang/Balzer*, WM 2012, 1167 (1170).

525 *Herrmann/Olufs/Barth*, BB 2012, 1938 (1941), die eine Privilegierung in Form einer abgemilderten Informationspflicht des Aufsichtsrats aufgrund dessen Nebenamtscharakters ablehnen, mwN.

526 BGH, Urteil vom 11.12.2006 – II ZR 243/05, Rn. 13, juris.de.

527 *Lang/Balzer*, WM 2012, 1167 (1173).

528 *Hopt/Roth*, GroßkommAktG, § 116, Rn. 126 f., so besteht neben der gestuften Pflicht zur Selbstinformation auch die Pflicht, erlangte Kenntnisse von Fehlverhalten des Vorstands an andere Aufsichtsratsmitglieder weiterzuleiten; im Zusammenhang der Informationspflicht bei der Entsprechungserklärung zum DCGK nach § 161 AktG, *von der Linden*, Wilsing-DCGK, § 161 AktG, Rn. 17; ebenso im Zusammenhang der Subsidiarität des Sachverständigen aus § 111 Abs. 2 S. 2 AktG, *Hoffmann-Becking*, ZGR 2011, 136 (145 f.), der im Falle des Rechts des Aufsichtsrats, sich stets am Vorstand vorbei zu informieren das Haftungsrisiko sieht, dies dann auch stets zu müssen und im Falle des alleinigen Vertrauens auf den Vorstand hierfür auch zu haften.

529 OLG Düsseldorf, Urteil vom 31.05.2012 – I-16 U 176/10, Rn. 30, juris.de.

belastet wird. Entsprechendes gilt auch für die Entgegennahme von Berichten der Ausschüsse durch die nicht in dem jeweiligen Ausschuss vertretenen Aufsichtsratsmitglieder[530].

Im Ergebnis unterliegen Aufsichtsratsmitglieder also vergleichbaren, wenn auch weniger strengen Anforderungen als Vorstände[531], was dennoch nicht darüber hinwegtäuschen darf, dass auch sie verstärkt Adressaten von Schadensersatzklagen werden und ins Visier von Aufsichtsbehörden geraten[532].

IV. Die Organhaftung für Legalitätspflichtverletzungen

Die Organhaftung dient als Steuerungsinstrument einerseits der Prävention, mithin etwaiges Missverhalten durch die Gefahr einer Inanspruchnahme bereits im Vorfeld zu verhindern, und andererseits der Kompensation, also dem Betroffenen schuldhaft verursachte Schäden zu ersetzen[533]. Sie ist trotz gezeigter Haftungsfreiräume der Business Judgment Rule oder sonstiger eingeschränkter Überprüfungsmöglichkeiten der Gerichte von Vorstandsentscheidungen, bspw. im Rahmen der Legalitätspflicht, weiterhin ein wesentliches Element, die Entscheidungsträger zur Einhaltung der ihnen auferlegten Pflichten anzuhalten[534]. Nach einer kurzen Einführung in das Haftungsregime der AG sollen daher insbesondere die Schadensfähigkeit von Geldstrafen und Bußgeldern im Rahmen des § 93 Abs. 2 AktG sowie die Möglichkeit, von Inanspruchnahmen abzusehen, untersucht werden.

1) Allgemeine Haftungsvoraussetzungen

Verletzen Vorstandsmitglieder die zuvor gezeigten Pflichten schuldhaft, so haften sie der Gesellschaft gesamtschuldnerisch auf Ersatz des ihr entstanden Schadens gemäß § 93 Abs. 2 AktG (ggfs. in Verbindung mit § 116 AktG für den Aufsichtsrat). Die Organhaftung ist daher wie gezeigt keine Erfolgshaftung, sondern eine auf einer Pflichtverletzung beruhende gesamtschuldnerische Verschuldenshaftung, wobei einfache Fahrlässigkeit genügt[535]. Hierbei ist von Bedeutung, dass der Schaden

---

530 *Hopt/Roth*, GroßkommAktG, § 116, Rn. 116 f.

531 *Lang/Balzer*, WM 2012, 1167 (1171).

532 Zur sich verstärkenden Tendenz, Aufsichtsräte zunehmend in die Pflicht zu nehmen: vgl. *Weber-Rey*, KSzW 2013, 77 (78 f.).

533 *Bachmann*, Reform der Organhaftung, S. E 21; *Arnold*, Die Steuerung des Vorstandshandelns, S. 170 ff., wobei der Schwerpunkt wohl in der Prävention liege, da die zumindest in größeren Unternehmen regelmäßig durch die Pflichtverletzungen hervorgerufenen Schäden die persönliche Leistungsfähigkeit eines Organs schnell übersteigen könnten und ein Regress somit nur Symbolcharakter hätte.

534 Zurecht: *Arnold*, Die Steuerung des Vorstandshandelns, S. 180, der eine Relativierung der Vorstandshaftung als Steuerungselement ablehnt.

535 *Schneider*, FS Hüffer 2010, 905 (906 f.); Begr.RegE UMAG – BT-Drucks. 15 /5092.

gerade kausal und adäquat durch die Pflichtwidrigkeit entstanden sein muss[536]. Dies bedeutet konkret, dass die das Organ in Anspruch nehmende Gesellschaft darzulegen und zu beweisen hat, dass ihr durch eine Pflichtverletzung eben dieses Organs ein kausal verursachter Schaden entstanden ist[537]. Erfolgte eine horizontale Arbeitsdelegation, so ist allgemein anerkannt, dass im Rahmen des Gesamtschuldnerausgleichs nach § 426 BGB das primär zuständige Organmitglied analog § 254 BGB strenger haftet, als die nur zu seiner Überwachung verpflichteten restlichen Organmitglieder[538].

Hinsichtlich der für diese Arbeit maßgeblichen Rechtsirrtümer ist hinsichtlich des Verschuldens dergestalt zu differenzieren, dass der Vorsatz bereits bei einem bloßen Rechtsirrtum entfällt, die Fahrlässigkeit hingegen erst, wenn dieser auch unvermeidbar war[539]. Folglich entfällt die Haftung nur, wenn der Geschäftsleiter nicht einmal fahrlässig die Rechtslage verkannt hat, weshalb in dieser Arbeit allein der unvermeidbare Rechtsirrtum behandelt wird. Ausgehend von den obigen Ausführungen zur offenen Rechtslage[540] entfällt dann im Falle des unvermeidbaren Rechtsirrtums nicht erst das Verschulden, sondern bereits die Pflichtwidrigkeit.

a) Der Schaden aus der Perspektive der Legalitätspflicht

Der nach § 93 Abs. 2 AktG zu ersetzende Schaden der Gesellschaft bemisst sich ganz allgemein nach den §§ 249 ff. BGB[541] und damit nach der sog. Differenzhypothese, wonach die tatsächliche Vermögenssituation mit der hypothetischen unter Hinwegdenken der Pflichtverletzung verglichen wird und die Differenz den Schaden darstellt[542]. Dies gilt grundsätzlich auch dann, wenn die Gesellschaft durch die Pflichtverletzung des Organs mit der Schadensersatzforderung eines Dritten

536 Anstatt vieler: Windbichler, Gesellschaftsrecht, § 27, Rn. 35 mwN; gilt entsprechend für den Aufsichtsrat: *Bürgers/Israel*, Bürgers/Körber, § 116, Rn. 19, kritisch zum Entfall der Kausalität wegen rechtmäßigen Alternativverhaltens, *Paefgen*, AG 2014, 554 (565), mit Verweisen auf die dies beführwortende höchstrichterliche Rechtsprechung.

537 BGH, Urteil vom 04.11.2002 – II ZR 224/00, Rn. 15, juris.de.

538 Vgl. *Hüffer*, AktG, § 93, Rn. 57, *Dauner-Lieb*, Henssler/Strohn GesR, § 93, Rn. 38; aA: *Fleischer*, MünchKommGmbHG, § 43, Rn. 319, der wegen der deutlich ausgeprägteren Verantwortlichkeit des Handelnden gegenüber dem Überwacher dessen alleinige Haftung fordert.

539 BGH, Beschluss vom 29.06.2010 – XI ZR 308/09, Rn. 3, juris.de.

540 Vgl. entsprechende Ausführungen unter E.III.3)b).

541 Ganz h.M.: *Hüffer*, AktG, § 93, Rn. 47; *Spindler*, MünchKommAktG, § 93, Rn. 171; *Dauner-Lieb*, Henssler/Strohn GesR, § 93, Rn. 34; *Fleischer*, NZG 2014, 321 (326), mwN.

542 Anstatt vieler: *Fleischer*, MünchKommGmbHG, § 43, Rn. 261; *Bayer*, FS Schmidt, 85 (94), mwN.

belastet wird, sog. Haftungsschaden[543]. Probleme in der Feststellung des Schadens können sich insbesondere dann ergeben, wenn der hypothetische Kausalverlauf mangels eindeutiger Anhaltspunkte wie eines Bußgeldes, nicht genau bezifferbar ist, beispielsweise im Falle eines Reputationsschadens oder Umsatzrückgangs[544]. Vielmehr stellt sich der Schaden eher als die „Summe des Schlendrians" dar, ohne dass eine konkrete Handlung oder ein konkretes Unterlassen als Ursache des eingetretenen Schadens eindeutig zu identifizieren wäre[545]. Im Lichte der Fokussierung dieser Arbeit auf die Legalitätspflicht soll im Folgenden der Blick allein auf die Schadensfähigkeit etwaiger Geldstrafen und Bußgeldern gegen das Unternehmen gerichtet werden.

aa) Geldstrafen und Bußgelder als Schaden

Fraglich ist, ob auch die Pflicht des Unternehmens zur Bußgeldzahlung (bspw. § 30 OWiG) einen erstattungsfähigen Schaden darstellt[546]. Das wird zum Teil mit Verweis auf die Höchstpersönlichkeit von Geldstrafen und Bußgeldern in Zweifel gezogen, da die Sanktionsfolge nicht dadurch umgangen werden dürfe, indem das Unternehmen die zu zahlende Geldsumme beim verantwortlichen Organmitglied regressiert und so von Anfang an die Gewissheit habe, die Rechtsfolge letztlich nicht tragen zu müssen[547].

Dieser Ansicht ist jedoch mit gewichtigen Argumenten entgegenzutreten, sodass Geldstrafen und Bußgelder grundsätzlich als erstattungsfähiger Schaden im Sinne des § 249 BGB aufzufassen und demnach auch vollständig über § 93 Abs. 2 AktG gegenüber dem verantwortlichen Organmitglied eingeklagt werden können[548]. Denn zunächst ist in der Rechtsprechung schon des längeren anerkannt, dass zwischen der Ahndung des ordnungswidrigen, beziehungsweise strafbaren Verhaltens und der Vollstreckung der Strafe in Form des Bußgeldes beziehungsweise der Geldstrafe

543 *Schiemann*, Staudinger-BGB, § 249, Rn. 202, mwN; *Hölters*, Hölters-AktG, § 93, Rn. 69.

544 *Thole*, ZHR 173 (2009), 505 (525).

545 *Dauner-Lieb*, FS Röhricht, 83 (98); *Arnold*, Die Steuerung des Vorstandshandelns, S. 180.

546 Da das deutsche Recht letztlich immer noch bei der strafrechtlichen Verantwortung natürlicher Personen ansetzt, dürfte sich die praktische Relevanz nachfolgender Aussagen für Unternehmen allein auf die Schadens- und demnach Erstattungsfähigkeit von Bußgeldern im Sinne der §§ 249 ff. BGB beschränken; Vgl. insoweit: *Zimmer*, BB Special 2007 Heft 8, 1, weswegen Straftaten der Mitarbeiter über § 30 OWiG allein zu Bußgeldern des Unternehmens führen können; Vgl. auch *Bohnert*, OWiG, § 30, Rn. 18, wobei die Festsetzung des Bußgeldes gegen das Unternehmen im pflichtgemäßen Ermessen der Verwaltungsbehörde bzw. des Gerichtes steht, Rn. 45.

547 Vgl. *Schiemann*, Staudinger-BGB, § 249, Rn. 203, der allein für geringfügige Gelder eine Ausnahme zulassen will, ohne deren Grenze zu beziffern.

548 Ebenso: *Koch*, FS Winter, 327 (332).

zu unterscheiden ist[549]. Inwieweit der Täter von letzterem persönlich betroffen ist, ist nicht Gegenstand des staatlichen Vollstreckungsanspruchs, solange denn die Vollstreckung als solche stattfindet[550]. Ist es demzufolge erlaubt, dass die Geldstrafen oder Bußgelder für die Täter durch Dritte bezahlt werden, so muss es gleichwohl zulässig sein, dass eben diese Gelder auch als Schaden anderen gegenüber eingeklagt werden können[551]. Dies muss insbesondere dann gelten, wenn die zu verklagende Person kraft ihrer Organstellung zur Vermeidung des die Bußgeld- beziehungsweise Geldstrafenzahlungspflicht auslösenden Tatbestandes verpflichtet war[552]. Gerade diese Pflicht besteht ja für den Vorstand als Leitungsorgan im Rahmen der zuvor ausführlich dargestellten Legalitätspflicht[553]. Sie würde zudem leerlaufen, könnte die Gesellschaft unter Verstoß dieser Pflicht herbeigeführte Bußgelder nicht in Form eines Schadensersatzanspruches auf das pflichtvergessene Organ abwälzen. Mithin handelt es sich bei Geldstrafen und Bußgeldern um nach §§ 249 ff. BGB erstattungsfähige Schäden[554].

Ein Folgefrage ist, ob die gegebenenfalls durch den Rechtsverstoß erlangten Vorteile auf den entstandenen Schaden anzurechnen sind, oder ob die sonst gängige Differenzhypothese hier nicht normativ einzuschränken ist[555]. Da § 93 Abs. 2 AktG maßgeblich das Vermögen der Gesellschaft schützen und der Schadenkompensation dienen soll, spricht aus Sicht der Organhaftung nichts gegen eine entsprechende Anrechnung von den Gesellschaftswert erhöhenden Vorteilen auf den Schaden, wenngleich die Organmitglieder für den Zufluss dieser Vermögensvorteile darlegungs- und beweispflichtig sind[556]. Eine Einschränkung soll jedoch dergestalt erfolgen, dass eine Anrechnung nur dort stattfinden soll, wo die Gesellschaft den

549 BGH, Urteil vom 15.04.2010 – IX ZR 189/09, Rn. 8 ff., juris.de; Ebenso im Strafrecht: BGH, Urteil vom 07.11.1990 – 2 StR 439/90, Rn. 61 ff., juris.de.

550 BGH, Urteil vom 07.11.1990 – 2 StR 439/90, Rn. 64, juris.de.

551 BGH, Urteil vom 15.04.2010 – IX ZR 189/09, Rn. 8, juris.de; BGH, Urteil vom 07.11.1990 – 2 StR 439/90, Rn. 61 ff., juris.de.

552 *Zimmermann*, WM 2008, 433 (437).

553 Siehe entsprechende Ausführungen unter E.III.; Vgl. zudem enstprechende sich aus dem Mandatsverhältnis eines Steuerberaters ergebende Pflicht, seinen Mandanten vor Begehung einer steuerrechtlichen Ordnungswidrigkeit oder gar Straftat und deren Folgen zu schützen, BGH, Urteil vom 15.04.2010 – IX ZR 189/09, Rn. 9, juris.de.

554 BGH, Urteil vom 15.04.2010 – IX ZR 189/09, Rn. 10, juris.de; *Zimmermann*, WM 2008, 433 (437).

555 *Zimmermann*, WM 2008, 433 (438), mwN.

556 Vgl. BGH, Urteil vom 20.09.2011 – II ZR 234/09, „ISION", Rn. 34, juris.de; Vgl. hierzu auch nachfolgende Ausführungen unter E.IV.2)a)bb), dass den Aufsichtsrat bei der Geltendmachung von Schadensersatzansprüchen keine „Hygieneverpflichtung" trifft, sondern sich allein von Aspekten des Unternehmenswohls leiten zu lassen hat; ebenso: *Habersack*, FS Schneider, 429 (440); *Fleischer*, ZIP 2005, 141 (151 f.).

Vorteil auch nutzen kann[557]. Ein anderer gewichtiger Punkt für die Annahme der grundsätzlichen Anrechenbarkeit von Vorteilen der Gesellschaft auf den Schadensersatzanspruch gegen das pflichtvergessene Organ ist der Aspekt, dass sonst ein Gewinn bei der geschädigten Gesellschaft verbleibt, diese also letztlich von der Rechtsverletzung weiterhin profitiert, ohne dass ihr dieser Vorteil zustehen würde[558]. Zudem widerspräche es der Vorteilsabschöpfung, zum Beispiel im Sinne der §§ 34, 81 Abs. 5 GWB, wenn der abgeschöpfte Vorteil letztlich beim Organmitglied wieder regressiert werden könnte[559]. So kommt es auch nicht zu einer Anerkennung nützlicher Pflichtverletzungen, da eine Anrechnung ja nicht die Pflichtwidrigkeit und sich die hieraus ergebenden sonstigen Sanktionsmöglichkeiten aufhebt, sondern allein verhindert, dass die Gesellschaft einseitig zulasten des Geschäftsleiters von Rechtsverletzungen profitiert[560].

Entscheidende Voraussetzung für eine Anrechnung ist grundsätzlich, dass das schädigende Ereignis eine adäquat kausale Voraussetzung des erlangten Vorteils der Gesellschaft darstellt[561]. Dieser tatsächlich erzielte Vorteil ist einzelfallabhängig festzustellen, was beispielsweise den alleinigen Rückgriff auf den durch eine Kartellbehörde festgesetzten abzuschöpfenden Vorteil wegen deren eigenen Schätzung verbietet[562].

Im Falle dessen, dass sich die Geschäftsleitung oder aber der Aufsichtsrat nicht auf einen unvermeidbaren Rechtsirrtum berufen können, bleibt zu klären, ob sie bei Inanspruchnahme auf Schadensersatz (zumindest) auf die der Gesellschaft durch die Verletzung der Legalitätspflicht zugeflossenen Vermögensvorteile verweisen, diese also haftungsmildernd geltend machen können[563].

---

557 *Fleischer*, MünchKommGmbHG, § 43, Rn. 46, was regelmäßig bei der (insbesondere dauerhaften) Überschreitung des Unternehmensgegenstandes relevant werden kann.

558 *Bayer*, FS Schmidt, 85 (95); *Thole*, ZHR 173 (2009), 505 (528); *Zimmermann*, WM 2008, 433 (439), denn weder handelt es sich bei dem Vermögensvorteil um den Zufluss der eigenständigen Leistung eines Dritten, noch stünde er der Gesellschaft sonst wie unabhängig der Leistung des Vorstandsmitglieds zu; *Krause*, BB Special 2007, Heft 8, 2 (13).

559 *Fleischer*, MünchKommGmbHG, § 43, Rn. 47; *Thole*, ZHR 173 (2009), 505 (528); aA wohl: *Habersack*, FS Schneider, 429 (440).

560 Teils kritisch: *Thole*, ZHR 173 (2009), 505 (527 ff.), der eine Anrechnung über abgeschöpfte Vorteile hinaus massiv eingeschränkt wissen will, um die ebenso verhaltenssteuernden Anreize des § 93 Abs. 2 AktG nicht zu unterlaufen, sofern wie im Kartell- oder Umweltrecht soziale Schäden drohen.

561 *Bayer*, FS Schmidt, 85 (95).

562 *Zimmermann*, WM 2008, 433 (439).

563 Vgl. *Habersack*, FS Schneider 2011, 429 (439).

bb) Rechtsaufklärungskosten sind kein Schaden

Es wurde bereits gezeigt, dass die Bewertung der Rechtslage den jeweiligen Entscheidungsträger mitunter vor schwierigste Probleme stellen kann[564]. Soll nun das Verhalten des Entscheidungsträgers seinerseits einer rechtlichen Prüfung zugeführt werden, so wird das den Prüfenden vor nicht minder große Herausforderungen stellen, dieser gegebenenfalls sogar selbst auf entsprechend kostspieligen Rechtsrat angewiesen sein. Fraglich ist, ob die zur Feststellung der Pflichtwidrigkeit anfallenden Kosten, inwieweit der Vorstand oder der Aufsichtsrat rechtswidrig gehandelt hat, schadens- und damit erstattungsfähig sind[565].

Zwar ist grundsätzlich anerkannt, dass der Schädiger die zur Feststellung des Schadens erforderlichen Sachverständigengutachtenkosten zu tragen hat, soweit dies nach Auffassung des Geschädigten zur effektiven Rechtsdurchsetzung auch erforderlich ist[566]. Dies gilt selbst dann, wenn das entsprechende Gutachten untauglich war und den Ratsuchenden hieran kein Verschulden trifft[567]; anderenfalls droht eine Beteiligung nach § 254 BGB[568]. Dies soll auch für vorprozessuale Gutachten zutreffen, wenn diese zur effektiven Rechtsdurchsetzung zwingend erforderlich sind[569].

Dieser aus dem allgemeinen Zivilrecht stammende Grundsatz kann jedoch auf die Besonderheit des Aktienrechts keine Anwendung finden. Denn die Überwachung der Rechtmäßigkeit des Vorstandshandelns gehört zu den Kernaufgaben der Aufsichtsratstätigkeit, § 111 Abs. 1 AktG[570]. So ist der Aufsichtsrat folglich auch berechtigt und verpflichtet, sich gegebenenfalls fachkundig beraten zu lassen, wenn er eine Einschätzung zur Pflichtwidrigkeit des Vorstandshandelns nicht selbst beantworten kann[571]. Somit ist der Rechtsrat und damit die hierdurch anfallenden Kosten aber primär „zwingend erforderlich", um den Aufsichtsrat überhaupt erst in die Lage zu versetzen, seiner Kerntätigkeit nachgehen zu können[572]. Daher können diese Kosten nicht als durch den Vorstand verursachten Schaden behandelt und über § 249 BGB erstattet werden.

---

564 Siehe entsprechende Ausführungen unter: E.II.2)b) und E.II.3)b).

565 *Meier-Greve*, BB 2009, 2555 (2558).

566 *Oetker*, MünchKommBGB, § 249, Rn. 396, was bei solchen Gutachten ausscheidet, die allein unbekannte Sachverhalte zur Findung später eventuell nutzbarer Pflichtverletzungen aufklären sollen.

567 *Oetker*, MünchKommBGB, § 249, Rn. 397.

568 *Schiemann*, Staudinger-BGB, § 249, Rn. 230.

569 *Meier-Greve*, BB 2009, 2555 (2558).

570 *Spindler*, Spindler/Stilz AktG, § 111, Rn. 27; *Habersack*, MünchKommAktG, § 111, Rn. 18 ff.; *Lutter/Krieger*, Rechte und Pflichten des Aufsichtsrats, § 3, Rn. 72; Siehe auch entsprechende Ausführungen unter E.III.

571 *Lutter/Krieger*, Rechte und Pflichten des Aufsichtsrats, § 12, Rn. 865.

572 *Meier-Greve*, BB 2009, 2555 (2558).

b) Zur Darlegungs- und Beweislast

Gemäß § 93 Abs. 2 S. 2 AktG trifft den Vorstand, beziehungsweise entsprechend über die Verweisung in § 116 AktG den Aufsichtsrat wiederum die Darlegungs- und Beweislast dafür, dass er die Sorgfalt eines ordentlichen und gewissenhaften Geschäftsleiters beziehungsweise Überwachers angewandt hat, oder aber ihn kein Verschulden trifft, oder dass der Schaden letztlich auch bei rechtmäßigem Alternativverhalten eingetreten wäre[573]. Hat also die Gesellschaft dargelegt und gegebenenfalls bewiesen, dass ihr ein Schaden durch ein Organ(-mitglied) entstanden ist, liegt es an ihm, darzulegen und zu beweisen, dass dies nicht pflichtwidrig geschah[574]. Ebenso hat der Vorstand gegebenenfalls dazulegen und zu beweisen, dass der vom Unternehmen durch den Aufsichtsrat geltend gemachte Schaden wieder durch einen Vorteil ausgeglichen wurde[575]. Dies gilt ebenso für bereits ausgeschiedene Organmitglieder, die aus diesem Grunde gemäß § 810 BGB ein Einsichtnahmerecht in die für eine Verteidigung gegen die geltend gemachten Ansprüche relevanten Unterlagen haben[576].

Hierbei gelten nach Auffassung des BGH nicht die strengen Voraussetzungen nach § 286 ZPO, sondern eben die erleichterten des § 287 ZPO[577]. Wichtig ist darauf zu achten, die Anforderungen an die Darlegungs- und Beweislast des Leitungsorgans nicht zu überspannen[578]. Hiermit hat der BGH zu Recht ein wichtiges Zeichen gesetzt. Denn die gerichtliche Aufarbeitung vieler Schadensfälle wird der Entscheidungswirklichkeit von Leitungsorganen im Ergebnis nicht immer gerecht. So haben Richter und Anwälte im Schadensfall eine ungleich höhere Zeit sich den Voraussetzungen und der hierauf aufbauenden Entscheidung des Vorstands zu widmen, als sie der Vorstand seinerzeit wohlmöglich hatte. Ein solcher muss etliche Entscheidungen am Tag treffen, die entsprechend des jeweiligen finanziellen

---

573 Zuletzt: BGH, Urteil vom 22.02.2011 – II ZR 146/09, Rn. 17, juris.de; durch aus kritisch: *Paefgen*, AG 2014, 554 (565); *derselbe*, NZG 2009, 891 (893 f.), der im Falle einer alleinigen Darlegungs- und Beweislast des Vorstands hinsichtlich der (Voraussetzungen der) Pflichtgemäßheit seines Handels im Ergebnis die Gefahr einer Erfolgshaftung sieht, da die Gesellschaft so schlicht auf den Schaden verweisen könne ohne selbst Indizien für eine Pflichtwidrigkeit darlegen zu müssen, mwN; ebenfalls kritisch: *Bachmann*, ZIP 2014, 579 (582); für den Aufsichtsrat gilt dies spiegelbildlich die Sorgfalt eines ordentlichen und gewissenhaften Aufsichtsratsmitglieds, *Henssler*, Henssler/Strohn GesR, § 116 AktG, Rn. 13 f.; für die GmbH gilt § 93 Abs. 2 AktG entsprechend, zuletzt: OLG München, Urteil vom 27.02.2013 – 7 U 4465/11, Rn. 52, juris.de.

574 Zuletzt: OLG Nürnberg, Beschluss vom 28.10.2014 – 12 U 567/13, Rn. 15, juris.de.

575 *Bayer*, FS Schmidt, 85 (98).

576 *Paefgen*, AG 2014, 554 (566).

577 BGH, Urteil vom 04.11.2002 – II ZR 224/00, Rn. 15, juris.de, was neben der AG ebenso für die GmbH gilt.

578 BGH, Urteil vom 22.02.2011 – II ZR 146/09, Rn. 20, juris.de; *Bachmann*, Reform der Organhaftung, S. E 33 ff.

Volumens auch mal in wenigen Minuten „durchgewunken“ werden können[579]. Erwarteten Richter und Anwälte bei der nachträglichen Prüfung nun dieselbe Tiefe der Analyse durch den Vorstand, die sie aufgrund ihrer zur Verfügung stehenden Zeit selbst vorzunehmen in den Lage sind, würde dessen Entscheidungsverfahren überfrachtet und ein Verfahrensfehler läge nur allzu schnell auf der Hand[580]. Auf die Notwendigkeit der Vermeidung von sog. hindsight bias wurde bereits hinlänglich hingewiesen[581]. Praktisch ergibt sich demzufolge für das Gerichtsverfahren eine gestufte Beweislast, wonach der Vorstand in einem ersten Schritt die Grundlagen seiner Entscheidung, insbesondere die zu Rate gezogenen Informationen, sowie die hierauf aufbauenden Schlüsse und Entscheidungen darzustellen hat und die Gesellschaft in einem zweiten Schritt entweder die Entscheidungsgrundlage oder aber die hierauf getroffene Entscheidung selbst angreifen kann[582]. Ein Unterschied in der Haftung besteht zwischen Vorstand und Aufsichtsrat allerdings hinsichtlich des § 93 Abs. 4 S. 1 AktG, wonach der Vorstand für die Ausführung gesetzesmäßiger Beschlüsse der Hauptversammlung nicht haftet. Zwar ist diese Regelung von der Verweisung des § 116 S. 1 AktG nicht ausgeschlossen, jedoch kann sich der Aufsichtsrat hierauf nicht haftungsbefreiend berufen, da er entgegen des Vorstands nicht verpflichtet ist, Hauptversammlungsbeschlüssen Folge zu leisten[583].

2) Geltendmachung von Schadensersatzansprüchen

Besteht also demnach ein Regressanspruch, so wird derjenige gegen den Vorstand, als auch derjenige gegen bereits ausgeschiedene Mitglieder[584], nach Maßgabe des § 112 AktG im Grundsatz durch den Aufsichtsrat und derjenige gegen den Aufsichtsrat spiegelbildlich durch den Vorstand geltend gemacht[585], wozu letzterer nach § 78 AktG ermächtigt ist[586]. Im Falle des dieser Arbeit zugrunde gelegten Ision-Urteils, dass sich beide Organe schadensersatzpflichtig gemacht haben, erfolgt die Durchsetzung letztlich wohl gemäß §§ 147 f. AktG durch die Hauptversammlung,

---

579 Wohl auch *Buck-Heeb*, BB 2013, 2247 (2256), wonach bei eilbedürftigen Entscheidungen oft die Zeit fehle, Entscheidungsalternativen ausführlich abzuwägen.

580 Ähnlich: *Arnold*, Die Steuerung des Vorstandshandelns, S. 177, ansonsten würde das Gesetz „Leitungsbürokratie“ statt „unternehmerischen Wagemut“ fördern.

581 Vgl. diesbezügliche Ausführungen unter E.I.2).

582 Vgl. insbesondere: *Fest*, NZG 2011, 540 (541 f.) mwN.

583 *Strohn*, Henssler/Strohn GesR, § 116 AktG, Rn. 13.

584 *Hopt/Roth*, GroßkommAktG, § 93, Rn. 352; gleichfalls für Aufsichtsrat, *Henssler*, Henssler/Strohn GesR, § 116 AktG, Rn. 16: kein Haftungsentzug durch Amtsniederlegung.

585 *Hemeling*, ZHR 175 (2011), 368 (384).

586 *Krieger*, Handbuch Managerhaftung, § 3, Rn. 39 f.; *Lutter/Krieger*, Rechte und Pflichten des Aufsichtsrats, § 13, Rn. 1013; *Bürgers/Israel*, Bürgers/Körber, § 116, Rn. 9; hinsichtlich der tatsächlichen Umsetzung durchaus kritisch: *Bachmann*, Reform der Organhaftung, S. E 87 f.

da kaum anzunehmen sein dürfte, dass Vorstand und Aufsichtsrat einander gegenseitig verklagen[587].

Somit hat der Aufsichtsrat nach Maßgabe von § 111 AktG bei Anzeichen einer Pflichtverletzung des Vorstands ohne Entscheidungsspielraum den Sachverhalt zu erforschen und dahingehend zu untersuchen, ob dieser rechtlich einen Schadensersatzanspruch trägt, ein solcher hinsichtlich der unterschiedlichen Darlegungs- und Beweispflichten prozessual durchsetzbar ist und die zu erstreitende Forderung überhaupt beigetrieben werden kann[588]. Allein im Rahmen der Analyse der Realisierbarkeit der Anspruchs, die neben der gegebenenfalls rechtlichen Komplexität insbesondere die Beurteilung der wirtschaftlichen Realisierbarkeit umfasst, besteht wegen der Vielzahl der hierbei vorzunehmenden Abwägungen und Prognosen ein begrenzter Beurteilungsspielraum für den Aufsichtsrat[589]. Die Haftung des Aufsichtsrats hingegen bemisst sich an dieser Stelle entsprechend danach, ob die Verstöße des Vorstands für ihn erkennbaren und er sie hätte verhindern können und müssen[590]. Sein Ermittlungs- und Prüfungsaufwand richtet sich hierbei – wie stets – einzelfallabhängig nach dem Ausmaß der vermuteten Pflichtverletzung und der Größe des zu erwartenden Schadens für das Unternehmen[591].

Eine hierauf aufbauende und in der Praxis, aber auch im Lichte des Untersuchungsgegenstandes dieser Arbeit zu Legalitätspflichtverletzungen bedeutende Frage ist, wie der Aufsichtsrat im Folgenden auf entdeckte Pflichtverletzungen des Vorstands zu reagieren hat, wenn die Schadensersatzansprüche prozessual durchsetzbar und als beitreibbar anzusehen ist. Denn auch Aufsichtsräte sehen sich zunehmend Schadensersatzklagen ausgesetzt[592]. Es ist deshalb zu klären, ob

---

587 Vgl. *Krieger*, Handbuch Managerhaftung, § 3, Rn. 41 ff.; siehe auch: *Hopt/Roth*, GroßKommAktG, § 116, Rn. 304 f., die einer Geltendmachung durch den Vorstand grundsätzlich keinerlei praktische Relevanz zusprechen.

588 BGH, Urteil vom 21.04.1997 – II ZR 175/95, Rn. 22, juris.de; nochmals BGH, Urteil vom 16.03.2009 – II ZR 280/07, Rn. 30, juris.de; *Spindler*, AG 2013, 889 (898); *Schnorbus/Ganzer*, WM 2015, 1832 (1834 ff.); sog. zweistufiger Prüfungsaufbau, vgl. *Eichler/Höller*, AG 2012, 885 (886 ff.) mwN, wonach ausgehend von ARAG/Garmenbeck auf der ersten Stufe das Bestehen und die Durchsetzbarkeit eines Anspruchs zu prüfen sind und erst auf der zweiten Stufe abzuwägen ist, ob von einer Geltendmachung des Schadensersatzanspruches nicht doch in Rücksicht auf höherwiegender Interessen abgesehen werden kann.

589 LG Essen, Urteil vom 25.04.2012 – 41 O 45/10, Rn. 204, juris.de; *Schnorbus/Ganzer*, WM 2015, 1832 (1838 f.), mwN.

590 *Hopt/Roth*, GroßkommAktG, § 116, Rn. 150.

591 *Eichner/Höller*, AG 2011, 885 (887 ff.).

592 Vgl. nur *Habersack*, MünchKommAktG, § 116, Rn. 7; weshalb sie sich viel stärker in der Pflicht sehen, ihre Überwachungsaufgabe umso intensiver wahrzunehmen; *Dilling*, Wirksamkeit von Risikoausschlüssen, S. 23, der auf die Gefahr einer eigenen Strafbareit nach § 266 StGB hinweist, wenn begründete Ansprüche nicht geltend gemacht werden; *Bachmann*, Reform der Organhaftung, S. E 19 f.; *Hoffmann-Becking*, ZGR 2011, 136 (138).

er im Falle eines Schadens durch Pflichtverletzungen von Vorstandsmitgliedern zwingend verpflichtet ist, Schadensersatzansprüche geltend zu machen, um sich nicht selbst gemäß §§ 116, 93 Abs. 2 AktG schadensersatzpflichtig zu machen, oder ob eine Geltendmachung nicht möglicherweise zugunsten höherwertiger Interessen unterbleiben kann.

a) Inanspruchnahme als unternehmerische Abwägungsentscheidung

In der in dieser Arbeit bereits vielfach thematisierten ARAG/Garmenbeck-Entscheidung, nahm der BGH auch Stellung zur Frage, ob der Aufsichtsrats bei schadensbegründenden Pflichtverletzungen des Vorstands auch verpflichtet sei, diese durchzusetzen[593]. Hiernach habe der Aufsichtsrat den Schadensersatzanspruch grundsätzlich auch durchzusetzen, sofern nicht ausnahmsweise überwiegende Interessen der Gesellschaft einer Inanspruchnahme entgegenständen.

aa) Kein Verstoß gegen normierte Verzichts- und Vergleichsverbote

Zunächst ist herauszustellen, dass ein Absehen von der Inanspruchnahme des Vorstands(-mitglieds) nicht gegen § 93 Abs. 4 AktG verstößt. Hiernach sind ihm Schadensersatzansprüche nur nach dreijähriger Wartezeit und Zustimmung der Hauptversammlung erlassbar beziehungsweise ist ein Vergleich hierüber möglich[594]. Die Vertretungsbefugnis des Aufsichtsrats ist insoweit beschränkt, weshalb eine entsprechende Handlung nichtig und auch nicht durch einen späteren Hauptversammlungsbeschluss zu heilen ist[595]. Die Funktion der Sperrfrist liegt, ein wechselseitiges Verschonen von Aufsichtsrat und Vorstand vor Durchsetzung etwaiger Schadensersatzforderungen zu unterbinden[596].

Einer bei vordergründiger Betrachtung möglicherweise zu erkennenden Vergleichbarkeit der Nichtinanspruchnahme und einem (dauerhaften) Verzicht oder Vergleich[597] ist ebenso entgegenzutreten, wie dem Folgeeinwand, dass hierdurch das selbstständige Klageverfahren der Aktionäre aus §§ 142, 147 und 148 AktG vereitelt werde[598].

---

593 BGH, Urteil vom 21.04.1997 – II ZR 175/95, Rn. 24 f., juris.de; nochmals BGH, Urteil vom 16.03.2009 – II ZR 280/07, Rn. 30, juris.de.

594 Vertiefend: *Dauner-Lieb*, Henssler/Strohn GesR, § 93 AktG, Rn. 45 ff., mwN.

595 *Spindler*, MünchKommAktG, § 93, Rn . 254, es sei denn das betreffende Organmitglied ist insolvent und vergleicht sich mit Gläubigern oder Ersatzpflicht wird in einem Insolvenzplan geregelt, § 93 Abs. 4 S. 4 AktG; *Dauner-Lieb*, Henssler/Strohn GesR, § 93, Rn. 45 f.; *Fleischer*, Spindler/Stilz, § 93, Rn. 288, vielmehr bedarf es der Neuvornahme des Rechtsgeschäfts, die auch durch Bestätigung (§ 141 BGB) erfolgen kann.

596 *Bachmann*, Reform der Organhaftung, S. E 48.

597 *Spindler*, AG 2013, 889 (899), mwN.

598 Gleichfalls: *Paefgen*, AG 2008, 761 (764 ff.).

Schlösse der Aufsichtsrat nach Maßgabe des § 112 AktG als Vertretungsorgan der Aktiengesellschaft gegenüber dem Vorstand einen Vergleich über einen Schadensersatzanspruch oder verzichtete er sogar auf diesen, würde die Gesellschaft hierdurch rechtlich gebunden, sofern die Vereinbarung nicht ausnahmsweise rechtswidrig oder angefochten wäre. Eine solche vertragliche Vereinbarung schlösse ein späteres Schadensersatzverlangen hinsichtlich der betroffenen Pflichtverletzung demnach nachhaltig aus[599]. Hierdurch hätten die Aktionäre der AG keinerlei Einfluss mehr darauf, ob ein Vorstand(-smitglied) für sein Verhalten gegebenenfalls noch zur Rechenschaft gezogen wird oder nicht, sie müssten vielmehr hinnehmen, dass die Gesellschaft, und somit letztlich sie selbst, auf dem Schaden sitzen bleiben[600]. Dies sucht § 93 Abs. 4 S. 3 AktG zu verhindern, indem er einen Verzicht oder Vergleich vor Ablauf von drei Jahren grundsätzlich verbietet und im Anschluss nur mit Zustimmungsbeschluss der Hauptversammlung zulässt[601]. So haben die Aktionäre im Falle einer aus ihrer Sicht zu Unrecht nicht geahndeten Pflichtverletzung die Möglichkeit, nach Maßgabe des § 142 AktG den Sachverhalt mittels eines Sonderprüfers aufarbeiten zu lassen und eine Klageerhebung über §§ 147, 148 AktG zu forcieren[602]. Gleichfalls soll durch die Zeitsperre ermöglicht werden, dass der Schaden im Zeitpunkt der Entscheidung über einen Verzicht oder Vergleich seinem Ganzen Ausmaß nach übersehbar ist[603].

Anders verhält es sich jedoch bei der Entscheidung des Aufsichtsrates, den Vorstand (derzeit noch) nicht in Anspruch zu nehmen. Einer solchen Entscheidung wohnt keinerlei rechtliche Verbindlichkeit inne, weshalb sie auch nicht wie ein Verzicht oder Vergleich wirken und diesen somit auch nicht gleichzustellen sind[604]. Weder hat der Vorstand einrn Anspruch auf ein Absehen von der Geltendmachung, selbst bei vermeintlich überwiegendem Unternehmensinteresse, noch werden die

599 *Dietz-Vellmer*, NZG 2011, 248 (252), denn auch ein Klagezulassungsverfahren nach § 148 AktG setzt einen bestehenden Anspruch der Gesellschaft voraus, welcher durch wirksamen Verzicht oder Vergleich erlöschen würde.

600 *Fleischer*, Spindler/Stilz AktG, § 93, Rn. 276; *derselbe*, WM 2005, 909 (918).

601 *Dauner-Lieb*, Henssler/Strohn GesR, § 93, Rn. 46, vorbehaltlich anderer Regelung in der Satzung genügt die einfache Mehrheit, wobei es aus Gründen des Minderheitenschutzes einem Quorum von mind. zehn Prozent des Grundkapitals möglich ist, einen zunächst zulässigen Vergleich oder Verzicht durch schriftlichen Widerspruch beim amtierenden Notar zu verhindern.

602 Vgl. *Koch*, *Hüffer AktG*, § 147, Rn. 1, denn Mitglieder von Vorstand und Aufsichtsrat sollen sich nicht gegenseitig auf Kosten der Gesellschaft verschonen.

603 *Spindler*, MünchKommAktG, § 93, Rn. 251; *Fleischer*, Spindler/Stilz AktG, § 93, Rn. 282; *Dietz-Vellmer*, NZG 2011, 248 (249), der diesen starren Frist jedoch insoweit kritisch gegenübersteht, als dass diese gewollte und wirtschaftlich sinnvolle Vergleichsschlüsse unnötig verzögern könnte.

604 Gerade dies wäre aber Voraussetzung für eine Erstreckung des Verbots aus § 93 Abs. 4 S. 3 AktG auf die (vorläufige) Nicht-Geltendmachung von Schadensersatzansprüchen durch den Aufsichtsrat, vgl. *Fleischer*, Spindler/Stilz AktG, § 93, Rn. 287; *derselbe*, WM 2005, 909 (918).

Aktionäre gehindert Maßnahmen nach §§ 142, 147 f., AktG zu ergreifen[605]. Der Absehung von der Inanspruchnahme des Vorstands trotz eines bestehenden, durchsetz- und beitreibbaren Schadensersatzanspruchs stehen demnach die durch das UMAG eingeführten Schutzbestimmungen nicht entgegen, vielmehr können die Aktionäre nun ihrerseits selbst tätig werden[606]. Die Gefahr einer Anspruchsvereitelung besteht nicht[607]. Liegen die Kriterien der ARAG/Garmenbeck-Entscheidung vor, ist der Aufsichtsrat befugt, ohne Zustimmung der Hauptversammlung Schadensersatzansprüche (derzeit) nicht zu verfolgen[608]. Dies bedeutet aber im Umkehrschluss auch, dass sobald die Voraussetzungen des Absehens von der Inanspruchnahme wieder entfallen, der Schadensersatzanspruch auch geltend zu machen ist[609].

bb) Keine Beschränkung auf Ausnahmefälle

Auch ist zu zeigen, dass eine Inanspruchnahme keinesfalls die Regel zu sein hat, von der nur in seltenen Ausnahmefällen abgesehen werden darf. Zwar mag die Formulierung bei ARAG/ Garmenbeck eine solche Pflicht vorgeben[610]. Allerdings lässt die Stellung des Aufsichtsrates, insbesondere die Notwendigkeit seiner Verpflichtung auf das Unternehmensinteresse, eine hiervon abweichende Handhabung in der Praxis zu. So können die in der Theorie als Ausnahmefälle gedachten Momente, in der Rechtswirklichkeit letztlich sogar vielmehr die Regel sein[611].

---

605 *Krieger*, FS Bezzenberger, 211 (219); *Hasselbach/Seidel*, AG 2008, 770 (773); vgl. zudem *Paefgen*, AG 2014, 554 (575), der bei Stellung eines entsprechenden Antrags in der Hauptversammlung eine fortwährende Berichtspflicht des Aufsichtsrats an diese über das Absehen von einer Inanspruchnahme zur Ermöglichung von Maßnahmen nach § 142 AktG annimmt.

606 Vgl. *Hopt/Roth*, GroßkommAktG, § 116, Rn. 158, der Aufsichtsrat ist demnach nicht (mehr) die „letzte Instanz" für die Durchsetzung von Schadensersatzansprüchen.

607 *Paefgen*, AG 2014, 554 (573), der sich de lege ferenda gleichwohl für eine Streichung des § 93 Abs. 4 S. 3 AktG ausspricht; *derselbe*, AG 2008, 761 (765).

608 *Dietz-Vellmer*, AG 2011, 248 (251), was umgekehrt bedeutet, dass es dieser Kriterien, also die Nichtinanspruchnahme aufgrund höherrangiger Interessen, dann nicht bedarf, wenn er die Aktionäre hinsichtlich eines Verzichts oder Vergleichs beteiligt; ähnlich: *Rolf/Siewert/Tamcke*, CB 2016, 1 (4).

609 *Hasselbach/Seidel*, AG 2008, 770 (773), die gleichfalls betonen, dass etwaige Zusagen des Aufsichtsrat an den Vorstand, Schadensersatzansprüche (noch) nicht zu betreiben, stets mit einem Widerruf zu versehen um sich nicht dem Vorwurf einer Umgehung des § 93 Abs. 4 AktG auszusetzen.

610 Vgl. BGH, Urteil vom 21.04.1997 – II ZR 175/95, Rn. 25, juris.de; gleichfalls für grundsätzliche Pflicht: *Strohn*, Henssler/ Strohn, § 116 AktG, Rn. 15; *Herrmann/ Olufs/Barth*, BB 2012, 1935 (1942); *Bayer*, FS K. Schmidt 2009, 85 (99), der moniert, dass die praktische Umsetzung noch unzureichend sei.

611 So auch *Paefgen*, AG 2014, 554 (572); anders: *Bayer/Scholz*, NZG 2014, 926 (927, 929), mit Bedenken, dass zu wenig Inanspruchnahmen in der Öffentlichkeit das Bild einer unbilligen Vorstandshaftung und des Aufsichtsrat als „Gnadenrichter" hervorrufen könnten, weshalb stattdessen de lege ferenda eine Regressbegrenzung

Denn es besteht keinerlei Art von „Hygieneverpflichtung" für den Aufsichtsrat. Wichtig bleibt hierbei zu betonen, dass er kein Organ zur allgemeinen Ahndung von Rechts- oder vielmehr Pflichtverletzungen gleich einer Art unternehmensinterner Staatsanwaltschaft ist[612]. Vielmehr ist er bei seiner Tätigkeit maßgeblich dem Unternehmensinteresse verpflichtet und hat eine Ahndung des Vorstandshandelns demnach auch allein hieran zu messen[613]. Denn im Rahmen der Geltendmachung des Schadensersatzanspruches geht es alleine darum, der Gesellschaft diejenigen Mittel zurück zu geben, die ihr durch ein Vorstandsfehlverhalten entzogen wurden[614]. Daher kann es trotz des monetären Interesses an der Regresszahlung sehr wohl geboten sein, im Sinne höherrangiger Gesichtspunkte von einer Inanspruchnahme derzeit (noch oder teilweise) abzusehen[615]. So ergibt es als Beispiel in diesem Lichte betrachtet durchaus Sinn, einen einmalig oder im Verhältnis zu seiner sonstigen Tätigkeit unbedeutend pflichtvergessenen Vorstand nicht in Regress zu nehmen, um seine Fähigkeiten dem Unternehmen weiterhin zu sichern, weil beispielsweise keine vergleichbare Führungskraft zu finden ist und sich die Arbeit bewährt hat, oder aber eine schnelle Einarbeitung im Rahmen einer Krise nicht möglich erscheint.

Der BGH nennt als „Ausnahmetatbestände", die es zum Wohle des Unternehmens erlaubten von einer Geltendmachung der Schadensersatzforderung abzusehen exemplarisch negative Auswirkungen auf die Geschäftstätigkeit und das Ansehen der Gesellschaft in der Öffentlichkeit, die Behinderung der Vorstandsarbeit sowie die Beeinträchtigung des Betriebsklimas[616]. Ein anderer Gesichtspunkt kann auch der sein, dass der Aufsichtsrat den Vorstand wegen kleinerer Pflichtverletzungen nicht

---

befürwortet wird; ähnlich: *Wagner*, ZHR 178 (2014), 227 (239 f., 261 f.), der sich für eine Stärkung der Haftungsdurchsetzung ausspricht.

612 Vgl. *Lutter/Krieger*, Rechte und Pflichten des Aufsichtsrats, § 12, Rn. 983; *Eichner/Höller*, AG 2011, 885 (893), der zurecht auf die vollkommen eigenständige Aufgabenstellung des Aufsichtsrats verweist: die Durchsetzung des Schadensersatzanspruchs sei „kein Selbstzweck".

613 So ausdrücklich: BGH, Urteil vom 16.03.2009 – II ZR 280/07, Rn. 30, juris.de; Vgl. *Hennssler*, Henssler/Strohn GesR, § 116 AktG, Rn. 15; *Schnorbus/Ganzer*, WM 2015, 1832 (1834); *Paefgen*, AG 2014, 554 (571); *Eichner/Höller*, AG 2011, 885 (886), „auch in Haftungsangelegenheiten gilt das Primat des Unternehmensinteresses"; *Hasselbach/Ebbinghaus*, AG 2014, 873 (877), entgegen des AktG von 1937 sei eine Berücksichtigung öffentlicher Interessen gerade nicht angezeigt; *Paefgen*, AG 2008, 761 (764), dem daher auch die Berechtigung zustehe, dass allgemein bestehende Unternehmensinteresse einzelfallbezogen zu konkretisieren; Vgl. auch *Diekmann/Fleischmann*, AG 2013, 141 (143).

614 Zurecht: *Schnorbus/Ganzer*, WM 2015, 1832 (1834), die Vorstandshaftung stelle gerade keinen Selbstzweck dar.

615 BGH, Urteil vom 16.03.2009 – II ZR 280/07, Rn. 15, juris.de; *Habersack*, MünchKommAktG, § 111, Rn. 36 f.

616 BGH, Urteil vom 21.04.1997 – II ZR 175/95, Rn. 25, juris.de; anders: *Spindler*, AG 2013, 889 (898), der jedenfalls allgemeine Reputationsschäden nicht ausreichen lassen will.

in Anspruch nimmt, um eine gute Zusammenarbeit nicht über Gebühr zu belasten. Denn es gilt das Prinzip der kollegialen Zusammenarbeit[617], wonach Vorstand und Aufsichtsrat grundsätzlich vertrauensvoll zusammenzuarbeiten haben. Es würde dem Unternehmen massiv zum Nachteil gereichen, wenn beide Organe einander fortwährend in Anspruch nähmen und dies in keinerlei Verhältnis zum daraus resultierenden Schaden für das Unternehmen stünde.[618] Zuletzt ist auch zu beachten, dass sich Inanspruchnahmen auch finanziell nicht lohnen müssen. So sind Organhaftungsfälle neben den sonstigen zuvor gezeigten negativen Begleiterscheinungen regelmäßig komplex und verursachen in ihrer Durchsetzung immense Kosten, die eine etwaige D&O-Versicherung in erheblichem Maße aufzehren können, was eine Durchsetzung als schlicht nicht rentabel erscheinen lassen kann[619].

Diese keinesfalls abschließende Liste möglicher Beispiele höherrangiger Unternehmensinteressen zeigt, dass eine Abwägung sich keinesfalls in einer vorschnellen Forderung einer grundsätzlichen Inanspruchnahme erschöpft, von der nur in wenigen Ausnahmefällen abgesehen werden kann. Ganz im Gegenteil hat der Aufsichtsrat eine Vielzahl an Einzelumständen und deren langfristigen Auswirkungen auf die Gesellschaft zu berücksichtigen, um für deren Wohl die vermeintlich beste Entscheidung abzuwägen[620]. Das bedeutet keinesfalls, dass hier einer Verschonung pflichtvergessener Vorstände das Wort geredet werden soll[621]. Natürlich kann eine Abwägung auch zu dem Ergebnis kommen, dass eine Inanspruchnahme des jeweiligen Vorstands(-mitglieds) trotz sich hieraus ergebender Nachteile letztlich dem Unternehmenswohl am besten dient Denn ohne Zweifel bedarf es hier immer eines tragenden Grundes, der in seiner Wichtigkeit einen durchsetz- und beitreibbaren Geldanspruch überwiegen muss[622]. Auch kann es im Umkehrschluss zum zuvor Gesagten gleichwohl geboten sein, eine an sich unrentable Durchsetzung des Haftungsanspruchs zu betreiben, wenn der Reputationsverlust des Unternehmens nur hierdurch geheilt werden kann[623]. Insbesondere sollen Abwägungsgründe zugunsten des betroffenen Organmitglieds dann deutlich geringer zu gewichten

617 *Hopt/Roth*, GroßkommAktG, § 116, Rn. 173.

618 *Habersack*, MünchKommAktG, § 111, Rn. 37.

619 *Bachmann*, Reform der Organhaftung, S. E 23 f., eine „Arbeitsbeschaffung für Anwälte ist nicht das Ziel der Organhaftung".

620 Ebenso: *Arnold*, Die Steuerung des Vorstandshandelns, S. 189; *Paefgen*, AG 2014, 554 (572); *Grunewald*, AG 2013, 813 (814); *Eichner/Höller*, AG 2011, 885 (893).

621 So aber offensichtlich *Wagner*, ZHR 178 (2014), 227 (239 f.), für den der Hauptgrund der Nichtgeltendmachung von Schadensersatzansprüchen der Interessenkonflikt der Aufsichtsräte ist, sich bei Bekanntwerden von Pflichtverstößen des Vorstands nicht dem Vorwurf eigener Pflichtvergessenheit in der Aufsicht aussetzen zu wollen.

622 *Hopt/Roth*, GroßkommAktG, § 116, Rn. 158, die in Anlehnung an ARAG/Garmenbeck auch eine Gleichwertigkeit der widerstreitenden Interessen für ausreichend erachten.

623 *Bachmann*, Reform der Organhaftung, S. E 24, E 76 f.

sein, wenn sie (zumindest finanziell) durch eine D&O-Versicherung abgefangen werden[624]. Dann ist die Inanspruchnahme jedoch das Ergebnis einer sorgfältigen und gesamtbetrachtenden Abwägung und nicht die vermeintlich zwingende Folge einer faustformelartigen Grundintention, von der nur in wenigen Ausnahmefällen abgesehen werden darf. Denn es handelt sich nur um einen Geldanspruch, nicht weniger, aber eben auch nicht mehr[625]. Ausgangspunkt muss eine offene Abwägung zugunsten des Unternehmensinteresses bleiben[626].

Zu klären ist nun, woran die Abwägungsentscheidung rechtlich zu messen beziehungsweise anhand welcher Kriterien sie im Nachhinein zu bewerten ist. Es kann sich dabei nur um eine Bewertung im Einzelfall handeln, da das „optimale Maß der Durchsetzung" sich nicht verbindlich festlegen lässt[627].

Hier lassen sich gute Gründe für die Anwendung der Business Judgment Rule ins Feld führen. Denn es ist wie oben schon gezeigt anerkannt, dass die Business Judgment Rule gemäß des Verweises von § 116 S. 1 AktG auf § 93 AktG und somit auf § 93 Abs. 1 S. 2 AktG auch entsprechend für den Aufsichtsrat gilt[628]. Bei der Entscheidung, ob der Aufsichtsrat den durchsetz- und beitreibbaren Schadensersatzanspruch gegen Vorstand beziehungsweise einzelne seiner Mitglieder auch (derzeit) tatsächlich geltend macht, handelt es sich um eine zukunftsorientierte Abwägungsentscheidung mit erheblichem Spielraum und Wertungsmöglichkeiten. Die unternehmerische Dimension, dieser von Ungewissheit und Abwägung geprägten Interessenfindung ist offenkundig[629]. Denn er muss ausweislich des zuvor Gesagten anhand eines selbst zu erarbeitenden, den Umständen des Einzelfalls angemessenen Informationsniveaus eine Prognose treffen, ob eine Inanspruchnahme oder ein Absehen hiervon sich positiver auf das Unternehmenswohl auswirkt. Nicht selten wird es hier ex-ante verschiedene Entscheidungsvarianten geben, deren nachheriger Ausgang im besten Falle ungewiss ist. Trifft der Aufsichtsrat hier gutgläubig im Interesse des Unternehmens eine Entscheidung, die sich nicht außerhalb jeglicher

---

624 *Dilling*, Wirksamkeit von Risikoausschlüssen, S. 23, der zudem auf die Gefahr einer eigenen Strafbareit nach § 266 StGB hinweist, wenn begründete Ansprüche nicht geltend gemacht werden; *Bachmann*, Reform der Organhaftung, S. E 19 f., „Deckung erzeugt Haftung", wonach Inanspruchnahmen nicht selten allein dem Schutz des Inanspruchnahmen vor eigenen Verfehlungsvorwürfen darstellten; *Hasselbach/Seidel*, AG 2008, 770 (775).

625 Vgl. hierzu auch: *Brommer*, AG 2013, 121 (124), wonach die Absehung von der Geltendmachung der Schadensersatzansprüche zugunsten höherrangiger Unternehmensinteressen zurecht gelebte Praxis sei.

626 Ebenfalls jede schematische Lösung ablehnend: *Hopt/Roth*, Großkomm-AktG, § 116, Stand: 01.10. 2005, Rn. 158; *Grunewald*, AG 2013, 813 (814); vgl. auch: *Koch*, AG 2012, 429 (431).

627 Vgl. *Bachmann*, Reform der Organhaftung, S. E 78 f.

628 *Bürgers/Israel*, Bürgers/Körber, § 116, Rn. 9, 12 ff.; vgl. zudem entsprechende Ausführungen unter E.III.

629 *Paefgen*, AG 2008, 761 (763).

unternehmerischer Sorgfalt bewegt, so kann ihm hieraus im Falle einer nachteiligeren Entwicklung im Nachhinein kein Nachteil erwachsen[630]. Es spricht daher viel dafür, ihm insoweit ein unternehmerisches Ermessen zuzubilligen[631].

Die Geltendmachung eines Schadensersatzanspruches gegen den Vorstand wegen einer Legalitätspflichtverletzung bildet hierbei keine Ausnahme. Denn die Inanspruchnahme, also die sanktionsrechtliche Bewertung des Verhaltens des Vorstands, ändert sich nicht durch die Art des zugrundeliegenden Pflichtenverstoßes. Das widerspricht auch nicht der verhaltenssteuernden[632] und disziplinierenden Funktion der Legalitätspflicht des Vorstandes, da sein Verhalten ja rechtswidrig bleibt und auch weiterhin vorerst jederzeit sanktioniert werden kann[633]. Selbstredend kann ein Rechtsverstoß aber die Abwägung der Inanspruchnahme insbesondere unter dem Punkt der negativen Auswirkungen in der Öffentlichkeit zulasten des pflichtvergessenen Organmitglieds beeinflussen, weil diese es dem Unternehmen wohl kaum „nachsehen wird“, wenn deren Leitung sanktionslos geltendes Recht missachtet[634].

---

630 LG Essen, Urteil vom 25.04.2012 – 41 O 45/10, Rn. 204, juris.de, wonach zwar keine unternehmerische Entscheidung vorliege, der dem Aufsichtsrat zuzubilligende Entscheidungsspielraum aber dennoch nur eingeschränkt gerichtlich überprüfbar sein soll.

631 *Krieger*, Handbuch Managerhaftung, § 3, Rn. 48; *Schnorbus/Ganzer*, WM 2015, 1832 (1842); *Paefgen*, AG 2014, 554 (571); *derselbe*, AG 2008, 761 (764 ff.); *Eichner/Höller*, AG 2011, 885 (893); wohl auch: *Habersack*, MünchKommAktG, § 111, Rn. 37, für die Frage der Beurteilung und Abwägung höherrangiger Interessen der Gesellschaft; *Dietz-Vellmer*, AG 2011, 248 (251), wenngleich im Zusammenhang mit dem Abschluss eines Vergleichs; ebenfalls für eine solch eingeschränkte Anwendbarkeit der Business Judgment Rule, *Bürgers/Israel*, Bürgers/Körber, § 116, Rn. 16; kritisch: *Koch*, NZG 2014, 934 (939 f.), mwN auf kritsche Ansichten, der zwar einen Entscheidungsspielraum zubilligt, diesen aber nicht als unternehmerische Entscheidung iSd § 93 Abs. 1 S. 2 AktG verstanden wissen will, um so eine volle gerichtliche Überprüfbarkeit zu ermöglichen.

632 Vgl. hierzu im Allgemeinen: *Brommer*, AG 2013, 121 (122 f.), wonach die Vorstandshaftung zumindest in Großunternehmen allein verhaltensdisziplinierend sei, da wegen der oftmals großen Schäden, der aber vergleichsweise geringen Leistungsfähigkeit der in Anspruch zu nehmenden Vorstandsmitglieder, die zu realisierende Kompensation oftmals nur einen „Tropfen auf den heißen Stein“ darstelle.

633 *Paefgen*, AG 2014, 554 (572), mit Verweis auf § 130 Abs. 1 OWiG, der lediglich das Ergreifen „erforderlicher“ Maßnahmen, aber nicht die zwingende Inanspruchnahme vorschreibe sowie entsprechender Bezugnahmen auf rechtsvergleichende Überlegungen.

634 Vgl. *Eichner/Höller*, AG 2011, 885 (893), die wiederum zur Vermeidung von Schadensersatzklagen Dritter oder Ermittlungen durch (ausländische) Behörden, das Absehen von einer gerichtlichen Durchsetzung des Schadensersatzanspruchs für zulässig erachten. Hierbei ist jedoch zumindest mit Nachdruck kritisch anzumerken, dass die jüngsten Skandale gezeigt haben, dass es im Nachgang ohnehin zu einer umfassenden Aufarbeitung kommt. Wird die Aufarbeitung jedoch erst

Mangels anderweitiger überwiegender Unternehmensinteressen dürfte es im Falle der Insolvenz des Unternehmens hingegen stets zu einer Inanspruchnahme des pflichtvergessenen Organs kommen[635].

b) Voraussetzungen des Absehens von Inanspruchnahme

Damit sich die Aufsichtsratsmitglieder später auf den sicheren Hafen der Business Judgment Rule berufen können, müssen deren Voraussetzungen auch gewahrt sein. Dies ist, wie bereits zuvor gezeigt, der Fall, wenn der Entscheidungsträger vernünftigerweise annehmen durfte auf Grundlage angemessener Informationen zum Wohle der Gesellschaft zu handeln. Besonderes Augenmerk hat an dieser Stelle auf dem Erfordernis der angemessenen und stets zu aktualisierenden Entscheidungsgrundlage sowie auf der Unbefangenheit der Entscheidungsträger zu liegen, damit die Findung und Durchsetzung des Unternehmensinteresses nicht durch sachfremde Einflüsse verfälscht wird[636].

Hieraus folgt auch, dass das Ergebnis einer einmal durchgeführten Abwägung nicht auf ewig in Stein gemeißelt bleiben muss. Haben sich Fakten, rechtliche Bewertungsmaßstäbe oder sonstige die Beurteilung beeinflussende Umstände geändert, kann sich der bisher zugunsten des betroffenen Vorstands(-mitglieds) gehobene Daumen auch zu dessen Lasten senken. Der Aufsichtsrat bleibt also verpflichtet, die Abwägung einer regelmäßigen Überprüfung zu unterziehen. An dieser Stelle sei nochmals darauf hingewiesen, dass der Vorstand selbstredend keinen Anspruch auf ein Absehen von der Geltendmachung des Schadensersatzanspruches hat oder gar über alle Maßen schutzwürdig wäre[637]. Infolgedessen kann sich dieser auch trotz einmal getroffener Entscheidung von einer Inanspruchnahme abzusehen, keinesfalls in Sicherheit wiegen. Bewertungsmaßstab sowie Dreh- und Angelpunkt der Abwägung hat allein das Unternehmensinteresse zu sein. Zur Vermeidung eigener Haftung ist dem Aufsichtsrat daher eine fortlaufende und detaillierte Dokumentation der einzelfallbezogenen Abwägungsentscheidung mit all ihren Argumenten zu empfehlen, die – sofern eingeholt – auch den hinzugezogenen Rechtsrat umfassen sollte[638].

---

nachträglich durch die Öffentlichkeit rein „faktisch" erzwungen, müssten sich Aufsichtsratsmitglieder zumindest mit dem Vorwurf auseinandersetzen rechtswidriges Verhalten zugelassen, wenn nicht gar vertuscht zu haben. Ob das im Unternehmensinteresse geschieht, darf angezweifelt werden.

635 *Paefgen*, AG 2014, 554 (573).

636 *Paefgen*, AG 2014, 554 (574 f.); *derselbe*, AG 2008, 761 (766 ff.), mit ablehnenden Erwägungen zu möglichen Stimmrechtsausschlüssen.

637 *Grunewald*, AG 2013, 813 (814).

638 *Hasselbach/Seibel*, AG 2008, 770 (774 f.).

V. Zwischenergebnis des Allgemeinen Teils zur Verortung der Legalitätspflicht und Behandlung derer Verletzung

Die Legalitätspflicht ist Teil der Leitungsaufgabe und hat ihre Grundlage in einem übergesetzlichen Rechtsprinzip, nachdem derjenige, der handelt, auch die Verantwortung für die Beachtung der geltenden Gesetze trägt. Da die AG als juristische Person nur durch ihre Organe handeln kann, müssen sie in dieser Funktion auch grundsätzlich für ihr Handeln verantwortlich sein, weshalb eine Leitungsentscheidung, die gegen ein Gesetz verstößt, grundsätzlich auch eine Pflichtwidrigkeit darstellt, die gegebenenfalls entschuldigt sein kann. Soweit die Legalitätspflicht in einzelnen Regelungen im AktG Erwähnung findet, ist dies Ausdruck der Legalitätspflicht, nicht aber ihre Grundlage.

Bei der Bewertung unklarer Rechtslagen ist der Vorstand einer der unternehmerischen Entscheidung vergleichbaren Unsicherheit ausgesetzt, da sich deren spätere Auslegung durch ein Gericht genauso wenig vorhersagen lässt, wie der Absatz eines speziellen Produkts am Markt. Er kann daher lediglich ex-ante die bestehende Rechtssituation angemessen analysieren und sich dann für eine vertretbare Rechtsauslegung entscheiden. Hat er dies getan, ist ihm zumindest im Zivilrecht bereits aus Pflichtwidrigkeitsgesichtspunkten kein Vorwurf zu machen.

Einer (gegebenenfalls analogen) Anwendung der Business Judment Rule bedarf es zur Bewältigung der Problematik jedoch nicht. Sie ist ausweislich der Begründung des Gesetzgebers für unternehmerische Entscheidungen vorgesehen, sodass es schon an einer planwidrigen Regelungslücke fehlt. Darüberhinaus besteht hier keine Gefahr, dass sich der Richter als besserer Unternehmer geriert und eine unternehmerische Entscheidung vorschnell in die Kategorie richtig oder falsch einordnet. Vielmehr ist er fachlich sehr wohl in der Lage eine gefundene Rechtsauslegung als noch vertretbar oder nicht vertretbar zu würdigen. Eine entsprechende Prüfung bei Pflichtverstößen von Anwälten oder Ärzten hat dies bereits gezeigt.

Verursacht der Vorstand durch die Leitungsentscheidung eine Gesetzesverletzung und begeht somit einen Legalitätspflichtverstoß, stellt das Buß- oder Strafgeld einen ersatzfähigen Schaden da. Von der Geltendmachung darf der Aufsichtsrat jedoch aus überwiegendem Unternehmensinteresse absehen, wenn dem monetären Interesse an der Erstattung ein gleich- oder höherwertiges Interesse, wie beispielsweise die weitere Bindung eines verdienten Vorstands oder die Vermeidung weiterer Rufschäden, gegenübersteht. Hierbei hat er jedoch fortlaufend zu überprüfen, ob die Voraussetzungen des Absehens von einer Inanspruchnahme noch vorliegen.

F. Besonderer Teil: Möglichkeiten der Haftungsvermeidung bei risikoträchtigen Rechtseinschätzungen

In diesem besonderen Teil meiner Dissertation möchte ich mich – aufbauend auf den allgemeinen Erwägungen zur Legalitätspflicht und der Behandlung eines Legalitätspflichtvertoßes – mit den Möglichkeiten zur Haftungsvermeidung bei risikoträchtigen Rechtseinschätzungen beschäftigen. Hierfür soll zunächst die Möglichkeit der Hinzuziehung eines Rechtsberaters, insbesondere auf Grundlage der bereits zitierten ISION-Entscheidung des BGH, in den Blick genommen werden. Dazu werden die Voraussetzungen auf Seiten des ratsuchenden Organmitglieds sowie auf Seiten des ratgebenden Berufsträgers erläutert. Es ist nochmals klarzustellen, dass in dieser Arbeit begrifflich allein der „unvermeidbare Rechtsirrtum" verwandt wird, unabhängig davon, ob er im konkreten Fall zu einem Entfall der Pflichtwidrigkeit[639] oder lediglich zu einem fehlenden Verschulden führt. Von besonderem Interesse soll hier auch die vielfach umstrittene Frage sein, ob auch der unternehmensinterne Syndikus tauglicher Rechtsberater sein kann.

Im Anschluss hieran folgt eine Analyse, ob das Unternehmen zugunsten verdienter Organmitglieder berechtigt ist, das pflichtvergessene und in Anspruch genommene Organmitglied von einem Regress wegen einer Legalitätspflichtverletzung freizustellen oder eine solche Freistellung sogar bereits im Vorfeld zusagen darf. Dabei sind insbesondere das Strafrecht und gesellschaftsrechtliche Vorschriften, die dem entgegenstehen könnten, in den Blick zu nehmen. Hierbei soll ebenfalls untersucht werden, inwiefern Inanspruchnahmen wegen Legalitätspflichtverletzungen durch die D&O-Versicherung erstattet werden, oder ob eine solche Versicherung immerhin zusätzlich vereinbart werden kann.

Zuletzt sollen in der Literatur in jüngster Zeit vermehrt auftretende Ansätze und Forderungen nach einer Regressbegrenzung auf ihre Vereinbarkeit und Umsetzbarkeit im geltenden Recht hin untersucht werden.

639 Dass bei unklarer Rechtslage schon die Annahme einer Pflichtwidrigkeit problematisch ist – vgl. entsprechende Ausführungen unter E.II.2)b)ee) und E.II.3)b)aa) und ee) – soll hier zur vereinfachten Handhabung der rechtlichen Einordnung einer Rechtsberatung anheim stehen.

I. Die Haftungsvermeidung durch Rechtsratsberatung auf Grundlage der ISION-Entscheidung

1) Der Inhalt des ISION-Urteils des BGH

Am 20.09.2011 urteilte der BGH zur Organhaftung von Vorstand und Aufsichtsrat wegen einer Verletzung derer Legalitätspflicht. Der zugrunde liegende Sachverhalt hatte die Unzulässigkeit einer Kapitalerhöhung durch eine Sacheinlage zum Gegenstand, die Vorstand und Aufsichtsrat fälschlicherweise für zulässig hielten. So beabsichtigte eine Gesellschaft ihrer Einlageverpflichtung zur Ausgabe der Aktien des Unternehmens seinerzeit dadurch nachzukommen, dass sie lediglich auf einen Rückgewähranspruch von eigenen Aktien, den sie gegen das Unternehmen hatte, bei dem die Einlage zu leisten war, verzichtete und somit eine Sacheinlage vornahm[640]. Der Zulässigkeit eines solchen Vorgehens stand jedoch die Vorschrift des § 205 Abs. 4 S. 4 AkG a.F. entgegen, die in seiner damaligen Fassung eine Ausgabe der Aktien allein gegen eine Bareinlage vorsah. Da die kapitalerhöhende AG (in der Ansicht der Zulässigkeit eines solchen Vorgehens) die Aktien ohne entsprechende Bareinlageleistung dennoch ausgab, machte sich der Vorstand (und gleichwohl der Aufsichtsrat über § 116 AktG) gemäß § 93 Abs. 3 Nr. 4 AktG schadensersatzpflichtig.

Zur hier entscheidungserheblichen Frage nach einem ggfs. unvermeidbaren Rechtsirrtum kam es deshalb, weil der Vorstand in der vollen Überzeugung handelte, dass sein Verhalten rechtmäßig gewesen sei. Diese (im Nachhinein als falsch festgestellte) Rechtseinschätzung fußte darauf, dass der in sämtliche streitgegenständliche Vorgänge eingeweihte Vorsitzende des Aufsichtsrates zugleich Partner der die Gesellschaft dauerhaft beratenden Rechtsanwaltskanzlei war und das Vorgehen als zulässig bewertete.

Im Ergebnis verwehrte der BGH sowohl den betroffenen Vorstandsmitgliedern als auch dem Aufsichtsratsvorsitzenden eine Enthaftung unter Berufung auf den unvermeidbaren Rechtsirrtum, da der Irrtum über die Unzulässigkeit der Sacheinlage entgegen der Auffassung von Vorstand und Aufsichtsrat sehr wohl vermeidbar gewesen sei.

Hierzu führt er insbesondere in Ziffer 18 seines Urteils aus:

> *„Um den* ***strengen Anforderungen*** *an die dem Vorstand obliegende Prüfung der Rechtslage und die Beachtung von Gesetz und Rechtsprechung* ***zu genügen, reicht*** *eine* ***schlichte Anfrage*** *bei einer von dem organschaftlichen Vertreter für fachkundig gehaltenen Person durch die Gesellschaft* ***nicht aus****. Erforderlich ist vielmehr, dass sich das Vertretungsorgan, das* ***selbst nicht*** *über die* ***erforderliche Sachkunde*** *verfügt, unter* ***umfassender Darstellung*** *der Verhältnisse der Gesellschaft und Offenlegung der erforderlichen Unterlagen von einem* ***unabhängigen,*** *für die zu klärende Frage* ***fachlich qualifizierten Berufsträger***

640 BGH, Urteil vom 20.09.2011 – II ZR 234/09, Rn. 6, juris.de.

beraten lässt und die erteilte Rechtsauskunft einer ***sorgfältigen Plausibilitätsprüfung*** *unterzieht*" (Hervorhebungen durch den Verfasser)[641].

Hieraus ergeben sich verschiedenerlei Anforderungen an den unvermeidbaren Rechtsirrtum auf Grundlage eines eingeholten Rechtsrates, die nun im Folgenden genauer zu untersuchen sind. Da es bei Beachtung dieses Grundsatzes zu einem Haftungsausschluss des betroffenen Organmitglieds kommt, wird zuletzt auch vermehrt von einer sog. „Legal Judgment Rule" gesprochen[642].

2) Reichweite des Urteils

a) Übertragbarkeit auf andere Beratungsfelder

Das Urteil bezieht sich wie zuvor gezeigt auf die Legalitätspflicht und die Möglichkeit, sich unter den noch näher auszuführenden Voraussetzungen mittels eines externen Rechtsrats vor einer Pflichtwidrigkeit beziehungsweise zumindest vor einem diesbezüglichen Verschuldensvorwurf zu schützen[643]. Das soll aber keineswegs darüber hinwegtäuschen, dass die externe Beratung auch für andere Bereiche der Entscheidungsfindung von Geschäftsleitern und Aufsichtsräten von zunehmend hoher Bedeutung ist[644]. Die nachfolgenden Erwägungen entfalten somit trotz ihrer Fokussierung auf die Legalitätspflicht auch über diese hinaus Bedeutung[645], indem sie die Anforderungen, unter welchen Umständen auf externen Rat vertraut werden darf, detailliert ausleuchten.

b) Übertragbarkeit auf andere jur. Personen

Das Urteil betrifft die Legalitätspflicht des Vorstands als Leitungs- und des Aufsichtsrates als Überwachungsorgan der AG und gilt somit zunächst für das AktG. Eine Aussage hinsichtlich der Übertragbarkeit der Erwägungen zum unvermeidbaren Rechtsirrtum auf andere Leitungsorgane, bspw. derer einer GmbH, enthält es hingegen nicht. Gegen eine grundsätzliche Übertragung auf andere Geschäftsleiter lassen sich jedoch keine durschlagenden Bedenken finden.

Denn trotz etwaiger Unterschiede, wie z. B. der Weisungsfreiheit des Vorstands gegenüber der Hauptversammlung aus §§ 76, 119 Abs. 2 AktG im Vergleich zur Weisungsgebundenheit des Geschäftsführers einer GmbH gegenüber der Gesellschafterversammlung gemäß § 37 Abs. 1 GmbHG trifft auch den Geschäftsführer

641 BGH, Urteil vom 20.09.2011 – II ZR 234/09, Rn. 18, juris.de; bestätigt: BGH, Urteil vom 27.03.2012 – II ZR 171/10, Rn. 16, juris.de.

642 Vgl. nur *Paefgen*, AG 2014, 554 (560).

643 *Wagner*, BB 2012 (651 (653).

644 Sog. „reliance defence", vgl. *Fleischer*, KsZW 2013, 3 (5 ff.), mit entsprechenden Ausführungen zur Beratung durch Investmentbanker, Unternehmensberater und andere; *Werner*, ZWH 2014, 449 (453).

645 Ebenso: *Berger*, Vorstandshaftung und Beratung, S. 71 ff.

einer GmbH eine Legalitätspflicht[646]. Er ist somit im gleichen Maße zur Einhaltung der Gesetze verpflichtet[647], handelt im Falle derer Missachtung pflichtwidrig und haftet der GmbH im Falle eines entsprechend kausal verursachten Schadens nach Maßgabe § 43 Abs. 2 GmbHG auf Schadensersatz[648]. Im Weiteren übertrug der BGH zudem die Anforderungen hinsichtlich der Hinzuziehung externen Expertenrats von der AG entsprechend auf die GmbH[649].

Folglich lassen sich die nachfolgenden Ausführungen grundsätzlich auch auf den unvermeidbaren Rechtsirrtum von GmbH-Geschäftsführern bei Hinzuziehung eines Rechtsrats übertragen. Wegen des Verweises in § 39 SEAG auf § 93 AktG gelten diese Erwägungen gleichwohl für die SE.

Dass im Folgenden maßgeblich vom Vorstand die Rede ist, bedeutet keinesfalls, dass diese Ausführungen nicht auf für den Aufsichtsrat gelten. Denn beide trifft die Legalitätspflicht für ihre Tätigkeit in gleichem Maße. Der sprachliche Zuschnitt soll allein der Leserlichkeit der Ausführungen dienen. Sofern nicht ausdrücklich auf Unterschiede hingewiesen wird, gelten die Aussagen demnach entsprechend.

3) Fehlende Sachkunde

a) Grundsätzliche Pflicht zur Selbstinformation

Wie bereits im Allgemeinen Teil umfassend dargestellt, treffen den Vorstand wie auch den Aufsichtsrat im Rahmen ihrer Tätigkeit mannigfaltige Kenntnis- und diesbezügliche Informationspflichten[650]. Sie haben die für ihre Leitungs- beziehungsweise Überwachungstätigkeit notwendigen Kenntnisse und Fähigkeiten zunächst grundsätzlich selbst zu besitzen beziehungsweise sich diese im Bedarfsfall vor Antritt des Postens anzueignen[651]. Haben sie diese nicht, kommt eine Haftung aus Übernahmeverschulden in Betracht. Welche Kenntnisse als notwendig zu bezeichnen sind ist, wie bereits dargestellt Frage des Einzelfalls und anhand Art, Größe und Tätigkeitsbereich des Unternehmens sowie Zuschnitts der übernommenen Aufgabe festzustellen.

Fehlen ihnen über den nötigen Grundstock hinaus Rechtskenntnisse, haben sie sich diese – gegebenenfalls unter Hinzuziehung eines Rechtsrates – zu verschaffen

646 Somit kommt es auf die bereits oben bei *Fleischer*, NZG 2011, 521 (523 ff.), angesprochenen Unterschiede der Gesellschaftsformen nicht an, da die Problematik der Übertragbarkeit von AG-Grundsätzen sich maßgeblich auf die Business Judgment Rule bezieht, um die es hier ja gerade nicht geht.

647 Anstatt vieler: *Altmeppen*, Roth/Altmeppen GmbHG, § 43, Rn. 6 mwN.

648 Anstatt vieler: *Zöllner/Noack*, Baumbach/Hueck GmbHG, § 43, Rn. 17.

649 BGH, Urteil vom 27.03.2012 – II ZR 171/10, Rn. 16, juris.de mwN, zum Fall der Prüfung der Insolvenzreife durch einen Wirtschaftsprüfer.

650 Siehe entsprechende Ausführungen unter E.I.3) und E.III.1)2).

651 Siehe Verweis zuvor und *Binder*, AG 2008, 274 (282 f.).

und tragen dabei grundsätzlich das Risiko die Rechtslage zu verkennen[652]. Dabei ist grundsätzlich zu erwarten, dass sie die Notwendigkeit einer Beratung aufgrund eines Kenntnisdefizits erkennen[653].

b) (externer) Rechtsrat nur bei tatsächlichem Beratungsbedarf

Daraus folgt, dass der unvermeidbare Rechtsirrtum aufgrund eines externen Rechtsrats folglich nur bestehen kann, wenn die eigene Sachkunde fehlt und darauf hin ein Berater hinzugezogen wird. Keinesfalls kann ein vermeidbarer Rechtsirrtum vorliegen, wenn das Organ bereits Rechtskenntnis hat oder aber aufgrund seines Amtes selbst hätte haben müssen[654].

Hierbei ist das grundsätzliche Spannungsverhältnis zu beachten, innerhalb dessen der Rückgriff auf eine Rechtsberatung einzuordnen ist. Einerseits darf die Geschäftsleitung und deren Überwachung nicht für jede Beurteilung im Unternehmen verantwortlich gemacht werden. In der immer schneller und komplexer werdenden Geschäftswelt, ist es unerlässlich, dass die Organe nicht nur die Ausführung ihrer Entscheidungen teilweise delegieren dürfen[655], sondern auch die sie vorbereitende Informationsgewinnung und -bewertung, um die Geschäftstätigkeit nicht vollauf abzuwürgen sondern vielmehr effektiv und effizient zu gestalten[656]. Müsste sich der Vorstand in jedes rechtliche Detail einarbeiten, wäre ihm seine eigentliche Aufgabe aufgrund seiner begrenzten Ressourcen nicht mehr möglich, nämlich das Gesamtunternehmen zu leiten[657]. Weiterhin steigt durch die Hinzuziehung fremder Expertise grundsätzlich das Informationsniveau des Unternehmens, was der späteren Entscheidungsfindung zweifelsohne positiv zugute kommt[658]. Andererseits darf er die Möglichkeit, sich versierter externer oder interner Personen zu bedienen, aber

---

652 Vgl. entsprechende Ausführungen unter E.III. vor 1); Vgl. *Selter*, AG 2012, 11 (13), zur Angst vieler Geschäftsleiter, eigene Unkenntnis oft nicht zugeben zu wollen, um nicht schlimmstenfalls als für ihr Amt „unfähig" im Sinne des § 84 Abs. 3 S. 2 AktG zu gelten; ebenso für die GmbH: *Schneider*, Scholz-GmbHG, § 43, Rn. 79; ebenso im Strafrecht: *Sternberg-Lieben/Schuster*, Schönke/Schröder, § 17, Rn. 18.

653 *Berger*, Vorstandshaftung und Beratung, S. 135, 149 ff.

654 Vgl. hierzu auch *Binder*, ZGR 2012, 757 (773), mit Verweis auf das BGH, Urteil vom 20.09.2011 – II ZR 234/09, „ISION",, wo es dem Aufsichtsratsmitglied aufgrund seiner eigenen juristischen Kenntnis versagt blieb, sich auf einen unvermeidbaren Rechtsirrtum zu berufen.

655 Siehe entsprechende Ausführungen unter E.II.5) und E.III.1) zur Unterscheidung zwischen delegierbaren und nicht delegierbaren Teilen der Unternehmensleitung beziehungsweise Vorstandsüberwachung.

656 *Fleischer*, KSzW 2013, 3 (6), mit entsprechendem Verweis auf die gleiche Handhabung im anglo-amerikanischen Recht; *Krieger*, ZGR 2012, 496 (498 f.).

657 *Krieger*, ZGR 2012, 496 (498).

658 *Fleischer*, KSzW 2013, 3 (6), wonach die positiven Anreize hingegen entfielen, wenn eine solche zusätzliche Beratung nicht mit der Möglichkeit einer Exkulpation einherginge.

nicht zu einer reinen Haftungsvermeidung missbrauchen[659]. Denn nochmals: Der Legalitätspflichtverstoß impliziert den Vorwurf der Pflichtwidrigkeit, nämlich die geltende Rechtslage zumindest fahrlässig verkannt zu haben. Deshalb wird dem Ratsuchenden ein Haftungsfreiraum auch nur dann zuzubilligen sein, wenn er durch das Gutachten belegen kann, alles ihm zumutbare getan zu haben, um die Rechtslage möglichst genau zu erforschen und sich ex-ante ausreichend informiert zu haben[660]. So soll gerade nicht der Fall eintreten, dass ein Organ für jeden möglichen Schritt „notfalls" und vorsorglich ein Gutachten in der Tasche hat[661].

Der Vorstand wie auch der Aufsichtsrat bleibt für seine Entscheidungen daher zunächst grundsätzlich selbst verantwortlich und hat auch die dementsprechende Verantwortung zu tragen[662]. Ein „Outsourcing" von Haftung findet demnach nicht statt, da die externe fachliche Beratung den Vorstand gerade nicht allein und per se davon entlastet, alles in seiner Macht stehende zu tun, die Rechtslage bestmöglich zu erfassen[663]. Die Hinzuziehung externer Beratung hat unter dem Gesichtspunkt der bedarfsorientierten Informationsgewinnung der Einzelfall und nicht unter dem der Haftungsvermeidung der Regelfall zu sein[664]. Kennzeichnendes Merkmal des externen Beratungsbedarfs muss daher die Außergewöhnlichkeit der vorgenommenen und abzusichernden Maßnahme sein[665]. Hierbei kann es sich um Einzelprojekte, dem Betreten neuer Märkte oder allen anderen Tätigkeiten handeln, bei denen sich die Geschäftsleitung noch kein eigenes und ausreichendes Know-How aufbauen konnte[666]. Je mehr es sich hierbei jedoch um das reine Tagesgeschäft handelt, ohne dass dieses in besonderer Weise, so auch beispielsweise durch Gesetzesänderungen, betroffen ist, desto weniger wird man einen tatsächlichen (rechtlichen) externen Beratungsbedarf annehmen können. Zweifelsohne dürften die Grenzen hier fließend sein.

---

659 *Fleischer*, KSzW 2013, 3 (6), der neben Verweisen in den angloamerikanischen Rechtsraum vor einer „Gutachteritis" der Organe warnt.

660 Siehe diesbezügliche Erläuterungen bei E.III.vor 1) und E.VI.1).

661 *Theisen*, DB 2012, Heft 38, „Die erste Seite", der sich zurecht gegen ein „Outsourcing" der Rechtsverantwortung und dementsprechendem „Konjunkturprogramm für die betreffenden Experten" ausspricht; *Fleischer*, KSzW 2013, 3 (7), wer sich „auch Schritt und Tritt durch Sachverständigengutachten absichert, handelt pflichtwidrig"; *Peters*, AG 2010, 811 (813); BegrRegE-UMAG, BT-Drucks. 15/5092, S. 12. Vgl. zur Pflichtwidrigkeit nachfolgende Ausführungen unter c).

662 Keinesfalls kann sich ein Vorstand damit entlasten, er wäre nicht ordnungsgemäß überwacht worden: *Schubert*, Anmerkung zu BGH, Urteil vom 20.09.2011 – II ZR 234/09, „ISION", CCZ 2012, 79.

663 Vgl. *Binder*, ZGR 2012, 757 (769 f.).

664 Ähnlich: *Merkt/Mylich*, NZG 2012, 525 (530); zum diesbezüglichen Verhältnis von interner Rechtsabteilung und externen Beratern siehe nachfolgende Erwägungen.

665 Im Ergebnis: *Krieger*, ZGR 2012, 496 (498 f.).

666 Ähnlich: *Peters*, AG 2010, 811 (812), also immer dort, wo eine Frage noch nicht aus eigener Sachkompetenz beurteilt werden kann.

Bei der Beurteilung der Frage, wann die Organmitglieder noch aufgrund angemessener Informationen und somit pflichtgemäß handeln, ist ihnen ein erheblicher Beurteilungsspielraum zuzubilligen, den Informationsbedarf abzuwägen und sich eine Meinung zu bilden[667]. Der hierfür erforderliche Sorgfaltsmaßstab bildet sich entsprechend der Anforderungen an die jeweilige Position des Entscheidungsträgers ex-ante anhand des zeitlichen Vorlaufs, des Gewichts und der Art der zu treffenden Entscheidung[668]. Wichtig ist dabei in jedem Falle, dass sie immerhin sowohl die Problemlage als auch die Beratungsbedürftigkeit erkennen und über mögliche (Rechts-) Probleme nicht einfach so hinwegsehen oder diese schlicht ignorieren[669]. Eine solche Sensibilität ist von ihnen als Gesellschaftsorgan in Anbetracht der Wichtigkeit gesetzestreuen Verhaltens grundsätzlich zu erwarten[670]. Gelingt es ihnen nicht, ein solches Rechtsdefizit zu erkennen, kommt folgerichtig eine Haftung aus Übernahmeverschulden in Betracht[671]. Ein klarer Fall der Pflichtwidrigkeit muss jedenfalls dann vorliegen, wenn der Entscheidungsträger sich aufdrängende Informationsquellen ungenutzt lässt oder Entscheidungen trotz ihm erkannter Zweifel an deren Rechtmäßigkeit ohne externe rechtliche Absicherung dennoch trifft[672]. Hinsichtlich der Vorberurteilung beziehungsweise -bearbeitung durch Delegatare gilt das bereits zu Beginn der Dissertation ausgeführte gestufte Prüfungsverhältnis[673], wonach der Vorstand bei deren sorgfältigen Auswahl und Überwachung, soweit keine Anzeichen für deren Pflichtvergessenheit oder Fehlbewertung vorliegen, grundsätzlich auf getätigte Aussagen vertrauen darf und diese nicht gesondert zu prüfen hat[674]. Auch hier steigt die nötige Sensibilität zur Hinterfragung der vorbereiteten Informationen und Bewertungen, je mehr diese vom allgemeinen Tagesgeschäft abweicht und infolgedessen eine sichere Handhabung durch die Delegatare nicht mehr ohne Weiteres angenommen werden kann.

Es gilt auch hier der ganz banale Grundsatz, lieber einmal mehr nachzufragen, als einmal zu wenig. Nachfolgenden Erwägungen vorgreifend, kann die unternehmensinterne Rechtsabteilung hierbei eine wertvolle Unterstützungsarbeit leisten.

667 Begr.-RegE – UMAG, BT-Drucks. 15/5092, S. 12.

668 *Peters*, AG 2010, 811 (813); Begr-RegE – UMAG, BT-Drucks. 15/5092, S. 12.

669 *Selter*, AG 2012, 11 (13); *Binder*, AG 2008, 274 (283 f.); ebenso im StrafR, vgl. *Joecks*, MünchKommStGB, § 17, Rn. 44, was insbesondere beim Kontakt mit einschlägigen Rechtsvorschriften oder Rechtsprechung relevant werde.

670 *Schneider*, DB 2011, 99 (102); kritisch: *Krieger*, ZGR 2012, 496 (498 f.), der in einer solchen grundsätzlichen Sensibilität eine Überforderung der Geschäftsleiter sieht.

671 *Strohn*, ZHR 176 (2012), 137 (139); Vgl. aber insoweit die Ausführungen unter F.I.8).

672 *Peters*, AG 2010, 811 (813).

673 Siehe entsprechende Ausführungen unter E.III.1).

674 So auch: *Krieger*, ZGR 2012, 496 (498 f.).

c) *Pflichtwidrigkeit „überflüssiger" Gutachten?*

Der Vorstand ist als Treuhänder fremden Vermögens wie dargestellt gehalten, mit dem Gesellschaftsvermögen sorgsam umzugehen, insbesondere dieses nicht zu verschwenden. Die von ihm getätigten Ausgaben haben somit im Gesellschaftsinteresse zu erfolgen und dem Wohl der Gesellschaft zumindest mittelbar und wenigstens auf längere Sicht zu dienen[675].

Gibt er nun teure Rechtsgutachten für Kenntnisse in Auftrag, die er schon hat oder hätte haben müssen, stellt sich die Frage, ob er nicht unter dem Gesichtspunkt der (zivilrechtlichen) Vermögensbetreuungspflicht pflichtwidrig gehandelt hat. Denn in diesem Falle fließen der Gesellschaft Mittel in gegebenenfalls signifikanter Höhe ab, ohne dass ihr hierfür ein entsprechender (Informations-) Gegenwert zukäme, sei es in der Gewissheit der Umsetzbarkeit eines Projekts oder aber in dem Wissen ein spezielles Projekt unter Haftungsgesichtspunkten gerade nicht zu verwirklichen. Vielmehr versucht die Geschäftsleitung sich hier auf Kosten der Gesellschaft und somit letztlich der Anteilseigner von einer Haftung gegenüber denselben freizuhalten[676]. So soll aber nicht die eigensinnige Absicherungsstrategie der Geschäftsleitung sondern die betriebswirtschaftliche Notwendigkeit einer einzuholenden Information das maßgebliche Kriterium für oder gegen die Inauftraggabe eines Gutachtens sein[677].

Vergeudet der Vorstand demnach Unternehmensmittel für Gutachten, derer Anfertigung es nicht bedurfte, kommt eine Pflichtwidrigkeit und wegen deren Kompensationslosigkeit eine Haftung aus § 93 Abs. 2 AktG mithin sehr wohl in Betracht.

Gleichwohl dürfte eine solche Inanspruchnahme dennoch die Ausnahme bilden, da die Grenzen zwischen nötigen und letztlich überflüssigen Gutachten zutiefst fließend sind. Dem Ratsuchenden kommt daher ein weiter Beurteilungsspielraum zu, weshalb die Pflichtwidrigkeit letztlich wohl auf krasse Ausnahmefälle beschränkt bleiben wird.

4) Auswahl eines geeigneten Beraters

Der BGH führte wie zitiert aus, dass das „*schlichte Anfragen*" einer für fachkundig erachteten Person nicht ausreicht[678]. Es bleibt daher zu zeigen, welche Anforderungen an die Auskunftsperson und insbesondere an die Auswahlentscheidung

---

675 Vgl. entsprechende Erwägungen unter E.I.4), wonach es dem Geschäftsleiter aus den gleichen Gründen untersagt ist, ohne Nutzen für das Unternehmen dessen Vermögen für gemeinnützige Belange zu verbrauchen.

676 *Berger*, Vorstandshaftung und Beratung, S. 154 f.; vgl. zudem *Fleischer*, KSzW 2013, 3 (6 f.) mit Verweis auf eine dementsprechende Handhabe im angloamerikanischen Recht.

677 *Fleischer*, KSzW 2013, 3 (6), unter Berufung auf Begr. RegE UMAG, BR-Drucks. 3/05, S. 24.

678 BGH, Urteil vom 20.09.2011 – II ZR 234/09, Rn. 18, juris.de.

des Ratsuchenden zu stellen sind. Das Urteil deutete hier zumindest einige Anforderungen in Umrissen an, die nun auszufüllen sind. Hierbei unterteilt sich die erforderliche Verlässlichkeit der auszusuchenden Beratungsperson in deren fachliche Qualifikation (sog. competence) und die persönliche Zuverlässigkeit (sog. reliability)[679].

a) Fachliche Qualifikation

Zuallererst besteht für den Vorstand die originäre Pflicht, sich bei der Rechtsberatung durch Dritte, von deren fachlicher Versiertheit selbst zu überzeugen und sie dahingehend auszuwählen[680]. Wann hingegen eine Auskunftsperson für eine Rechtsauskunft fachlich versiert ist und wann nicht, lässt der BGH in seinem Urteil offen.

Diese sehr offene Umschreibung bedarf daher einer Konkretisierung. Zwar wird hinsichtlich der Fähigkeit zur Beurteilung der fachlichen Qualifikation grundsätzlich zunächst das Vorliegen der jeweiligen Formalkriterien, wie derer der Rechtsanwalts-, Steuerberater- oder Wirtschaftsprüferzulassung überwiegend nicht ausdrücklich gefordert[681], gleichfalls dürfte sich praktisch kaum ein Fall abbilden lassen, indem ein versierter Rechtsberater nicht über diese verfügt. Streit herrscht zu der Frage, ob darüber hinaus weitere Kriterien wie eine Fachanwaltszulassung oder eine einschlägige im Markt anerkannte Berufserfahrung zu verlangen sind. Das wird überwiegend mit Verweis auf die fehlende Bestimmtheit von Umschreibungen wie „Erfahrung", der fehlenden Rechtsmarktkenntnissen von Vorständen sowie der Verneinung des Exklusivitätsstatuts der Fachanwaltszulassung (wohl noch) abgelehnt[682]. Zudem dürfe ein Vorstand vom Vorliegen der Formalqualifikation

679 *Fleischer*, FS Hüffer 2010, 187 (190).

680 BGH, Urteil vom 20.09.2011 – II ZR 234/09, Rn. 18, juris.de; so auch schon OLG Stuttgart, Urteil v. 25.11.2009 – 20 U 5/09 (Leitsatz), Rn. 33 f., juris.de; *Selter*, AG 2012, 11 (14), keinesfalls darf der Ratsuchende auf die Qualifikation des Beraters blind vertrauen.

681 BGH, Urteil vom 27.03.2012 – II ZR 171/10, Rn. 17, juris.de, der sofern es die Umstände des Einzelfalls erlaubten, sogar eine Formalzulassung für entbehrlich hält; *Fleischer*, FS Hüffer 2010, 187 (189 f.), der aufgrund der Beendigung der Fachausbildung auch Rechtsreferendare grundsätzlich als taugliche Rechtsberater ausreichen lassen will; *derselbe*, ZIP 2009, 1397 (1403); insbesondere bei Rechtsfragen großer Unternehmen, sei wegen deren Komplexität, das Vorliegen zumindest einer Formalqualifikation aber kaum mehr verzichtbar, *Müller*, NZG 2012, 981 (982); *Schneider*, Scholz-GmbHG, § 43, Rn. 79; ebenso im StrafR: *Joecks*, MünchKommStGB, § 17 Rn. 60, mwN.

682 *Fleischer*, FS Hüffer 2010, 187 (190 f.), so dürfe Fachanwälten und wenigen Spezialsozietäten kein Exklusivitätsstatus zukommen, mwN; *derselbe*, NZG 2010, 121 (123); *derselbe*, ZIP 2009, 1397 (1403); ebenso für das Strafrecht: *Roxin*, Strafrecht AT I, § 21, Rn. 62, mwN; wohl kritisch: *Lang/Balzer*, WM 2012, 1167 (1170).

grundsätzlich zunächst darauf schließen, dass der Anwalt auch das nötige Wissen mitbringt oder sich dieses zumindest erarbeiten kann[683].

Fraglich ist, ob diese Auffassung in der stets komplexer werdenden Rechtswirklichkeit noch umfassend gelten kann oder ob sie nicht einer differenzierten Betrachtung weichen muss. Allein dem Argument gegen die Anforderung einer Fachanwaltszulassung ist zuzustimmen, da eine solche Zulassung zwar die besondere Qualifikation eines Anwalts unterstreichen kann, nicht aber den Umkehrschluss trägt[684]. Keinesfalls wird man aber allein die formale Anwaltszulassung im Zusammenhang mit der Rechtsberatung von Gesellschaftsorganen grundsätzlich ausreichen lassen können[685]. So wird beispielsweise ein auf Mietrecht spezialisierter Anwalt kein taugliches Gutachten über komplizierte aktienrechtliche Fragestellungen schreiben können[686]. Warum ein Leitungsorgan eine solche Auskunftsperson dennoch als fachlich qualifiziert ansehen dürfen soll, leuchtet auch in Anbetracht der sonstigen Schärfe der Anforderungen zur Einhaltung der Legalitätspflicht nicht ein. Zwar mag eine weitere Filterfunktion durch die spätere Plausibilitätsprüfung der Auskunft erfolgen[687], jedoch kann dies kein Grund dafür sein, jeden Ratgeber allein aufgrund seiner Formalqualifikation als qualifiziert anzusehen. Zu der Komplexität etwaiger Rechtsfragen von Geschäftsleitern, kommt oftmals noch ein erheblicher Zeitdruck für den Berater hinzu[688], der eine langwierige Einarbeitung zusätzlich erschwert. Im Ergebnis muss der Rechtsberater daher mittels belegbarer Erfahrung für den Vorstand erkennen lassen, dass er für den geforderten Rechtsrat

683 Vgl. *Kiefner/Krämer*, AG 2012, 498 (501), die mit dem Verweis auf das Richteramt ein gründsätzliches Misstrauen für überzogen halten, da die dortigen Stellen- und somit Rechtsgebietswechsel ebenfalls keinen Vertrauensverlust in die Rechtsfindung erwarten ließen; ähnlich: *Peters*, AG 2010, 811 (815).

684 Insoweit zutreffend: *Fleischer*, KSzW 2013, 3 (7); *Binder*, ZGR 2012, 757 (770 f.); ähnlich: *Berger*, Vorstandshaftung und Beratung, S. 225.

685 *Berger*, Vorstandshaftung und Beratung, S. 220 f.; *Strohn*, ZHR 176 (2012), 137 (141).

686 *Strohn*, ZHR 176 (2012), 137 (141); ähnlich: *Selter*, AG 2012, 11 (16); *Krieger*, ZGR 2012, 496 (499); *Schneider*, DB 2011, 99 (103); *Binder*, AG 2008, 274 (285 f.); dennoch kritisch gegenüber schärferen Merkmalen wie Fachanwalt; plädiert daher für inhaltliche Kriterien iSv Berufserfahrung (286) etc. mw kritischen Nachweisen(285); vgl. diesbezüglich auch: *Wagner*, BB 2012, 651 (654), der Syndizi im Tätigkeitsbereich des Unternehmens als fachlich grundsätzlich versiert ansieht, sich allerdings im Falle von Entscheidungen besonderer Tragweite für die Hinzuziehung externer Spezialisten ausspricht.

687 So *Kiefner/Krämer*, AG 2012, 498 (501), als Reaktion darauf, zunächst jedem Anwalt fachlich zuzutrauen, sich in spezielle Rechtsfragen einzuarbeiten.

688 Vgl. BGH, Urteil vom 27.03.2012 – II ZR 171/10, Rn. 19, juris.de, wonach der Ratsuchende auch auf die Rechtzeitigkeit der Auskunftserteilung hinzuwirken hat, soll sie denn enthaftende Wirkung entfalten; *Berger*, Vorstandshaftung und Haftung, S. 221.

im ausreichenden Maße qualifiziert ist[689]. So müssen auch Vertreter der herrschenden Meinung zugeben, dass gerade in größeren Unternehmen Beratungsfragen an externe Anwälte für gewöhnlich derart komplex sind, dass dem Vorstand zumindest unter Hinzuziehung der internen Rechtsabteilung die fehlende Expertise unqualifizierten Anwälten auffallen müsse, und dass es bei einer dennoch erfolgten Mandatierung am guten Glaube in dessen fachliche Qualifikation fehlt[690]. Letztlich ist den Geschäftsleitern eine entsprechende Auswahl auch grundsätzlich zuzumuten, da sie meist selbst bereits Kontakte zu Juristen unterhalten, oder aber sich zumindest einen nachprüfbaren Rat aussprechen lassen können[691].

b) Unabhängigkeit und persönliche Zuverlässigkeit

Allein die fachliche Qualifikation des Ratgebers reicht nicht aus, damit sich der Vorstand hierauf (auch haftungsbefreiend) verlassen darf. Damit der Rechtsrat auch tatsächlich vertrauensbegründend ist, muss der Ratgeber zudem persönliche Voraussetzungen erfüllen, die der BGH kurzerhand als „*Unabhängigkeit*“ bezeichnet[692]. Hierbei sind zunächst die (i) grundsätzlichen persönlichen Anforderungen an jede Auskunftsperson darzustellen, sodann die Frage zu beantworten, ob (ii) eine Vorbefassung die grundsätzliche Unabhängigkeit wieder aufhebt und zuletzt der Streit aufzugreifen, ob auch (iii) Rechtsanwälte der unternehmensinternen Rechtsabteilung (Syndizi) unabhängige Rechtsberater sein können.

aa) Grundsätzliche persönliche Anforderungen

Eine Auskunftsperson gilt dann als persönlich unabhängig und somit verlässlich, wenn keine Anhaltspunkte dafür vorliegen, dass sie unseriös, abhängig[693] oder käuflich ist[694]. Hierdurch soll vermieden werden, dass die Rechtsberatung durch irgendwelche, nicht der Rechtsfindung dienenden Interessenkonflikte gehindert und

689 Zu Recht: *Binder*, ZGR 2012, 757 (770); *Strohn*, ZHR 176 (2012), 137 (141), mit einschlägigen Beispielen; *Peters*, AG 2010, 811 (815); wenngleich der Gegenauffassung insoweit zuzustimmen ist, als dass die Anforderungen mit abnehmender Größe des Unternehmens und Komplexität der Rechtsfragen, auch die Anforderungen an die fachliche Qualifikation sinken, *Kiefner/Krämer*, AG 2012, 498 (501).

690 *Fleischer*, KSzW 2013, 3 (7); *derselbe*, FS Hüffer 2010, 187 (191); *Peters*, AG 2010, 811 (815), mit Verweis auf gleichlautende obergerichtliche Rechtsprechung; Vgl. ebenso für das Strafrecht: *Vogel*, LeiKo-StGB, § 17, Rn. 81 f.

691 *Selter*, AG 2012, 11 (16).

692 BGH, Urteil vom 20.09.2011 – II ZR 234/09, Rn. 18, juris.de.

693 Vgl. zum Merkmal abhängig auch die Ausführungen im nächsten Abschnitt bb) und cc).

694 *Fleischer*, NZG 2010, 121 (123); *derselbe*, ZIP 2009, 1397 (1403); womit eine Vertrauenswürdigkeit der Aussage allein kraft der Berufsstellung noch nicht besteht, vgl. hierzu auch nochmals: BGH, Urteil vom 11.10.2012 – 1 StR 213/10, Rn. 74, juris.de.

somit verfälscht wird[695]. Hierbei sind zunächst Gründe in der ratgebenden Person gemeint, die es von vorneherein ausschließen, dass ein Rechtsrat tatsächlich frei von Einflüssen gegeben werden kann. Gleichwohl können aber auch an sich unabhängige Berater dadurch „unabhängig" werden, indem sie Gutachten erstellen, die nicht mehr der Rechtsfindung, sondern beispielsweise dem Zwecke der Gesetzesumgehung dienen oder sonst wie einen bereits vorgefassten Standpunkt allein aus dem Grunde persönlicher Gefälligkeit einnehmen, sog. Gefälligkeitsgutachten[696]. Gleiches lässt sich auch zu nachfolgenden sog. Bestätigungsgutachten vertreten, die mit der Maßgabe erstellt werden, eine bereits gefundene Rechtsansicht nochmals zu bestätigen. Denn hier besteht stets der Konflikt, dass wegen der Vorgabe des Ergebnisses, beziehungsweise der vorherigen Parteinahme eine ergebnisoffene, also unbeeinflusste Rechtsfindung, nicht mehr möglich ist und der Vorstand demnach einen Rechtsrat erteilt bekommt, der ihm unter „zuverlässigen" Umständen so nicht gegeben worden wäre[697]. Der gute Glaube an den Rechtsrat wird also nur geschützt, wenn die ratgebende Person selbst integer ist und sich zudem auch so verhält[698]. Ersichtlicherweise widerspricht es daher den Anforderungen an einen ordentlichen und gewissenhaften Geschäftsmann, wenn der Geschäftsleiter seine unternehmerischen Entscheidungen auf eine unzuverlässige Rechtsberatung stützt[699]. Bei Nichtvorliegen entsprechender Hinweise darf der Ratsuchende aber grundsätzlich von der persönlichen Zuverlässigkeit des Ratgebers ausgehen, hat diesem also nicht mit einem Übermaß an Skepsis zu begegnen[700]. Ganz grundsätzlich darf er also in die persönliche Zuverlässigkeit eines externen, mithin zum Mandanten in keinerlei Angestellten- oder sonstigem Abhängigkeitsverhältnis stehendem Rechtsanwalt vertrauen[701].

bb) Fehlende Unabhängigkeit wegen Vorbefassung?

Eine weitere, in diesem Zusammenhang wichtige Frage ist die, ob der Ratgeber seine Unabhängigkeit dadurch wieder verliert, dass er im Vorfeld der Frage, beispielsweise bei der Projektgestaltung oder einem Vertragsentwurf, schon involviert war. So erscheint es auf den ersten Blick nachvollziehbar, wenn man fragt, ob eine Vorbefassung die nötige Neutralität nicht in empfindlicher Weise stören kann. Denn es wäre durchaus denkbar, dass ein mit einem Vertragsentwurf befasster Anwalt,

---

695 *Fleischer*, FS Hüffer 2010, 187 (189 f.); *derselbe*, ZIP 2009, 1397 (1403).
696 *Bayer*, FS Schmidt 2009, 85 (92).
697 *Fleischer*, FS Hüffer 2010, 187 (196).
698 *Peters*, AG 2010, 811 (815).
699 *Fleischer*, FS Hüffer 2010, 187 (192), fällt ein Rechtsberater also wiederholt durch Gutachten auf, die sich später als haltlos erweisen, muss ein entsprechendes Vertrauen in seine Unabhängigkeit demnach ausscheiden.
700 *Vogel*, LeiKo-StGB, § 17, Rn. 80, keinesfalls darf er sich deshalb aber vor Anzeichen einer Unzuverlässlichkeit verschließen.
701 *Strohn*, ZHR 176 (2012), 137 (139).

bei etwaigen Rechtsproblemen, diese zulasten der Neutralität, dafür zugunsten der Beibehaltung der vorgeschlagenen Vertragsform behandeln könnte[702].

Dieser Ansatz zeugt jedoch von einem überzogenen Misstrauen in die Neutralität des Anwalts und widerspricht zudem der Praxis seiner Rechtsberatung[703]. Denn der Entwurf eines Vertrages oder aber die Begleitung eines Projekts kann nicht als ein von der Rechtsfindung losgelöster Prozess begriffen werden. Vielmehr handelt es sich hierbei um ein in einander greifendes Wachsen des Entwurfs, der unter ständigem Austausch mit dem Ratsuchenden geschieht, sei es zur Erörterung etwaiger Rechtsprobleme oder aber der Notwendigkeit einer inhaltlichen wie rechtlichen Anpassung halber[704]. Hier zu fordern, dass bei der Bewertung rechtlicher Probleme, der bisher tätige Anwalt nicht mehr unabhängig sei und es infolgedessen eines weiteren bedürfe, würde die Anforderungen an eine (externe) Rechtsberatung in Gänze überspannen. Denn einerseits wird es meist der bearbeitenden Anwalt sein, der auf rechtliche Komplikationen im Vertragswerk oder Projekt hinweist[705]. Warum hieraus nun zu folgern sei, dass er diese möglichst vertragskonform zulasten der Zulässigkeit löst, erscheint für sich genommen, nicht hinreichend nachvollziehbar. Andererseits ist der bearbeitende Anwalt bereits in die Materie eingearbeitet, wofür das Unternehmen bereits Finanzmittel verausgabt hat, sei es für seinen Lohn oder die Infrastruktur.. Es jetzt zur Verpflichtung zu erklären, sich einen weiteren Anwalt sich einarbeiten zu lassen, würde die Kosten, wie auch den zeitlichen Umfang massiv ansteigen lassen, was ohne ausschlaggebenden Grund, nichts weiter als eine Vergeudung von Unternehmensvermögen darstellte[706]. Zuletzt stellt sich die Frage, wie zu verfahren wäre, wenn das „Zweitgutachten“ die Auffassung des „Erstgutachten“ widerlegt. Bedürfte es dann eines „Drittgutachtens“ in Form eines Schiedspruchs?[707] Dies zeigt, wie schnell das voreilige Misstrauen in die Neutralität und Professionalität des beratenden Anwalts die Anforderungen an seine Beratungsleistung überspannen können. Überzeugend ist somit, ihn auch bei Vorbefassung weiterhin als unabhängig anzusehen, soweit er bisher zuverlässig beraten hat[708]. Allein bei widerlegenden Auffälligkeiten, wie beispielsweise einer der Komplexität völlig

702 So *Strohn*, ZHR 176 (2012), 137 (140), für den der vorbefasste Anwalt nicht mehr unabhängig ist, es also bei der erneuten Überprüfung des zuvor ausgearbeiteten Dokuments – beispielsweise aus Misstrauen – eines weiteren Anwalts bedarf.

703 So auch: *Spindler*, MünchKommAktG, § 93, Rn. 80, der davor warnt, dass Merkmal der Unabhängigkeit zu „verabsolutieren“; *Krieger*, ZGR 2012, 496 (501).

704 *Kiefner/Krämer*, AG 2012, 498 (499).

705 *Kiefner/Krämer*, AG 2012, 498 (500).

706 *Krieger*, ZGR 2012, 496 (501).

707 So zurecht: *Krieger*, ZGR 2012, 496 (500), der hierin – abseits weniger möglicherweise nötiger Einzelfälle – lediglich eine Arbeitsbeschaffungs-maßnahme für Rechtsanwälte sieht.

708 *Spindler*, MünchKommAktG, § 93, Rn. 80; einschränkend: *Berger*, Vorstandshaftung und Beratung, S. 201 ff., die insoweit differenziert, ob das zu kontrollierende Beratungsprodukt bereits abgeschlossen oder in der Entstehung sei, da nur im

unzureichenden Bearbeitungstiefe oder eines fortwährenden Ignorierens von Kritik, wird man die Unabhängigkeit infrage stellen können[709].

cc) *Anforderungen auch bei Hinzuziehung der unternehmensinternen Rechtsabteilung gewahrt?*

Eine in der Praxis hochrelevante und umstrittene Frage ist, ob ein solcher unabhängiger Rechtsrat auch durch die unternehmensinterne Rechtsabteilung erteilt werden kann und sich der Geschäftsleiter somit auf diesen haftungsbefreiend verlassen darf[710]. Hierbei ist insbesondere das Merkmal der Abhängigkeit von Bedeutung.

So wird den Syndizi von einem Teil der Literatur, insbesondere unter gedanklichem Rückgriff auf die Rechtsprechung des BGH[711] zur sog. „Doppelberufstheorie", aufgrund des Angestelltenverhältnisses zum Unternehmen und der daraus resultierenden Weisungsgebundenheit durch den Vorstand, die Anerkennung ihrer Unabhängigkeit in der Erteilung von Rechtsauskünften versagt[712]. Denn aufgrund des Weisungsrechts sei es sehr gut möglich, dass das Ergebnis des Rechtsrates schon von vorneherein feststehe, eine unabhängige und demnach sersiöse Rechtsfindung also gar nicht mehr möglich sei[713]. Zudem bestehe aufgrund der starren Verankerung im Tätigkeitsbereich des Unternehmens die Gefahr der Betriebsblindheit interner Rechtsauskünfte[714]. Im Lichte dieser Ansicht ist zudem einer neuere und zugleich heftig kritisierte[715] Rechtsprechung des EUGH[716] und des BGH[717] und zuletzt die

---

letzteren davon auszugehen sei, dass sich der Berater noch ohne Umschweife selbst korrigieren wird.

709 Zu Recht: *Kiefner/Krämer*, AG 2012, 498 (500), die zurecht darauf hinweisen, dass eine andere Praxis sonst letztlich auf einen Generalverdacht hinausliefe.

710 *Strohn*, ZHR 176 (2012), 137 (140).

711 BGH, Urteil vom 25.02.1999 – IX ZR 384/97, Rn. 22 ff., juris.de, mwN auf vorangegangene Rechtsprechung.

712 *Berger*, Vorstandshaftung und Beratung, S. *Schwung*, BB 2007, 2419 (2421).

713 Wenngleich diese Ansicht ablehnend, *Peters*, AG 2010, 811 (816).

714 *Spindler*, MünchKommAktG, § 93, Rn. 78, was ein Verlassen auf diesen Rat nicht ausschließe, aber zu berücksichtigen sei; *derselbe*, FS Canaris 2007, Bd. II, 403 (421).

715 Vgl. insoweit die sehr differenzierte Kritik von *Prütting*, AnwBl 2013, 78 ff., der hier im besonderen vor einer petitio principii warnt, also das was noch zu beweisen sei (nämlich die fehlende Unabhängigkeit), bereits als feststehend anzunehmen (83); *Lund/Marose*, Kommentierung von EuGH, Urteil vom 14.09.2010 – C 550/07, RIW 2010, 803 (804), wonach vorbeugende interne Compliance-Untersuchungen der Rechtsabteilung nun zum Bumerang werden können, da der interne Schriftverkehr nicht mehr geschützt ist und hierauf somit von Behörden direkt zugegriffen werden kann.

716 EuGH, Urteil vom 06.09.2012 – 8. Kammer C-422/11, juris.de; EUGH, Urteil vom 14.09.2010 – C 550/07 P, juris.de.

717 BGH, Beschluss vom 07.02.2011 – AnwZ (B) 20/20, Rn. 6 f., juris.de, insb. zur sog. Doppelberufstheorie, wonach nur der Teil der Tätigkeit des Syndikus als

Urteile des BSG vom 03.04.2014[718] zu beachten, die dem Syndikus wenngleich jeweils in anderen Sachzusammenhängen, aus ähnlichen Erwägungen die Gleichstellung mit dem ordentlichen Rechtsanwalt aufgrund fehlender Unabhängigkeit versagen.

Diese Auffassung vermag einer näheren Untersuchung nicht standzuhalten. Sie versagt in der fehlenden Differenzierung beziehungsweise der Vermengung allein äußerlicher, zum selbstständigen Rechtsanwalt verschiedener, Berufsausübungskriterien wie dem Anstellungsverhältnis und den inneren Voraussetzungen einer unabhängigen Beratungsleistung. Zunächst verhalten sich die zuvor genannten Urteile nämlich nicht direkt zur Frage, ob ein Syndikus in der Lage ist, seinen Arbeitgeber, und allein darauf kommt es hier an, inhaltlich unabhängig zu beraten. Vielmehr hatten die Gerichte im Wesentlichen über die Frage zu befinden, inwieweit ein Syndikus dem Rechtsanwalt wegen verschiedener berufsständischer Privilegien (Zeugnisverweigerungsrecht und Beschlagnahmeverbot im Falle des EuGH oder die Befreiung von der Rentenversicherungspflicht im Falle des BSG) formal, also allein äußerlich, gleichzustellen ist[719]. So gibt das BSG, abseits einer breiten Welle der Kritik, gegen seine Entscheidung[720] unter Verweis auf bundesverfassungsgerichtliche Rechtsprechung selbst zu, dass die Tätigkeit eines Syndikus „rein fachlich betrachtet", mit der eines Rechtsanwaltes durchaus vergleichbar sein kann, er also gegenüber dem Arbeitgeber sachlich selbstständig und eigenverantwortlich handeln könne[721]. Für die Beurteilung der fachlichen, also inhaltlichen Unabhängigkeit, muss die vertragliche Anstellung also kein zwingendes Ausschlusskriterium sein. Dass die Anstellung im Übrigen anwaltliche berufsständische Privilegien ausschließen kann, soll hier somit nicht weiter von Interesse sein.

Rechtsanwaltstätigkeit gelte, die er selbstständig, soll heißen außerhalb seiner Angestelltentätigkeit für das Unternehmen, anwaltlich ausübe.

718 BSG, Urteil vom 03.04.2014 – B 5 RE 13/14 R, Rn. 24, 38 f., juris.de, wonach ein Syndikus regelmäßig im Rahmen eines Arbeitsverhältnisses nach §§ 611 ff. BGB unselbstständige Tätigkeiten erbringt, was eine Befreiung von der Rentenversicherungspflicht gleich derer für unabhängige Rechtsanwälte wegen der bereits „äußeren Verschiedenheit" beider Tätigkeiten verbiete; ebenso: BSG, Urteil vom 03.04.2014 – B 5 RE 3/14 R und BSG, Urteil vom 03.04.2014 – B 5 RE 9/14 R, jeweils juris.de.

719 Vgl. *Grunewald*, NJW 2014, 3699 (3703); vgl. insoweit die gesetzliche Klarstellung durch das „Gesetz zur Neuordnung des Rechts der Synsikusanwälte und zur Änderung der Finanzgerichtsordnung", was zum 01. Januar 2016 in Kraft getreten ist und in den §§ 46 f. BRAO die Syndikusanwälte unter speziellen Voraussetzungen Anwälten berufsrechtlich gleichstellt, BGBl. I 2015, S. 2518 ff.

720 *Ewer*, AnwBl 2014, 683 (683 f.); *Prütting*, AnwBl 2014, 788, (789 f.); *Heine*, AnwBl 2014, 690 (693 ff.); *Henke*, AnwBl 2014, 720 (721 ff.); *Thietz-Bartram*, AnwBl 2014, 791 (794 ff.); ähnlich: *Kilger*, AnwBl 2014, 685 (689); *Kilian*, AnwBl 2014, 468 (473).

721 BSG, Urteil vom 03.04.2014 – B 5 RE 13/14 R, Rn. 38 f., juris.de, mit Verweis auf BVerfG, Beschluss vom 04.11.1992 – 1 BvR 79/85, Rn. 26, juris.de, unter Zitierung von BT-Drucks III/120, S. 56 f.

Für die grundsätzliche Annahme einer Unabhängigkeit hinsichtlich der Erteilung von Rechtsauskünften durch Syndizi spricht zu aller erst, dass deren Funktion ja gerade darin besteht, „als rechtliches Gewissen“ des Unternehmens dessen Rechtmäßigkeit durch präventive, wie auch ermittelnde Maßnahmen sicherzustellen[722]. So sind sie nicht zuletzt den standesrechtlichen Geboten zur Wahrung der anwaltlichen Unabhängigkeit gemäß §§ 1, 43a BRAO unterworfen[723]. Weiterhin sind sie nicht per se betriebsblind, sondern vielmehr mit dem Unternehmen bestens vertraut und in dessen Tätigkeitsbereich bereits rechtlich fundiert eingearbeitet[724]. Ebenso wird das Argument der wirtschaftlichen Abhängigkeit nicht vollauf überzeugen können. Denn damit ist keinesfalls gesagt, dass der Arbeitgeber, also insbesondere der Vorstand als dessen Leitungsorgan, hiervon auch Gebrauch macht, da er sich in diesem Falle einerseits auf den Rechtsrat wird keinesfalls mehr verlassen können und solche Anweisungen zudem gegen §§ 134, 138 BGB verstießen und somit unwirksam wären[725]. Zudem sind angestellte Juristen oftmals schon wegen ihres Dienstvertrages gehalten, Schaden vom Unternehmen abzuwenden, also keinen unvertretbaren und dem Unternehmen zum Nachteil gereichenden Rechtsstandpunkt einzunehmen[726]. In Ergänzung ließe sich zur Sicherstellung der Unabhängigkeit noch vertraglich fixieren, dass der Arbeitgeber dem Syndikus die sonst üblichen anwaltlichen Freiheiten bei der Rechtsfindung zusichert, und so das Finden eines speziellen Ergebnisses nicht bereits vorgegeben wird[727]. Diese Ansicht scheint im Kern auch der Gesetzgeber zu teilen, der in einer Neufassung des § 46 Abs. 2 BRAO

---

722 *Spindler*, MünchKommAktG, § 93, Rn. 80; *Ewer*, AnwBl 2014, 683 (683 f.), hierdurch erführen die Unternehmen eine stärkere Einbindung in die Rechtsordnung; *Strohn*, ZHR 176 (2012), 137 (141); *Kremer/Voet van Vormizeele*, AG 2011, 245 (246 f.); *Lang/Balzer*, WM 2012, 1167 (1170); *Merkt/Mylich*, NZG 2012, 525 (528), wonach die Figur des Syndikus ja gerade intendiere, die gute Kenntnis der unternehmensinternen Abläufe mit der Bindung an das Standesrecht zu kombinieren.

723 *Binder*, ZGR 2012, 757 (771); *Merkt/Mylich*, NZG 2012, 525 (528); Vgl. zudem für das Strafrecht zur Gefahr der eigenen Strafbarkeit aus Anstiftung oder Beihilfe zur Straftat bei bewusst falschen Rechtsauskünften: *Joecks*, MünchKommStGB, § 17, Rn. 62.

724 *Selter*, AG 2012, 11 (15); *Fleischer*, FS Hüffer 2010, 187 (193), so bringt gerade die fortwährende Beschäftigung mit den rechtlichen Sachverhalten des Unternehmens eine besondere Sachkunde mit sich; *Schneider*, DB 2011, 99 (102 f.); vgl. ebenso für das Strafrecht: *Vogel*, LeiKo-StGB, § 17, Rn. 82.

725 *Berger*, Vorstandshaftung und Beratung, S. 174; *Prütting*, AnwBl 2013, 78 (83); *Merkt/Mylich*, NZG 2012, 525 (528), denn das anwaltliche Standesrecht gilt – wie oben gezeigt – auch für den Syndikus; *Wagner*, BB 2012, 651 (656), denn in diesem Falle muss der gute Glaube in die Seriösität des Rechtsrats entfallen.

726 *Spindler*, MünchKommAktG, § 93, Rn. 80; *Strohn*, ZHR 176 (2012), 137 (141); *Peters*, AG 2010, 811 (815); *Fleischer*, FS Hüffer 2010, 187 (193).

727 *Wagner*, BB 2012, 651 (656), die sei insbesondere deswegen zu empfehlen, weil der Vorstand / Aufsichtsrat aufgrund der Beweislastverteilung gehalten sein wird, die Unabhängigkeit nachzuweisen; *Schneider*, DB 2011, 99 (103);

die Tätigkeit eines Syndikusanwalts einer anwaltlichen Tätigkeit gleichstellt, wenn das Arbeitsverhältnis durch eine fachliche Unabhängigkeit und eigenverantwortlich auszuübende Tätigkeit sowie die Erteilung von Rechtsrat geprägt ist[728].

In Fortführung des oben Gesagten wäre es zudem widersprüchlich, vom Vorstand zu verlangen, möglichst viel Know-How selbst und im Unternehmen aufzubauen, hierauf aber im Falle der Rechtssuche nicht zurückgreifen zu dürfen[729]. Ist eine Rechtsabteilung im Unternehmen aufgrund ihrer Größe und fachlichen Versiertheit in der Lage eine Rechtsfrage zu beantworten, muss der Vorstand dies auch nutzen dürfen, ist aus ökonomischen Aspekten sogar verpflichtet, sie – zumindest unterstützend – zu nutzen[730]. Eine Nutzung der internen Rechtsabteilung verbietet sich erst ab dem Zeitpunkt, in dem die Interessen des Geschäftsleiters nicht mehr mit denen der Gesellschaft übereinstimmen, sich das Organmitglied beispielsweise darin beraten lässt, wie es am besten Ansprüche gegen die Gesellschaft durchsetzt[731].

Zuletzt befreit auch der Status als externe Anwaltskanzlei nicht grundsätzlich von dem Vorwurf der Abhängigkeit. Denn Kanzleien benötigen als wirtschaftliche Grundlage ihrer Beratungstätigkeit eine fortlaufende Mandatierung durch die Unternehmen, weshalb auch diese nicht frei jeder (finanziellen) Abhängigkeit sind[732]. So ließe sich hier die Kritik sogar umdrehen und fragen, ob diese grundsätzliche (wirtschaftliche) Zielsetzung der Folgemandatierung nicht auch genau zum Gegenteil führen kann, dass nämlich der externe Anwalt umso mehr versuchen wird, ein möglichst ansprechendes Beratungsergebnis zu erzielen und seine Unabhängigkeit somit völlig überschätzt wird[733]. Denn es entspricht gängiger Praxis, dass der Geschäftsleiter auf einen Rechtsberater mit der konkreten Erwartungshaltung der Umsetzung eines speziellen Projektes zutritt und der zu allererst versuchen wird,

---

728 BGBl. I, 2015, S. 2517 f.

729 Was „faktisch einem Gutachtenverbot" für Syndizi gleichkäme: *Kiefner/Krämer*, AG 2012, 498 (501); ähnlich: *Fleischer*, FS Hüffer 2010, 187 (193), dies führe letztlich zu einer Benachteiligung von Unternehmen mit eigener Rechtsabteilung; ebenso für das Strafrecht: *Roxin*, Stafrecht AT I, § 21, Rn. 62, so könnte sich das Unternehmen, die Anstellung von eigenen Juristen „gleich sparen", wenn stets externe Anwälte beauftragt werden müssten.

730 *Hauschka*, GmbHR 2007, 11 (16), zwar ist der Rechtsrat dann verlässlich, jedoch verschwendet der Vorstand Unternehmensvermögen; aA: *Selter*, AG 2012, 11 (15), für den keine Pflicht besteht, zunächst unternehmensinternes Know-How der externen Beratung vorzuziehen.

731 *Wagner*, BB 2012, 651 (655).

732 *Berger*, Vorstandshaftung und Beratung, S. 172, mit Hinweis, dass auch die kanzleiinterne Hierarchie nicht zwingend zur Unabhängigkeit der jüngeren Anwälte beitrage; *Merkt/Mylich*, NZG 2012, 525 (528); *Fleischer*, FS Hüffer 2010, 187 (193), mit entsprechendem Verweis auf dieselbe Wertung im anglo-amerikanischen Recht.

733 *Prütting*, AnwBl 2013, 78 (83), weshalb das arbeitsrechtliche Direktionsrecht des Arbeitgebers durchaus mit seinem Anspruch als Mandant aus dem freien Dienstvertrag mit dem externen Anwalt vergleichbar sei.

dies im Rahmen des rechtlich Möglichen auch zunächst umzusetzen[734]. Der *„böse Schein"* einer größeren Unabhängigkeit wegen einer personellen Nähe der internen Rechtsabteilung zum beratenen Vorstand verfängt somit nicht[735].

Die Frage der Abhängigkeit ist somit im Kern keine der Bezahlung, sondern inwieweit der Ratsuchende den Ratgebenden hinsichtlich des Ergebnisses der Rechtssuche zu seinem eigenen Vorteil und zulasten der Seriösität des Rechtsrats beeinflussen kann[736]. Anderenfalls müsste das Unternehmen trotz Unterhaltung von Spezialisten, deren maßgebliche Aufgabe es ist rechtliche Probleme des Unternehmens zu lösen, stets einen Tross externer Anwälte engagieren, nur damit diese einen inhaltlich gleichwertigen Rechtsrat abgeben, auf den sich der Vorstand dann (haftungsbefreiend) verlassen darf. Allein der Umstand, dass die Syndizi somit im Anstellungsverhältnis zur beratenden Person stehen, macht sie somit nicht unabhängig, sodass auch sie grundsätzlich als verlässliche Ratgeber in Betracht kommen[737]. Hierbei mit gegebenenfalls falschen Erwartungshaltungen von Vorgesetzten oder Mitarbeitern umzugehen, ist die tägliche Praxis von Syndizi und ihnen grundsätzlich auch zuzutrauen[738].

dd) Rangverhältnis der Syndizi zu externen Rechtsberatern

Hierauf aufbauend lässt sich die Frage stellen, ob die Syndizi und externen Rechtsberater grundsätzlich auf einer Stufe stehen, oder ob der Vorstand nicht doch in bestimmten Konstellationen verpflichtet sein kann, externe Berater einzuschalten.

So ließe sich in Anbetracht der grundsätzlich bestehenden fachlichen Versiertheit und Unabhängigkeit nur folgerichtig annehmen, dass ein Vorstand nach freiem Ermessen zwischen interner und externer Rechtsberatung auswählen kann, eine Einschaltung externer Anwälte mithin grundsätzlich nicht verpflichtend ist[739].

---

734 *Kiefner/Krämer*, AG 2012, 498 (501), weshalb auch die Art der Fragestellung an die Syndizi, sei sie offen oder zielorientiert, letztlich dahinstehen könne.

735 Zurecht *Berger*, Vorstandshaftung und Beratung, S. 175 f.

736 *Berger*, Vorstandshaftung und Beratung, S. 179 f., es sei verfehlt Snydizi aufgrund ihrer Anstellung perse eine Art „vorauseilenden Gehorsam" zu unterstellen; *Prütting*, AnwBl 2013, 811 (83), für den die Unabhängigkeit somit allein eine Frage der „persönlichen und inneren" Unabhängigkeit und damit letztlich der Charakterfestigkeit des jeweiligen Syndikus ist; ähnlich: *Fleischer*, KSzW 2013, 3 (8); *Selter*, AG 2012, 11 (14 f.); *Wagner*, BB 2012, 651 (655 f.); im Ergebnis auch: *Strohn*, ZHR 176 (2012), 137 (141), der allerdings weiterhin anhand der Offenheit der gestellten Frage differenzieren will; ebenso für das StrafR: *Kühl*, Lackner/ Kühl, § 17, Rn. 7; *Joecks*, MünchKommStGB, § 17, Rn. 62.

737 *Schneider*, Scholz-GmbHG, § 43, Rn. 79; *Binder*, ZGR 2012, 757 (770 f.); *Peters*, AG 2010, 811 (816); *Fleischer*, FS Hüffer 2010, 187 (193); *derselbe*, NZG 2010, 121 (123 f.).

738 *Kiefner/Krämer*, AG 2012, 498 (501).

739 Vgl. *Peters*, AG 2010, 811 (815).

Eine solche Sichtweise erscheint allerdings zu kurz gegriffen. Denn die Unternehmensorganisation unterliegt ökonomischen Zweckmäßigkeitsüberlegungen, weshalb sie im Zweifel auch nur insoweit Know-How im Unternehmen vorhält, wie die Unterhaltung der Syndizi kostengünstiger und zweckmäßiger ist, als die (sonst stetig wiederkehrende) Beauftragung externer Spezialisten. Hieraus folgt, dass bei häufig wiederkehrenden Problemen, also solchen des Tagesgeschäfts, unternehmensintern in ausreichendem Maße Spezialisten vorhanden sein können, die dann auch genutzt werden sollten[740]. Je komplexer die zu beantwortende Frage jedoch gerät, desto eher wird die interne Rechtsabteilung an ihre (fachlichen) Grenzen geraten und externe Unterstützung notwendig werden. So hat sich folgerichtig in der Praxis die Vorgehensweise entwickelt, bei Fragen von erheblicher rechtlicher Bedeutung oder strafrechtlichen Konflikten, zumindest eine weitere externe Beratung hinzuziehen, sog. Gedanke der second opinion[741]. Ein Rückgriff auf die Rechtsabteilung verbietet sich ersichtlicherweise in den Rechtsgebieten, die sie gar nicht erst abdeckt[742].

Im Ergebnis ist die Frage eines eventuellen Vorrangs externer Berater vor denen im Unternehmen zuletzt allein fachlicher Natur. Dies bedeutet aber keinesfalls, dass in einem solchen Falle die Syndizi vollkommen außen vor wären. So kann der externe Rat nur einige Spezialfragen betreffen, während die Rechtsabteilung die maßgebliche sonstige Arbeit erledigt. Eine weitere ungleich bedeutendere Rolle kommt ihr jedoch in der Unterstützung des Vorstands zu, den externen Rechtsrat auch entsprechend zu verstehen und zu prüfen[743]. Unabhängig davon, welche Berater der Vorstand nun in Anspruch nimmt, ist ihm im Zuge sich stetig verschärfender Haftung, wie stets eine umfassende Dokumentation dergestalt zu raten, dass er überhaupt Rechtsrat in Anspruch genommen hat und was dieser ergeben hat[744].

---

740 Ähnlich schon: *Dauner-Lieb*, FS Röhricht, 83 (96), gegenteilige Handhabgung wäre zur Entwicklung kreativer Köpfe im Unternehmen „sicherlich nicht förderlich"; vgl. hierzu auch: *Merkt/Mylich*, NZG 2012, 525 (528), wonach es wegen derer hier einschlägigen Kompetenz sogar geboten sein kann, die interne Rechtsabteilung einer externen Beratung vorzuziehen.

741 *Hölters*, Hölters-AktG, § 93, Rn. 76; *Spindler*, MünchKommAktG, § 93, Rn. 78; *Bicker*, AG 2014, 8 (11); verhalten zustimmend: *Merkt/ Mylich*, NZG 2012, 525 (528); *Selters*, AG 2012, 11 (15), der hierin zwar eine gute Corporate Governance aber zurecht keine ausdrückliche Verpflichtung sehen will, da eine verlässliche Abgrenzung anhand der Komplexität der gestellten Rechtsfrage für den Ratsuchenden kaum zu leisten sein dürfte.

742 *Wagner*, BB 2012, 651 (656).

743 *Spindler*, MünchKommAktG, § 93, Rn. 78; *Wagner*, BB 2012, 651 (657); vgl. zudem diesbezüglich nachfolgende Aussagen unter F.I.7).

744 *Peters*, AG 2010, 811 (817).

ee) *Unabhängigkeit auch bei Aufsichtsratsmitgliedern gegeben?*

Ein von *Merkt/Mylich*[745] aufgegriffener Punkt der ISION-Entscheidung[746] ist der, ob die Unabhängigkeit eines externen Beraters dadurch wieder entfällt, dass er Aufsichtsratsmitglied der Gesellschaft des ratsuchenden Vorstands ist.

Unter der Beachtung von §§ 113, 114 AktG soll dies grundsätzlich möglich sein und eine Grenze erst dort bestehen, wo er ein offensichtliches Eigeninteresse an dem zu begutachtenden Geschäft hat[747]. Letzteres sei aber nur in Krisensituationen und Haftungsfragen anzunehmen, wo eine Unabhängigkeit ausscheiden müsse.

Dem ist zuzustimmen. Denn der BGH hat klargestellt, dass nur solche Beratungsleistungen einzelner Aufsichtsratsmitglieder den Vorstand nicht zu entlasten vermögen, die Teil ihrer ohnehin organschaftlich geschuldeten Überwachungstätigkeit sind und somit parallel zu den Pflichten des Vorstands bestehen[748]. In diese Wertung reiht sich die Vorschrift des § 114 AktG nahtlos ein, in dem sie durch die Offenlegungspflicht gegenüber dem Gesamtaufsichtsrat und dem Zustimmungserfordernis des Abs. 1 die Gesellschaft davor schützt, dass ein Aufsichtsratsmitglied für sich ohnehin aus seiner Organstellung verpflichtend ergebenden Tätigkeiten Sonderzahlungen erhält, die sonst dem Zustimmungserfordernis der Hauptversammlung nach § 113 AktG unterliegen[749]. Fehlt es an einer solchen Zustimmung, hat die Gesellschaft nach § 114 Abs. 2 AktG einen Erstattungsanspruch. Entscheidend ist, dass es sich um Dienste höherer Art, also insbesondere herausgehobene Beratungsverträge[750], handelt, deren Inhalt nicht bereits durch das Aufsichtsratsmitglied aufgrund seiner Organstellung geschuldet wird[751]. Ansonsten handelte sich um Verträge, die Aufsichtsratsmitgliedern außerhalb des § 113 AktG verdeckte Sondervergütungen für bereits geschuldete Tätigkeiten gewähren würden, weshalb diese wegen

745 *Merkt/Mylich*, NZG 2012, 525 ff.

746 BGH, Urteil vom 20.09.2011 – II ZR 234/09, Rn. 18, juris.de.

747 *Lutter/Krieger*, Rechte und Pflichten des Aufsichtsrats, § 12, Rn. 858; *Berger*, Vorstandshaftung und Beratung, S. 214, auch hier sei allein die „innere Unabhängigkeit" ausschlaggebend; *Merkt/Mylich*, NZG 2012, 525 (528).

748 BGH, Urteil vom 20.09.2011 – II ZR 234/09, Rn. 20, juris.de, denn hier gehörte die gegenständliche Frage zur grundsätzlichen Unternehmenspolitik, mit denen sich der Aufsichtsrat ohnehin im Rahmen seiner Überwachungstätigkeit zu beschäftigen hatte.

749 *Habersack*, MünchKommAktG, § 114, Rn. 3, womit die Vorschrift die alleinig bei der Hauptversammlung liegende Vergütungskompetenz für die organschaftliche Tätigkeit des Aufsichtsrats schützt; *Lutter/Krieger*, Rechte und Pflichten des Aufsichtsrats, § 12, Rn. 859.

750 Auf ebenfalls zulässige Werkverträge, vgl. *Spindler*, Spindler/Stilz AktG, § 114, Rn. 13, soll hier mit Blick auf den Prüfungsgegenstand dieser Arbeit nicht näher eingegangen werden.

751 *Henssler*, Henssler/Strohn GesR, § 114, Rn. 2; *Oetker*, ErfK ArbR, § 114 AktG, Rn. 4; *Lutter/Krieger*, Rechte und Pflichten des Aufsichtsrats, § 12, Rn. 860.

Umgehung nach § 134 BGB in Verbindung mit § 113 AktG nichtig sind[752]. Welche Beratungsleistungen im Einzelnen bereits aus der Organtätigkeit geschuldet sind und sich somit einer zusätzlich zu vergütenden Beratung verschließen, ist Frage des Einzelfalls und kann pauschal nicht beantwortet werden[753]. Denn diese erfasst alle übergeordneten Fragen der Unternehmensführung, wie grundsätzliche Fragen der Unternehmensplanung, zustimmungspflichtige Verträge oder Geschäfte von erheblicher Bedeutung, weshalb allein aus dem Umfang der Beratungstätigkeit oder der persönlichen Qualifikation des Aufsichtsratsmitglieds noch keine Rückschlüsse auf die außerordentliche Beratung möglich sind[754]; vielmehr kommt es auf den Vertragsgegenstand als Beratung in einem besonderen Fachgebiet an[755]. Im Zweifel lässt sich noch ergänzend auf den Zweck der Beratung abstellen, wobei endgültige Zweifel zulasten der Gültigkeit des Vertrages gehen[756].

Um sich hieraus ergebende Abgrenzungsschwierigkeiten möglichst gering zu halten, ist es zur Ermöglichung der Kenntnisnahmen und Kontrolle durch die restlichen Aufsichtsratsmitglieder unabdingbar, dass die zusätzliche Beratungstätigkeit und die hierfür fällige Vergütung möglichst genau und insbesondere einzelfallbezogen beschrieben wird, was demzufolge „pauschale" und allgemeine Rahmenberatungsverträge wegen derer fehlenden Abgrenzbarkeit verbietet[757]. Auch wenn die Zustimmung der restlichen Aufsichtsratsmitglieder noch nach Vertragsvollzug erteilt werden kann, bleibt der Beratungsvertrag bis zu diesem Zeitpunkt schwebend unwirksam, beziehungsweise bei Verweigerung der Zustimmung endgültig unwirksam, was zu entsprechenden Rückabwicklungsansprüchen nach § 114 Abs. 2 AktG führt[758].

---

752 BGH, Urteil vom 25.03.1991 – II ZR 188/89, Rn. 10, juris.de; BGH, Urteil vom 03.07.2006 – II ZR 151/04, Rn. 16, juris.de; BGH, Urteil vom 20.11.2006 – II ZR 279/05, Rn. 13, juris.de; OLG München, Beschluss vom 05.06.2008 – 7 U 4388/07, Rn. 6, juris.de; *Hopt/Roth*, GroßkommAktG, § 114, Rn. 13; *Mertens/Cahn*, Köln-KommAktG, § 114, Rn. 5; *Drygala*, Schmidt/Lutter AktG, § 114, Rn. 8; *Habersack*, MünchKommAktG, § 114, Rn. 22; *Spindler*, Spindler/Stilz AktG, § 114, Rn. 16; *Henssler*, Henssler/Strohn, GesR, § 114 AktG, Rn. 3; *Koch*, Hüffer AktG, Rn. 5; *Hambloch-Gesinn/Gesinn*, Hölters-AktG, § 114, Rn. 10, 13.

753 *Henssler*, Henssler/Strohn GesR, § 114, Rn. 5.

754 *Spindler*, Spindler/Stilz AktG, § 114, Rn. 17, denn der Aufsichtsrat hat im Rahmen der geschuldeten Organtätigkeit auch seine vollen Kenntnisse und Fähigkeiten einzubringen.

755 *Habersack*, MünchKommAktG, § 114, Rn. 23 f.; *Hambloch-Gesinn/Gesinn*, Hölters-AktG, § 114, Rn. 12 ff., wozu insbesondere die Tätigkeiten von Rechtsanwälten, Steuerberatern, Wirtschaftsprüfern und Architekten gehören.

756 *Lutter/Krieger*, Handbuch Managerhaftung, § 12, Rn. 860.

757 *Henssler*, Henssler/Strohn GesR, § 114, Rn. 7, mit Nachweisen zu einzelnen Fallbeispielen und der diesbezüglichen Rechtsprechung; *Spindler*, Spindler/Stilz AktG, § 114, Rn. 22.

758 *Habersack*, MünchKommAktG, § 114, Rn. 27, wobei der Schwebezustand nur durch Genehmigung oder Verweigerung enden kann, nicht aber durch Verstreichen einer

Handelt es sich daher also um eine nicht bereits im Rahmen der Organtätigkeit geschuldete Überwachungs- beziehungsweise Beratungsleistung, spricht nach erfolgter Zustimmung durch alle Aufsichtsratsmitglieder auch nichts dagegen, das einzelne Aufsichtsratsmitglied trotz seiner Organstellung zunächst als unabhängig anzusehen. Es gelten die zuvor gezeigten Maßstäbe, die insbesondere eine entsprechende fachliche Qualifikation und die Freiheit der Rechtsfindung voraussetzen. Anwendungsfälle sind hierbei Fragen eines besonderen Fachgebiets, die üblicherweise auch die Hinzuziehung von Experten erfordern, um eine „besondere Beratungstiefe" zu ermöglichen, wie beispielsweise Fragen des Steuerrechts[759]. Zweifelsohne dürfte es in Zustimmung zu *Merkt/Mylich* bei Eigeninteressen an einer solchen freien Rechtsfindung fehlen, also inbesondere in Haftungsfragen und Krisensituationen, wo der Aufsichtsrat letztlich mit verpflichtet war, solche durch Überwachung und Beratung zu vermeiden.

c) *Beurteilungsmaßstab der Auswahlentscheidung*

Fraglich ist, nach welchen Maßstäben die Auswahlentscheidung der Auskunftsperson entsprechend der dargestellten Kriterien durch den Geschäftsleiter zu bewerten ist.

Das berechtigte Vertrauen in die Auskunftsperson lässt sich ex-post rein objektiv oder eben ex-ante objektiv/subjektiv betrachten, womit es ausreichte, dass der Vorstand lediglich vernünftigerweise von deren Verlässlichkeit ausgehen durfte[760]. In letzterem Falle bestünde bei der Auswahl ein weiter Beurteilungsspielraum[761]. Wie oben bereits gezeigt, stellt die Legalitätspflicht hohe Anforderungen an die Leitungsorgane, welche aber auch in Anbetracht der Kapazitätsbegrenzung der Leitungsträger nicht überspannt werden darf[762]. In konsequenter Fortführung sollte auch hier die Einordnung einer eventuellen Fehlauswahl aus der Sicht des Vorstands und somit objektiv/subjektiv erfolgen[763]. So haftet die Geschäftsleitung grundsätzlich für eine Fehlauswahl, ist aber im Falle einer ihm bestmöglichen Bemühung entschuldet. Entscheidend ist demnach, ob die Auskunftsperson aus Sicht des bemühten

„angemessenen" Frist; *Spindler*, Spindler/Stilz AktG, § 114, Rn. 5 f., wohingegen sog. Altverträge, also solche, die vor Amtsantritt des Aufsichtsrats geschlossen wurden und unter das Zustimmungserfordernis des § 114 AktG fallen würden, als suspendiert und somit „ohne Wirkung" zu behandeln und erst nach Amtsende wieder aufleben; *Oetker*, ErfK ArbR, § 114 AktG, Rn. 5.

759 So *Henssler*, Henssler/Strohn GesR, § 114, Rn. 9.

760 *Fleischer*, ZIP 2009, 1397 (1404 f.) mit weiteren Nachweisen, der sich in Anlehnung an die Business Judgment Rule für einen objektiv/subjektiven Beurteilungsmaßstab ausspricht.

761 *Binder*, AG 2008, 274 (281).

762 *Fleischer*, NZG 2010, 121 (123).

763 *Fleischer*, FS Hüffer 2010, 187 (200), mit entsprechendem Querverweis auf die gleiche Handhabe im Strafrecht, insbesondere: *Roxin*, Strafrecht AT I, § 21, Rn. 62.

Ratsuchenden im ausreichenden Maße als fachkundig und unabhängig erscheint, nicht ob sie dies auch tatsächlich im letzten Maße ist[764]. Keinesfalls darf er dabei ohne jede Nachprüfung auf die Empfehlung eines Dritten vertrauen[765]. Hiergegen spricht auch nicht die im Rahmen der offenen Rechtslage vertretene Auffassung, dass der Rechtsrat bei offener Rechtslage zum Entfall der Pflichtwidrigkeit führt. Denn hier konnte tatsächlich kein zutreffender Rechtsrat erteilt werden. Ansonsten erfolgt die Einordnung auf der Verschuldensebene.

5) Zutreffende und umfassende Schilderung des Sachverhalts durch den Ratsuchenden

a) Zu Umfang und Tiefe der nötigen Schilderung

Damit die nun sorgfältig ausgewählte Auskunftsperson auch einen vertrauenswürdigen Rechtsrat erteilen kann, muss die Geschäftsleitung sie über die zu beurteilende Situation auch umfassend informieren. Mitzuteilen sind mithin alle für die Beurteilung des Prüfungsgegenstandes erheblichen Umstände[766]. Denn ein Rechtsrat kann nur so gut sein, wie die zur Verfügung gestellten Informationen es zulassen[767]. Ob die Schilderung umfassend ist, hat aus Sicht des Ratsuchenden beurteilt zu werden, insbesondere danach, ob diese selbst rechtskundig ist. Denn von einem Rechtsunkundigen ist grundsätzlich nicht zu erwarten, dass er genaue Rechtsfragen formulieren kann[768].

Unproblematisch muss ein unvermeidbarer Rechtsirrtum bei vorsätzlicher oder fahrlässig falscher Informierung des Rechtsberaters ausscheiden, denn dann kann der hierauf erteilte Rechtsrat auch nicht vertrauenswürdig sein [769]. Dass ein Geschäftsleiter sich dann nicht mehr vertrauenswürdig auf die Auskunft verlassen kann, ist offenkundig[770]. Aus haftungsrechtlicher Sicht von Interesse ist allein die Behandlung der Fallgestaltung, in der bestimmte Informationen durch den Vorstand aufgrund fehlender Sachkunde schuldlos als unwichtig angesehen oder übersehen

764 Vgl. *Joecks*, MünchKommStGB, § 17, Rn. 61; *Vogel*, LeiKo-StGB, § 17, Rn. 85, wenngleich die Prüfungsanforderungen hinsichtlich der Beraterauswahl mit zunehmenden eigenen Fähigkeiten des Ratsuchenden entsprechend steigen.

765 *Spindler*, MünchKommAktG, § 93, Rn. 79.

766 OLG Stuttgart, Urteil v. 25.11.2009 – 20 U 5/09 (Leitsatz), Rn. 33, 35, juris.de; *Spindler*, MünchKommAktG, § 93, Rn. 81; *Fleischer*, KSzW 2013, 3 (9); *Selter*, AG 2012, 11 (17).

767 *Krieger*, ZGR 2012, 496 (499).

768 BGH, Urteil vom 28.04.2015 – II ZR 63/14, Rn. 30, juris.de.

769 *Fleischer*, KSzW 2013, 3 (9); *derselbe*, FS Hüffer 2010, 187 (193); vgl. ebenso für das Strafrecht: *Vogel*, LeiKo-StGB, § 17, Rn. 86.

770 *Peters*, AG 2010, 811 (816).

und deshalb nicht weitergegeben wurden[771], sog. „innocent omissions“[772]. Dabei ist fraglich, ob eine unverschuldet unvollständige Sachverhaltsschilderung in die Risikosphäre des Geschäftsleiters oder aber in dic dcs Rcchtsberaters fällt.

Hier erscheint es gerechtfertigt, dass der Rechtsberater aufgrund seiner Professionalität grundsätzlich verpflichtet ist, bei Unklarheiten im geschilderten Sachverhalt diese zu erkennen und gegebenenfalls gezielt nachzufragen[773], sodass schuldlose Informationslücken dem Geschäftsleiter nicht anzulasten sind[774]. Denn oftmals wird der Geschäftsleiter gar nicht wissen, wie detailliert welche Informationen dargebracht werden müssen, um einen hierauf aufbauenden Rechtsrat auch umfassend tragen zu können[775]. Auch wäre es widersprüchlich, ihm auf seine Unkenntnis hin, das Verlassen auf einen externen Rechtsrat zuzugestehen, es ihm aber gleichwohl vorzuwerfen, dass er nicht jedes für den Rechtsrat erforderliche Sachverhaltsdetail vorher erkennt und dementsprechend auch weitergibt. Dies setzt aber offenkundigerweise voraus, dass der Geschäftsleiter für Nachfragen offen ist oder einen Sachverhalt nicht so darstellt, dass das Vorhandensein weiterer relevanter Informationen ausgeschlossen wird[776]. Dennoch ist der Geschäftsleiter wegen der umgedrehten Beweislast aus § 93 Abs. 2 S. 2 AktG gehalten, notfalls darlegen zu können, dass er umfassend informiert hat, beziehungsweise die Nichtinformation zumindest schuldlos erfolgte[777]. Anders ist die Situation hingegen zu bewerten, wenn der Geschäftsleiter eine inhaltlich falsche Information weitergibt. Denn einerseits ist eine inhaltlich richtige Information vom Geschäftsleiter sehr wohl zu erwarten und andererseits wird ein Rechtsberater in der Regel hier nicht nachfragen können, da eine „Lücke“ für ihn gar nicht erkennbar ist[778].

Beratungsdefizite außerhalb des erteilten Mandats fallen hingegen allein in die Risikosphäre des ratsuchenden Mandanten. Eine Entlastung ist hier nur dann möglich, wenn sich der rechts- und fachkundige Ratsuchende den Umständen nach darauf verlassen durfte, dass der Rechtsrat auch die anderweitige weitergehende Frage mitumfasst[779]. Erteilt beispielsweise der Geschäftsleiter einem Steuerberater

---

771 *Strohn*, ZHR 176 (2012), 137 (139).

772 *Fleischer*, KSzW 2013, 3 (9); *derselbe*, FS Hüffer 2010, 187 (193 f.); *derselbe*, NZG 2010, 121 (123); *derselbe*, ZIP 2009, 1397 (1403).

773 *Binder*, ZGR 2012, 757 (771); *Peters*, AG 2010, 811 (816); ähnlich: *Spindler*, MünchKommAktG, § 93, Rn. 81.

774 Vgl. *Fleischer*, MünchKommGmbHG, § 43, Rn. 42; *derselbe*, FS Hüffer 2010, 187 (193), mit dem künstlich erscheinenden Versuch einer Differenzierung zwischen der Fähigkeit eines Anwalts zur Rechtsberatung und derer der Tatsachenermittlung, wobei der gute Glaube des Mandanten sich letztlich noch auf beides erstrecken dürfen solle (198); *derselbe*, NZG 2010, 121 (124).

775 *Fleischer*, FS Hüffer 2010, 187 (193).

776 *Krieger*, ZGR 2012, 496 (499).

777 *Strohn*, ZHR 176 (2012), 137 (139).

778 *Selter*, AG 2012, 11 (17).

779 BGH, Urteil vom 28.04.2015 – II ZR 63/14, Rn. 30, juris.de.

einen anderen Auftrag als die Prüfung der Insolvenzreife, kann ihn diese Beratung hinsichtlich der Frage der Insolvenzreife nur dann entlasten, wenn er sich nach den Umständen der anderweitigen Auftragserteilung unter Beachtung der gebotenen Sorgfalt darauf verlassen durfte, dass der Berater auch die Frage der Insolvenzreife vorab und unverzüglich prüfen und ihn gegebenenfalls unterrichten werde[780]. Ähnlich entschied der BGH jüngst, dass der Steuerberater in einem allgemeinen steuerrechtlichen Dauermandat den Umständen nach nicht dazu verpflichtet sei, den Geschäftsführer oder die Gesellschaft auf die Prüfungspflicht zur Insolvenzreife nach § 15a InsO hinzuweisen; vielmehr bedürfe es hierfür wegen einer sonst drohenden Überfrachtung seiner Verantwortung eines ausdrücklichen Mandats[781]. Folglich kommt der genauen Umschreibung des erteilten Mandats eine immer gewichtigere Rolle zu[782], wobei es einen guten Berater zweifelsohne auszeichnet, seinen Mandanten auf etwaige Probleme auch über das Mandat hinaus hinzuweisen.

b) Kein Verstoß gegen Verschwiegenheitspflicht

Ein hierbei wichtiger Punkt in der umfassenden und zutreffenden Sachverhaltsdarstellung ist nicht zuletzt die Gewährleistung der Verschwiegenheit des beauftragten Beraters. Denn nach Maßgabe des § 93 Abs. 1 S. 3 AktG hat der Vorstand (und über § 116 AktG somit auch der Aufsichtsrat[783]) über Unternehmensinterna Stillschweigen zu bewahren, darf diese also nicht einfach publik machen[784]. Tut er dies doch, verstößt er hiermit gegen einen ausdrücklichen Normbefehl und begeht somit eine Legalitätspflichtverletzung[785], geht sogar das Risiko einer strafrechtlichen Verfolgung nach § 404 AktG ein[786]. Jedoch gerät er hier in den Konflikt, einerseits Unternehmensdaten herausgeben zu müssen um eine umfassende Sachverhaltsdarstellung zu gewährleisten und sich andererseits hierdurch der Gefahr einer Verletzung seiner Pflicht zur Geheimhaltung auszusetzen. Daher ist anerkannt, dass sich der Geschäftsleiter in den Fällen, in denen die Weitergabe der vertraulichen Information im Unternehmensinteresse liegt, nach pflichtgemäßem Ermessen für eine Weitergabe entscheiden darf, was insbesondere bei externen Beratungsbedarf

780 BGH, Urteil vom 27.03.2012 – II ZR 171/10, Rn. 22, juris.de.

781 BGH, Urteil vom 07.03.2013 – IX ZR 64/12, Rn. 15, juris.de, so biete die vom Steuerberater erstellte Steuerbilanz indizielle Hinweise auf eine möglicherweise eingetretene Überschuldung, weise diese aber nicht aus, Rn. 16.

782 *Römermann*, GmbHR 2013, 513 (516 f.), mit den Fragen: Wer ist der Mandant? Worauf bezieht sich das Mandat?.

783 *Lutter/Krieger*, Rechte und Pflichten des Aufsichtsrats, § 6, Rn. 254.

784 *Spindler*, MünchKommAktG, § 93, Rn. 113, wenngleich gesetzlich normiert, wird die Schweigepflicht nach ganz herrschender Meinung als Ausfluss der organschaftlichen Treuepflicht verstanden, mwN.

785 *Fleischer*, Spindler/Stilz AktG, § 93, Rn. 162.

786 *Spindler*, MünchKommAktG, § 93, Rn. 115.

und einer Due-Dilligence der Fall sein soll[787]. Keinesfalls gilt die Schweigepflicht hingegen gegenüber anderen Vorstands- oder Aufsichtsratsmitgliedern[788].

Zwar ist die Schweigepflicht bei einem Rechtsanwalt nach § 43a Abs. 2 BRAO gesetzlich vorgeschrieben, bei Wirtschaftsprüfungsgesellschaften wegen der Befreiung gemäß § 93 Abs. 1 S. 4 AktG nicht von Belang und bei unternehmensinternen Syndizi bedarf es dieser ersichtlicherweise überhaupt nicht, weshalb der praktische Anwendungsbereich eines solchen Verstoßes zunächst gering erscheinen mag. Jedoch sollte der Vorstand bei der Beauftragung externer Berater gleichwohl darauf achten, dass diese in der Vergangenheit nicht durch ein entsprechendes Fehlverhalten aufgefallen sind und grundsätzlich auf eine Verschwiegenheitserklärung bestehen, und sei es nur zum späteren Nachweis seiner Sorgsamkeit[789]. Ansonsten beauftragt er Berater zur Vermeidung einer Legalitätspflichtverletzung und macht sich derer dabei gleichfalls in anderer Konstellation schuldig.

c) Erfordernis der Rechtzeitigkeit der Auskunftserteilung

Ein im Rahmen der ISION-Entscheidung noch nicht thematisierter Punkt, ist die Frage der Rechtzeitigkeit der eingeholten Beratungsleistung. Hintergrund der dem ISION-Urteil nachfolgenden BGH-Entscheidung war die drohende Insolvenz der betroffenen GmbH und das hiervon ausgehende Zahlungsverbot des § 64 GmbHG sowie die Insolvenzantragspflicht des § 15a InsO. Hier ließ es der BGH aufgrund des Schutzzwecks[790] der zuvor zitierten Normen nicht genügen, dass der beklagte Geschäftsführer allein die Feststellung der Insolvenzreife umgehend in Auftrag gab. Vielmehr müsse auch darauf hingewirkt werden, dass die Auskunft auch unverzüglich erteilt wird[791]. Zwar ist die Feststellung der Insolvenzreife nicht primär eine rechtliche, sondern vielmehr eine bilanzielle und somit wirtschaftliche Spezialfragestellung. Allerdings lässt sich hieraus dennoch ein allgemeiner Grundsatz ableiten. Ist für den Geschäftsleiter durch Anzeichen erkennbar, dass ein spezielles Verhalten (im Fall war dies die fortwährende Zahlung aus Gesellschaftsmitteln) aus irgendeinem Grunde verboten sein könnte (im Fall aufgrund der § 64 GmbHG und § 15a InsO), darf er sich nicht allein damit begnügen, umgehend die rechtliche Prüfung in Auftrag zu geben und sonst unbesehen das Verhalten fortsetzen. Vielmehr hat er auch unverzüglich auf die Mitteilung des Ergebnisses zu drängen und gegenständliche Verhalten während dieses Zeitraums möglichst zu unterbinden oder zumindest einzuschränken. Sofern dem Geschäftsleiter Zweifel kommen, ob

---

787 Vgl. nur: *Dauner-Lieb*, Henssler/Strohn GesR, § 93, Rn. 15, mwN.

788 *Spindler*, MünchKommAktG, § 93, Rn. 128.

789 Ebenso für den Aufsichtsrat nach § 116 AktG: *Bürgers/Israel*, Bürgers/Körber, § 116, Rn. 21; *Hopt/Roth*, GroßkommAktG, § 116, Rn. 268.

790 So darf der Geschäftsleiter die Einschaltung eines Beraters nicht dafür nutzen, die Gesellschaft auf Kosten der Gläubiger fortzuführen, *Müller*, NZG 2012, 981 (982).

791 BGH, Urteil vom 27.03.2012 – II ZR 171/10, Rn. 19, juris.de.

der Berater den benötigten Rechtsrat zeitnah erteilen kann, hat er gegebenenfalls einen anderen Berater zu beauftragen[792].

6) Modalitäten der Auskunftserteilung

Im Weiteren stellt sich die Frage, welche Form die erteilte Rechtsauskunft haben muss, insbesondere ob sie ausschließlich schriftlich zu erteilen ist. Der BGH hat hierzu wegen fehlender Relevanz im Fall nicht abschließend Stellung bezogen[793], jedoch eine grundlegende Tendenz erkennen lassen.

Hiernach lässt sich zunächst in Anbetracht der oftmals bestehenden Komplexität zu erteilender Rechtsauskünfte und deren Bedeutung für die spätere Entscheidungsfindung im Grundsatz von einem Schriftformerfordernis ausgehen, was aber keineswegs prinzipiell gelten soll[794]. Vielmehr bietet sich auch hier eine differenzierende Betrachtungsweise in Relation zum aktuell vorherrschenden Beratungsumfeld an. So kann es beispielsweise für die Geschäftsleitung wegen der Dynamik einer Situation sehr wohl geboten sein, sich kurzfristig mündlich rechtlich abzusichern[795]. Dabei lässt sich die Beratungssituation möglichweiser sogar effektiver entwickeln, als dies in einem umständlichen Gutachten der Fall wäre. Dem Anwalt ist es nämlich möglich im gegenseitigen Gespräch mit dem Mandanten zunächst eine gemeinsame Tatsachengrundlage zu erarbeiten und hierauf aufbauend eine rechtliche Bewertung anzubieten, die hinsichtlich ihrer Erarbeitung und der steten Möglichkeit nachzufragen, nicht minder überzeugend sein muss, als ein schriftliches Gutachten[796]. Dort der Geschäftsleitung die Möglichkeit zu nehmen, sich kurzfristig schriftlos abzusichern, würde wichtige Entscheidungsprozesse unnötig lähmen und der Pflicht zur Legalität unternehmerischen Handelns über Gebühr

792 *Müller*, NZG 2012, 981 (982).

793 Vgl. die insoweit offene Formulierung: BGH, Urteil vom 20.09.2011 – II ZR 234/09, Rn. 23, juris.de.

794 *Spindler*, MünchKommAktG, § 93, Rn. 82; *Binder*, ZGR 2012, 757 (772); *Merkt/Mylich*, NZG 2012, 525 (529); *Fleischer*, FS Hüffer 2010, 187 (196 f.); *derselbe*, NZG 2010, 121 (125); vgl. zudem die ständige höchstrichterlichen Rechtsprechung zum unvermeidbaren Verbotsirrtum im Strafrecht: St. Rspr., zuletzt: BGH, Urteil vom: 04.04.2013 – 3 StR 521/12, Rn. 11, juris.de.; aA wohl *Berger*, Vorstandshaftung und Beratung, S. 254 f., die auch bei größeren Beratungen kein Schriftformerfordernis annehmen, sondern auch hier die rein mündliche Erteilung ausreichen lassen will; *Müller*, NZG 2012, 981 (982).

795 BGH, Urteil vom 20.09.2011 – II ZR 234/09, Rn. 24, juris.de; *Strohn*, ZHR 176 (2012), 137 (142); vgl. zudem: *Wagner*, BB 2012, 651 (652), zur allgemeinen Notwendigkeit schneller Reaktionen; ebenso wohl auch: *Hopt/Roth*, GroßkommAktG, § 93, Rn. 139.

796 *Fleischer*, FS Hüffer 2010, 187 (197), so könne auch eine Stehgreifauskunft besondere Überzeugungskraft besitzen, zudem sei auch im anglo-amerikanischen Rechtskreis längst von der ausnahmslosen Notwendigkeit der Schriftform einer Auskunft abgewichen worden.

gerecht zu werden versuchen. Das Erfordernis könnte ihr in besonders hektischen Situationen sogar zuwiderlaufen, wenn der Vorstand aufgrund der Notwendigkeit einer schnellen Entscheidung wegen des verpflichtenden Schriftformerfordernisses auf den Rechtsrat gänzlich verzichtete, da eine mündliche Auskunft ihn ohnehin nicht entlasten würde[797]. Gerade hier bedarf es doch letztlich eines an der Sitzung teilnehmenden Anwalts, der die Zulässigkeit einer Maßnahme kurzerhand befürwortet oder ablehnt, ohne dass dies dem sich hierauf stützenden Geschäftsleiter oder Aufsichtsratsmitglied nachher zum Nachteil gereicht[798]. So muss die rechtliche Absicherung der Entscheidung auch hier, die entsprechenden sonstigen Voraussetzungen unterstellt, dem Vorstand zugute kommen und entlastende Wirkung entfalten. Auch sind davon keine Nachteile in Form von Beweisschwierigkeiten etwaiger Kläger zu erwarten, da die Beweislast für eine ordnungsgemäße Erteilung des Rechtsrats gemäß § 93 Abs. 2 AktG bei der Geschäftsleitung liegt, weshalb in jedem Falle im Nachgang des Beratungsgespräch ein kurzes Protokoll mit Bestätigung durch den Ratgebenden angefertigt werden sollte[799]. Eine entsprechende Fixierung empfiehlt sich nebenbei auch ganz allgemein für den Ratgeber, will er für entsprechende Schäden infolge einer Falschberatung nicht zur Haftung gezogen werden[800].

7) Plausibilitätsprüfung der erteilten Rechtsauskunft

a) Grundsätzliche Anforderungen

Nach der Erteilung des Rechtsrats entsprechend der nun aufgezeigten Kriterien müssen die Geschäftsleiter diesen einer sog. Plausibilitätsprüfung unterziehen[801]. Diese bedeutet, dass sie dem Rat nur nach einer kritischen Durchsicht folgen dürfen, hingegen keinesfalls unbesehen[802]. Anderenfalls könnten sie sich sonst leicht hinter einem Gefälligkeitsgutachten verstecken[803]. Werden diese Prüfungsanforderungen

797 Ähnlich: *Selter*, AG 2012, 11 (17).

798 *Krieger*, ZGR 2012, 496 (503).

799 *Schneider*, Scholz-GmbHG, § 43, Rn. 79; *Strohn*, ZHR 176 (2012), 137 (142); *Merkt/Mylich*, NZG 2012, 525 (529).

800 Denn besteht das Mandatsverhältnis in der Vermeidung der Begehung einer Ordnungswidrigkeit oder gar Straftat und deren Folgen aufgrund rechtlicher Unkenntnis, so kommt bei erbrachter Falschberatung eine entsprechende Haftung des Beraters für Buß- oder gar Strafgelder in Betracht, vgl. für den Steuerberater: BGH, Urteil vom 15.04.2010 – IX ZR 189/09, Rn. 9, juris.de.

801 BGH, Urteil vom 28.04.2015 – II ZR 63/14, Rn. 30, juris.de.; BGH, Urteil vom 20.09.2011 – II ZR 234/09, Rn. 18, juris.de.

802 *Fleischer*, MünchKommGmbHG, § 43, Rn. 42, 259; *derselbe*, FS Hüffer 2010, 187 (194), dies habe die Grundlage in der konkreten Vertrauensdisposition in den fremden Rat; *derselbe*, ZIP 2009, 1397 (1404).

803 *Strohn*, ZHR 176 (2012), 137 (141), anderenfalls liefe die präventivsteuernde Funktion der Organhaftung leer; für das Strafrecht: *Fischer*, BKK-StGB, § 17,

nicht eingehalten, muss eine kann eine Berufung auf dessen Inhalt daher folgerichtig keine Entfhaftung bewirken[804].

Fraglich ist, in welchem Ausmaß die Plausibilitätsprüfung zu erfolgen hat. Sicherlich darf sie sich nicht allein im Vertrauen auf die Fachkompetenz des Beraters erschöpfen[805], andererseits kann es aber auch zu keiner tieferen Rechtsprüfung durch den Vorstand kommen, da so die Einholung von Rechtsrat ad absurdum geführt würde[806]. So darf sich der Geschäftsleiter zunächst darauf verlassen, dass der Rechtsberater von sich aus auf rechtliche Risiken oder gar eine Unzulässigkeit hinweist[807].

Ergeben sich Verständnisprobleme, Zweifel oder Begründungslücken, ist die Auskunft also in irgendeiner Form unklar, hat der Vorstand nachzufragen, sodass er die Problematik im Grundsatz durchdrungen hat[808]. Ihm dürfen sich aufgrund der Auskunft keine weiteren Fragen aufdrängen[809]. Dies kann andererseits aber auch wiederum bedeuten, dass eine Prüfung bei erkennbarer Problemlosigkeit des geprüften Vorhabens auch dementsprechend kurz ausfallen kann und darf[810]. Wichtig ist, dass eine Plausibilitätsprüfung durch den Vorstand selbst stattfindet, er die wesentlichen Punkte also selbst durchdrungen hat und darauf aufbauend zu einer eigenen Einschätzung und Entscheidung kommen kann[811]. Insbesondere darf er sich hierbei nicht auf eine Vorauswertung des Aufsichtsrates verlassen, da es hierdurch zu einer unzulässigen Verlagerung der Entscheidungsvorbereitung käme, die der

Rn. 9a; *Joecks*, MünchKommStGB, § 17, Rn. 62, keine „Feigenblattfunktion" des Gutachtens.

804 *Peters*, AG 2010, 811 (816); *Binder*, AG 2008, 274 (282, 286).

805 BGH, Urteil vom 20.09.2011 – II ZR 234/09, Rn. 18, juris.de.

806 *Spindler*, MünchKommAktG, § 93, Rn. 83; *Binder*, ZGR 2012, 757 (772), der davor warnt, die Anforderungen an die Prüfung zu überspannen, da den Vorständen im Urteil der Vorwurf einer fehlenden Plausibilitätsprüfung insbesondere deswegen gemacht worden wäre, weil sie diese in Gänze nicht vorgenommen hätten; ähnlich: *Fleischer*, FS Hüffer 2010, 187 (195), der hierbei den Maßstab eines juristischen Laien als maßgebend ansetzen will.

807 *Spindler*, MünchKommAktG, § 93, Rn. 83; *Kiefner/Krämer*, AG 2012, 498 (500), die insoweit von einer „Bringschuld" des Anwalts sprechen, wenngleich ein „Schweigen" nicht über jeden Zweifel hinweg Vertrauen rechtfertigen könne.

808 *Binder*, ZGR 2012, 757 (772); vgl. ebenso für das Strafrecht: BGH, Urteil vom 11.10.2012 – 1 StR 213/10, Rn. 78, juris.de; siehe zudem nachstehende Ausführungen unter b).

809 BGH, Urteil vom 28.04.2015 – II ZR 63/14, Rn. 33, juris.de.

810 *Krieger*, ZGR 2012, 496 (502), der es bereits ausreichen lassen will, dass bloß in der Rechtsabteilung nachgefragt wurde, ob eine spezielle Maßnahme geprüft und für rechtlich problemlos erachtet wurde, wenn für ihn selbst zuvor keine Probleme erkennbar waren.

811 *Merkt/Mylich*, NZG 2012, 525 (529); *Müller*, NZG 2012, 981 (982); *Wagner*, BB 2012, 651 (657); weshalb eine alleinige Vornahme der Prüfung durch die Rechtsabteilung unzulässig ist.

Kompetenzverteilung zwischen Geschäftsleitung und –überwachung zuwiderliefe[812]. Da es, insbesondere in Großmandaten, selten zu einem einzigen umfassenden Gutachten kommen wird, haben die vom Rechtsberater gelieferten „Teilauskünfte" dann entsprechend auch einer „Teilplausibilitätsprüfung" unterzogen zu werden[813].

Darüber hinaus wird von Stimmen der Literatur eine Prüfung dahingehend verlangt, dass die erteilte Auskunft nicht offensichtlich rechtswidrig ist[814] auf unvollständigen Tatsachen fußt oder gar Begründungslücken aufweist[815]. Ebenso dürfe das Gutachten nicht erkennbar stark einseitig geprägt sein und von vorneherein auf ein feststehendes Ergebnis hinführen[816]. Jedenfalls sei zu kontrollieren, ob das Gutachten Bezug auf ober- beziehungsweise höchstrichterliche Rechtsprechung nehme oder verlautbare, dass zum Untersuchungsgegenstand eine solche nicht vorhanden sei; eine inhaltliche Prüfung sei nicht erforderlich[817]. Nach jüngster Rechtsprechung ist jedoch von Rechtsunkundigen eine rechtliche Überprüfung des Ergebnisses nicht zu fordern[818]. Vielmehr habe die Überprüfung der Rechtsauskunft nur dahingehend zu erfolgen, ob der Berater alle nötigen Informationen erhalten, diese verwandt und alle sich in der Sacche für den Rechtsunkundigen aufdrängenden Fragen beantwortet habe[819].

Es sprechen in der Tat die besseren Gründe dafür, die nötige Detailtiefe der Prüfung an den Fähigkeiten und Kenntnissen des jeweiligen Geschäftsleiters zu richten. So ist nochmal zu betonen, dass ein Geschäftsleiter keinesfalls alles zu

---

812 *Binder*, ZGR 2012, 757 (773).

813 *Kiefner/Krämer*, AG 2012, 498 (499), die die Rechtsberatung zumindest in komplexen Fragen nicht als ein phasenweises Projekt verstanden wissen wollen, in denen Sachverhaltserfassung, Erarbeitung des Rechtsrats und Vorstellung getrennt gesehen werden könnten.

814 *Bayer*, FS Schmidt 2009, 85 (92); vgl. ebenso für das Strafrecht: *Vogel*, LeiKo-StGB, § 17, Rn. 86.

815 *Berger*, Vorstandshaftung und Beratung, S 249 f.; *Strohn*, ZHR 176 (2012), 137 (142); *Fleischer*, KSzW 2013, 3 (9); *derselbe*, FS Hüffer 2010, 187 (195), was sich beispielsweise durch fehlende Verweise auf Rechtsprechung oder Schrifttum äußern könne; ähnlich: *Merkt/Mylich*, NZG 2012, 525 (529), so überspanne die Anforderung einer darüber hinaus gehenden tieferen rechtlichen Prüfung jedoch die zu erwartende Sorgfalt deutlich und sei daher mit größter Zurückhaltung zu begegnen; ebenso für das Strafrecht: BGH, Urteil vom 11.10.2012 – 1 StR 213/10, Rn. 74, juris.de; *Roxin*, Strafrecht AT I, § 21, Rn. 64; *Joecks*, MünchKommStGB, § 17, Rn. 63.

816 *Fleischer*, MünchKommGmbHG, § 43, Rn. 42, Vermeidung eines sog. „oppinion shoping" (Rn. 259); *Peters*, AG 2010, 811 (816), somit hat der Vorstand auch im Rahmen der Plausibilitätskontrolle zu überprüfen, dass es sich bei dem eingeholten Rechtsrat nicht um ein Gefälligkeitsgutachten handelt; vgl. ebenso für das Strafrecht: *Vogel*, LeiKo-StGB, § 17, Rn. 87.

817 *Berger*, Vorstandshaftung und Beratung, S. 251.

818 BGH, Urteil vom 28.04.2015 – II ZR 63/14, Rn. 33, juris.de.

819 BGH, Urteil vom 28.04.2015 – II ZR 63/14, Rn. 33, juris.de.

wissen und zu können hat, insbesondere kein versierter Jurist sein muss[820]. Auch empfiehlt es sich mit Blick auf dessen Kapazitätsbindung zu beachten, dass er nicht jedes beispielsweise 300 Seiten-Gutachten wird en detail lesen können[821]. Daher soll es ihm erlaubt sein, beim Management externen Rechtsrats unterstützend auf die interne Rechtsabteilung zurückzugreifen, welche dann die wichtigen Punkte mit ihm gemeinsam erörtert[822]. Etwas anderes, nämlich eine erhöhte Anforderung an die Prüfung, gilt dann, wenn zuvor Zweifel an der Rechtslage geäußert wurden[823]. In diesem Falle kann sogar die Einholung einer zweiten Meinung notwendig werden, sog 4-Augen-Prinzip [824]. Ausdrücklich hat der BGH in ständiger Rechtsprechung klargestellt, dass im Falle qualifizierterer Rechtskenntnisse des Ratsuchenden, auch höhere Anforderungen bei der Plausibilitätsprüfung gelten, eine Berufung auf die verkehrsüblichen Kenntnismaßstab eines entsprechenden Organmitglieds mithin nicht möglich ist [825]. Dies gilt umso mehr, wenn ihnen der Charakter einer bestimmten rechtlichen Konstruktion als Umgehung gesetzlicher Schranken bewusst ist[826]. Ist der Ratschlag insoweit plausibel, muss er die beabsichtigte Entscheidung beziehungsweise Maßnahme natürlich auch inhaltlich tragen, darf also keinerlei Lücken aufweisen[827]. Lässt sich also im Rahmen der Prüfung erkennen, dass letztlich eine andere als die vorgesehene Maßnahme abgesichert wurde, ist eine Berufung hierauf selbstredend ebenfalls unzulässig.

---

820 *Krieger*, ZGR 2012, 496 (502); vgl. ebenso für das Strafrecht: *Vogel*, LeiKo-StGB, § 17, Rn. 88, von der Prüfung der Auskunft, darf nur das verlangt werden, was vom Ratsuchenden nach dessen individuell-konkreten Kenntnissen und Fähigkeiten auch zu erwarten ist.

821 *Strohn*, ZHR 176 (2012), 137 (142), jedoch wird er dann zumindest eine Zusammenfassung verlangen müssen.

822 *Fleischer*, KSzW 2013, 3 (9); *Wagner*, BB 2012, 651 (657); was im Falle eines falschen Verständnisses aber in den Risikobereich des Geschäftsleiters fallen muss (652).

823 BGH, Urteil vom 20.09.2011 – II ZR 234/09, Rn. 24, juris.de; *Kiefner/Krämer*, AG 2012, 498 (500), erst mit Hinzutreten von Zweifel begründenden Umständen, dürften erhöhte Anforderungen an die Plausibilitätsprüfung gestellt werden, da es ansonsten zu einer Überspannung komme.

824 *Schneider*, DB 2011, 99 (103); *Spindler*, FS Canaris 2007, Bd. II, 403 (421).

825 BGH, Urteil vom 20.09.2011 – II ZR 234/09, Rn. 28, juris.de; womit der Maßstab der verkehrsüblichen Anforderungen nur die Untergrenze der zu stellenden Anforderungen bildet, *Binder*, ZGR 2012, 757 (774); *Merkt/Mylich*, NZG 2012, 525 (530), so werde ein Aufsichtsratsmitglied oftmals gerade wegen seiner Spezialkenntnisse bestellt.

826 *Binder*, ZGR 2012, 757 (773); *Fleischer*, FS Hüffer 2010, 187 (195 f.), so sei allein das Suchen nach Gesetzeslücken erlaubt, wobei es vor allem erfordere, dass sich das Gutachten besonders ausführlich mit den rechtlichen Risiken auseinandersetze und dennoch eindeutig zur Zulässigkeit der geplanten Maßnahme gelange und der Ratsuchende infolgedessen nicht bloß auf eine Zulässigkeit derselben „hoffe“.

827 OLG Stuttgart, Urteil vom 25.11.2009 – 20 U 5/09, Rn. 33, juris.de.

b) Verhaltenspflichten bei uneindeutiger Rechtsauskunft

Bisher noch überhaupt nicht geklärt ist die Frage, wie sich ein Mitglied der Geschäftsleitung bei uneindeutiger Rechtsauskunft zu verhalten hat[828]. Zwar wurde gezeigt, dass sie hier zunächst eine Nachforschungspflicht trifft[829], jedoch ist offen, wie damit im Folgenden umzugehen ist. Hierbei bietet sich folgende Differenzierung an. Lässt die Rechtsauskunft erkennen, dass sie allein deswegen offen ist, weil die Rechtslage selbst noch offen, eine eindeutige Einschätzung mithin nicht möglich ist, so gilt das bereits zuvor[830] im Allgemeinen Teil erarbeitete: In diesem Falle steht es dem Vorstand frei, eine vertretbare Rechtsauffassung einzunehmen, wobei er in seine Entscheidung auch stets die Nachteile mit einzubeziehen hat, die im Falle einer nachträglichen gegenläufigen gesetzgeberischen Regelung oder gerichtlichen Feststellung drohen[831]. Sein Entscheidungsfindungsprozess des Rechtsstandpunktes bleibt gerichtlich voll überprüfbar.

Problematisch hinsichtlich der Vertrauenswürdigkeit sind hingegen diejenigen Rechtsauskünfte, denen es nicht erkennbar wegen einer offenen Rechtslage an ihrer Eindeutigkeit mangelt. Zwar muss eine uneindeutige Rechtsauskunft nicht gleich ein Indiz für die fachliche oder persönliche Unzuverlässigkeit des Beraters darstellen[832]. Allerdings ist das Gutachten dann in dieser Form nicht mehr tauglich, einen unvermeidbaren Rechtsirrtum zu begründen[833]. Bringt ein Nachforschen beim Berater keine Klarheit, wird an der Erforderlichkeit einer sog. „second opinion", also dem Einschalten eines weiteren Rechtsberaters, wohl kein Weg vorbeiführen[834].

c) Zuständigkeit für Plausibilitätsprüfung

Zuletzt stellt sich im Rahmen der Legalitätspflicht noch die Frage, ob die gesamte Geschäftsleitung die Rechtsauskunft auf ihre Plausibilität hin überprüfen muss, oder ob es auch ausreicht, dass einzelne ihrer Mitglieder dies tun. Hierzu gilt das bereits oben Gesagte[835] entsprechend. Grundsätzlich besteht das Prinzip der Gesamtverantwortung, wobei gemäß dem Grundsatz der vertrauensvollen Zusammenarbeit eine Ressortaufteilung mit gegenseitiger Überwachungspflicht erfolgen soll, damit die jeweils begrenzten Kapazitäten bestmöglich für das Unternehmen

---

828 Vgl. Fragestellung bei: *Fleischer*, FS Hüffer 2010, 187 (198 f.).

829 Vgl. vorstehende Ausführungen unter F.I.7)a).

830 Siehe entsprechende Ausführungen unter E.II.3)b)ee) zur Behandlung unklarer Rechtslagen.

831 Nochmals: *Buck-Heeb*, BB 2013, 2247 (2255 f.).

832 Vgl. dennoch: *Schneider*, DB 2011, 99 (100), wonach eine unsichere Rechtslage auch vom Anwalt als solche deutlich herauszuarbeiten ist.

833 Vgl. entsprechende Wertung des BGH im Strafrecht, BGH, Urteil vom 11. 10.2012 – 1 StR 213/10, Rn. 78, juris.de; *Buck-Heeb*, BB 2013, 2247 (2250).

834 Ähnlich: *Schneider*, DB 2011, 99 (103).

835 Vgl. entsprechende Ausführungen unter E.III.

eingesetzt werden[836]. Hieraus folgt, dass im Falle einer solchen Arbeitsteilung ein entsprechendes Rechtsgutachten, welches auch hinsichtlich seiner inhaltlichen Reichweite nur das entsprechende Ressort betrifft, allein durch dessen Geschäftsleitungsmitglied auf seine entsprechende Plausibilität zu überprüfen ist. Andere Mitglieder sind hierzu im Rahmen ihrer Überwachungspflicht erst dann verpflichtet, wenn besondere Anzeichen für eine Unregelmäßigkeit vorliegen.

8) Exkurs: Unterlassen des Einholens einer Auskunft

Eine in der zivil- und insbesondere aktienrechtlichen Literatur bisher nicht erörterte aber gleichwohl bedeutende Frage ist, ob es auch bei unterbliebener Einholung von Rechtsrat bei der Pflichtgemäßheit der Entscheidung bleiben oder diese zumindest entschuldigt sein kann.

Eine sich im Strafrecht im Vordringen befindende Ansicht bejaht dies ausnahmsweise dann, wenn der Ratsuchende auch bei (hypothetischer) pflichtgemäßer Einholung von Expertenrat zu keiner anderen als der von ihm getroffenen Entscheidung gekommen wäre[837]. Hierbei ist jedoch zweierlei Voraussetzung: Zunächst, dass der Geschäftsleiter aus sich heraus, von der Rechtmäßigkeit seiner Entscheidung ausging und nicht etwa Kenntnis von deren Rechtswidrigkeit oder zumindest Strittigkeit hatte[838]. Weiterhin müsste auch der gedachte Rat eines fachlich qualifizierten und vertrauenswürdigen Dritten die Zulässigkeit der gegenständlichen Maßnahme bestätigen, dürfte also nicht zu einer gegenteiligen Auffassung gelangen oder aber zumindest massive Zweifel äußern[839]. Ist dies ausnahmsweise der Fall, kann dem Entscheidungsträger aus Vermeidbarkeitsgesichtspunkten kein Vorwurf gemacht werden, sodass er einem unvermeidbaren und somit entschuldigten Verbotsirrtum nach § 17 StGB unterliegt[840].

Wie bereits in den allgemeinen Erwägungen zur Legalitätspflicht und der offenen Rechtslage umfassend ausgeführt, ist die Frage der Vermeidbarkeit des Rechtsirrtums auch im Rahmen des Pflichtwidrigkeitsvorwurfs ein entscheidendes Kriterium[841]. Hielt der ratsuchende Geschäftsleiter daher eine Entscheidung für rechtlich unbedenklich und hätte auch ein hypothetischer Expertenrat zu dieser Frage zu keinem anderen Ergebnis geführt, erscheint es überzeugend, ihm auch aus Legalitätspflichtsgesichtspunkten keinen Vorwurf zu machen. Denn hätte auch ein Expertenrat die Bedenkenlosigkeit einer Entscheidung bestätigt, ist dem Betroffenen kein Vorwurf zu machen, wenn er diesen nicht eingeholt hat. In Fortführung

---

836 *Fleischer*, ZIP 2009, 1397 (1399f. und insbesondere 1402); *Binder*, AG 2008, 274 (287), vgl zudem: Windbichler, Gesellschaftsrecht, § 27, Rn. 27, 35.

837 Vgl. zur Übersicht: *Joecks*, MünchKommStGB, § 17, 65 ff.

838 *Joecks*, MünchKommStGB, § 17, Rn. 65.

839 *Joecks*, MünchKommStGB, § 17, Rn. 67; *Roxin*, Strafrecht AT I, § 21, Rn. 69.

840 *Joecks*, MünchKommStGB, § 17, Rn. 67; *Vogel*, Leiko-StGB, § 17, Rn. 77, es fehlt demnach am sog. „Vermeidbarkeitszusammenhang".

841 Vgl. entsprechende Ausführungen unter E.II.2)b) und E.III.3)b).

des zur offenen Rechtslage gesagten, hat auch hier eine Einordnung bereits auf der Pflichtwidrigkeitsebene stattzufinden. Andererseits ist auch zu beachten, dass sich die Geschäftsleiterpflichten ex-ante beurteilen, es also zur Vermeidung sog. hindsight-bias, in Kenntnis des Ausgangs der Entscheidung zu keiner anderen Bewertung hinsichtlich der Pflichtgemäßheit oder Pflichtwidrigkeit der Entscheidung kommen darf[842]. Ist es demnach verboten eine Entscheidung allein deswegen als pflichtwidrig anzusehen, weil sie im Ergebnis in einem Nachteil mündete, so wäre es nur folgerichtig, sie nicht allein deswegen als pflichtgemäß zu beurteilen, weil sie im Ergebnis erfolgreich war oder eine tiefergehende Prüfung zu keinem anderen Ergebnis geführt hätte. Folgte man diesem Ansatz, so wäre für die Pflichtgemäßheit der Entscheidung allein von Relevanz, ob der Entscheidungsträger zur Bewertung der Rechtslage in der Lage gewesen wäre und ob er den gegebenenfalls erforderlichen Rechtsrat eingeholt hat oder nicht. Trifft er eine Entscheidung auf unzureichender Rechtskenntnis, so müsste die hierauf fußende Entscheidung pflichtwidrig sein. Dass ein gedachter Rechtsrat zufällig keine anderes Ergebnis gebracht hätte, müsste dann außer Betracht bleiben. Dennoch sprechen die besseren Gründen für die erstgenannte Ansicht. Hinzu kommt der logische Schulterschluss zu den Argumenten zur unsicheren Rechtslage. Für die Frage der Pflichtgemäßheit der Entscheidung kommt es nicht nur darauf an, ob der Entscheidungsträger alles nötige zur Irrtumsvermeidung unternommen hat, sondern auch darauf, ob der Irrtum oder vielmehr die gegensätzliche spätere gerichtliche Entscheidung grundsätzlich vermeidbar war.

Gleichwohl dürfte die Praxisrelevanz dieser Fallgestaltung eher gering sein. Denn die Rechtslage muss sowohl aus Sicht des Entscheidungsträgers wie auch aus der hypothetischen Sicht eines gedachten Beraters klar sein. Als Beispiel kommen hier letztlich einerseits nur gerichtliche Grundsatzentscheidungen in Betracht, die entweder ein Gesetz unerwartbar neu auslegen oder eine früherere gefestigte Rechtsprechung unerwartbar überholen. Anderenfalls ließe sich noch an ebenfalls nicht zu erwartende rückwirkende Gesetzesänderungen denken. Da es sich stets um gefestigte unproblematische Ansichten handeln muss, dürften die Fälle daher die Ausnahme bleiben. Auch wird es schwierig werden, die hypothetische ihn entlastende Auskunft nachträglich noch zu belegen, was letztlich nur durch entsprechende Gutachten zu bewerkstelligen sein dürfte[843].

9) Rechtsfolge

Liegen die Voraussetzungen eines berechtigten Vertrauens in die Auskunft eines Rechtsberaters vor, so ist im Folgenden aufzuzeigen, welche Rechtsfolgen sich hieran anknüpfen.

---

842 Vgl. entsprechende Ausführungen unter E.I.2).

843 *Joecks*, MünchKommStGB, § 17, Rn. 68, was – wie stets – entsprechende Gefälligkeitsgutachten ausschließt.

a) (Nochmals:) Tatbestandliche Einordnung

Wie bereits zuvor in den allgemeinen Erwägungen zur Legalitätspflicht gezeigt, ist hinsichtlich der tatbestandlichen Einordnung zu differenzieren. So führt ein von der Geschäftsleitung nicht zu vermeidender Rechtsirrtum bei eindeutiger Rechtslage zunächst grundsätzlich zum Entfall des Verschuldens, da insoweit eine eindeutige Pflicht besteht, gegen die das Organmitglied pflichtwidrig verstößt. Ist hingegen die Rechtslage zum Zeitpunkt der Entscheidungsfindung (noch) unklar und hat der Geschäftsleiter aber seinerseits alles ihm mögliche und zumutbare unternommen, um diese bestmöglich abzuschätzen und zu bewerten, hat bei nachträglich anderweitiger Feststellung durch ein Gericht, bereits die Pflichtwidrigkeit zu entfallen, da es im Zeitpunkt der Entscheidung des Organmitglieds an einem eindeutigen Normbefehl fehlte. Denn es ist, wie bereits ausführlich erläutert, nicht zu erklären, was im Rahmen des Pflichtenkatalogs eines ordentlichen und gewissenhaften Geschäftsleiters mehr zu verlangen ist, als bei Unklarheiten die Rechtmäßigkeit seines Handelns bestmöglich sicherzustellen, gegebenenfalls unter den zuvor gezeigten Voraussetzungen externen Rechtsrats. Hier im Falle einer nachträglich anderen Rechtsfindung eines Gerichts, eine Pflichtwidrigkeit anzunehmen, erweiterte den Pflichtenkreis des Geschäftsführers um die Vorhersage späterer gerichtlicher Entscheidungsfindung, die bis zum Zeitpunkt ihrer tatsächlichen Findung schlechterdings nicht möglich ist. Gleiches gilt für vermeintlich klare Rechtslagen, in denen der Entscheidungsträger von der Rechtmäßigkeit seines Handelns ausgeht, ein hypothetischer Rechtsrat nichts anderes ergeben hätte und die Rechtmäßigkeit durch eine gegenläufige Rechtsprechung unerwartbar anders bewertet wird. Dennoch bleibt die Rechtsfindung der gerichtlichen Überprüfung zugänglich, eine (gegebenenfalls analoge) Anwendung der Business Judgment Rule scheidet aus. Denn im Gegensatz zu unternehmerischen Entscheidungen, ist das Gericht zur Beurteilung von Rechtseinschätzungen vollauf in der Lage und kann die Findung verschiedener Auslegegungswege entsprechend nachvollziehen.

Ob der BGH sich dem im Falle der Bewertung einer offenen Rechtslage anschließend wird, bleibt abzuwarten. Die bisherige Rechtsprechung lässt jedoch vermuten, dass er trotz dargebrachter Kritik an seiner ausschließlichen Einordnung auf der Verschuldensebene festhält[844].

b) Kein Wertungswiderspruch zum allgemeinen Haftungsrecht

Hat sich der Geschäftsleiter bei der Findung der Rechtslage demnach auf die Beratung Dritter entsprechend den oben gezeigten Anforderungen verlassen, so handelt er, auch wenn diese Rechtsauffassung später durch ein Gericht nicht geteilt wird, pflichtgemäß oder zumindest entschuldigt. Hierin lässt sich auf den ersten Blick ein nicht unerheblicher Unterschied zur allgemeinen zivilrechtlichen Haftung sehen,

---

844 Siehe nur jüngst: BGH, Urteil vom 27.03.2012 – II ZR 171/10, Rn. 15 ff., juris.de; BGH, Urteil vom 20.09.2011 – II ZR 234/09, Rn. 16 ff., juris.de.

nach der eine fehlerhafte Beratung grundsätzlich über § 278 BGB zugerechnet wird, eine Entlastung bei „falschem“ Rechtsrat also gerade nicht möglich ist [845]. Gleich zu Beginn ist hierbei, was in der Literatur beziehungsweise Rechtsprechung nach bisheriger Durchsicht nicht erörtert wird, zu fragen, wann überhaupt eine „falsche“ Rechtsberatung im Sinne der hier gegenständlichen Fragestellung vorliegt. Folgt man der zuvor gezeigten Auffassung, dass es bei unklarer Rechtslage gar nicht möglich ist, eine spätere Entscheidung vorherzusehen, sondern allenfalls vertretbare Rechtsansichten zu formulieren, so kann hierin auch keine über § 278 BGB zuzurechnende Pflichtverletzung, mithin „falsche“ Beratung liegen. Der Anwendungsbereich für die nachträgliche Fragestellung zur Abgrenzung zum allgemeinen Haftungsrecht, reduziert sich also von vorneherein auf die Formulierung unvertretbarer Auffassungen trotz unklarer Rechtslage und tatsächlich falscher Auffassungen bei klarer Rechtslage.

Dieser Frage der Abgrenzung, einer im Vergleich zur allgemeinen Haftung unterschiedlichen Entlastungswirkung der unzureichenden Rechtsberatung trat der BGH durch die Klarstellung entgegen, dass § 278 BGB gar nicht zur Anwendung gelangen könne, da die Auskunftspersonen regelmäßig nicht in der Erfüllung einer alleinigen Pflicht des Vorstands, sondern vielmehr in der Erfüllung einer Pflicht des Unternehmens tätig würden[846]. Denn es ist nicht die geschuldete Sorgfalt des Geschäftsleiters, jede Fachfrage selbst beantworten zu können, sondern gegebenenfalls nur, sich nach zuvor gezeigten Maßstäben beraten zu lassen[847]. Auch liegt es zum einen sehr wohl im Interesse des Unternehmens wie auch der Allgemeinheit, dass Geschäftsleiter möglichst umfassend informiert und beraten sind, wobei andererseits eine solche „Arbeitsteilung“ – soll sie denn funktionieren – auch mit einer Haftungsreduzierung auf ein Auswahl- und Überprüfungsverschulden einhergehen muss[848]. Dass der Geschäftsleiter von dem Rechtsrat gleichwohl profitiert, ist demnach allenfalls ein Reflex, ändert aber an der Pflichtenbindung des Beraters gegenüber der Aktiengesellschaft nichts[849]. Im Falle, dass eine Rechtsberatung tatsächlich ausschließlich eine Geschäftsleitungspflicht betrifft, lässt sich zudem immer noch anführen, dass

---

845 *Fleischer*, FS Hüffer 2010, 187 (201 f.); *derselbe*, ZIP 2009, 1397 (1405); *Binder*, AG 2008, 274 (276).

846 BGH, Urteil vom 20.09.2011 – II ZR 234/09, Rn. 17, juris.de; *Müller*, NZG 2012, 981 (983); schon vor ISION-Entscheidung: *Fleischer*, FS Hüffer 2010, 187 (202), mit entsprechenden Verweisen in das anglo-amerikanische Recht sowie das Strafrecht

847 *Strohn*, ZHR 176 (2012), 137 (142 f.); *Binder*, ZGR 2012, 757 (769 f.), der hierin die alleinige Rechtfertigungsgrundlage zur Ungleichbehandlung mit der allgemeinen Dogmatik sieht und die Differenzierung nach Mandatierung durch Unternehmen oder Geschäftsleiter als formalistisch und konstruiert abtut.

848 *Fleischer*, KSzW 2013, 3 (6), mit entsprechenden Verweisen auf dieselbe Handhabung im angloamerikanischen Recht.

849 Zutreffend: *Berger*, Vorstandshaftung und Beratung, S. 52 ff., womit eine etwaige Falschberatung allein der Gesellschaft zuzurechnen sei, die somit auch im Innenverhältnis das Risiko einer Falschberatung trage.

das Haftungsregime des § 93 Abs. 2 AktG einen gesetzlich normierten Spezialfall der allgemeinen Regelung darstellt [850].

§ 278 BGB kann daher im Falle eines Rechtsirrtums aufgrund der Hinzuziehung von Rechtsrat keine Anwendung finden, womit dem Ratsuchenden das Verschulden des Beraters gerade nicht zugerechnet wird.

II. Sonstige Möglichkeiten der Haftungsminimierung für Entscheidungsträger wegen Zahlungsverpflichtungen aus oder infolge von Rechtsverletzungen

Die Untersuchungen haben bis hier her gezeigt, dass auch eine Beratung durch Experten keine Gewähr für die Pflichtgemäßheit der zu treffenden Entscheidung bietet. Wählt der Geschäftsleiter somit die Auskunftsperson nicht ordnungsgemäß aus, unterlässt er die Plausibilitätsprüfung in der gebotenen Gründlichkeit oder vermag er die Auskunft mangels ausreichender Dokumentierung schlicht nicht umfänglich darzulegen und zu beweisen, bleibt die Entscheidung trotz seiner Mühe um die bestmögliche rechtliche Absicherung potentiell pflichtwidrig und schuldhaft. Wird hierdurch der Gesellschaft ein Schaden zugefügt, bleibt der Entscheidungsträger weiterhin einer möglichen Regresshaftung nach § 93 Abs. 2 AktG (ggfs. in Verbindung mit § 116 AktG) oder einer direkten Haftung – beispielsweise aus dem OWiG – ausgesetzt. Dies ist bei der Regresshaftung des Unternehmens beim verantwortlichen Organmitglied deswegen besonders kritisch, weil sich die etwaigen Bußgelder, gerade solche aus Kartellverstößen[851], wie auch solche Ansprüche aus allgemeinen Schadensersatzansprüchen gegen die Gesellschaft, in ihrer Höhe an der Größe des Unternehmens und seiner wirtschaftlichen Leistungsfähigkeit orientieren und somit zuhauf in keinerlei Relation zu der Leistungsfähigkeit des betroffenen Organmitglieds stehen[852]. Hierfür steht sinnbildlich der § 81 Abs. 4 S. 2 GWB, der für Unternehmen ein die Höchstgrenze für natürliche Personen gemäß S. 1 deutlich überschreitendes Bußgeld erlaubt, welches bei uneingeschränkter Anwendung des § 93 Abs. 2 AktG wiederum auf das verantwortliche Organ(mitglied) abgewälzt

850 *Binder*, AG 2008, 274 (278).

851 Hier sind insbesondere der § 81 GWB in Verbindung mit §§ 30, 130 OWiG für Bußgeldbescheide nach deutschem Recht durch das Bundeskartellamt und Verordnung (EG) Nr. 1/2003 in Verbindung mit Art. 101 ff. AEUV für solche nach europäischem Recht durch die Europäische Kommission zu nennen. Im Gegensatz zu deutschen Kartellbußgeldern, können solche der Kommission nur gegen das Unternehmen, nicht aber gegen die Vorstandsmitglieder als natürliche Personen verhangen werden, womit diese lediglich für eine Regresshaftung nach § 93 Abs. 2 AktG in Frage kommen, vgl. *Zimmermann*, WM 2008, 433 (434).

852 *Paefgen*, AG 2014, 554 (555), mit Verweisen auf die einschlägige aktuelle Rechtsprechung; *Brommer*, AG 2013, 121 (124); *Koch*, FS Winter, 327 (328, 332).

werden kann[853]. Gleiches gilt hinsichtlich des Regresses nach § 93 Abs. 2 AktG für Bußgelder der europäischen Kommission nach Art. 23 Abs. 2 VO 1/2003, die eine Höhe von bis zu zehn Prozent des im Vorjahr erzielten Geschäftsergebnisses haben dürfen, jedoch nur gegen das Unternehmen verhängt werden können[854]. Dieses Ergebnis wird zurecht als unbillig angesehen[855].

Aus Sicht des Entscheidungsträgers ist somit zu fragen, ob es nicht über den Expertenrat hinaus Möglichkeiten gibt, sich gegen eine potentielle Haftung möglichst umfassend abzusichern[856]. Aber nicht nur der Entscheidungsträger, sondern auch das Unternehmen selbst kann sehr wohl ein Interesse daran haben, seine Organe zu schützen. Denn vielfach trifft die scharfe Haftung nicht nur die schlicht Pflichtvergessenen, sondern resultiert allein aus der schwierigen Gesetzeslage[857]. Als Beispiel seien hier nur die Selbstbefreiung von der Ad-Hoc-Mitteilung in § 15 Abs. 3 WpHG oder der Wechsel in der GBW-Novelle vom Freistellungssystem zum System der Legalausnahmen genannt, wo es nach beiden Vorschriften nunmehr darauf ankommt, dass der Entscheidungsträger anhand gesetzlich vorgegebener Kriterien selbst zu entscheiden und die entsprechende Verantwortung zu tragen hat, ob man der Publikationspflicht beziehungsweise dem Kartellverbot unterliegt[858]. Hier sind die Haftungsfälle letztlich vorprogrammiert, ohne dass dem Entscheidungsträger eine unternehmens- oder rechtsschädigende Intention per se unterstellt werden könnte[859]. Allein in den Jahren 2011 bis 2014 wurden durch die Europäische Kommission Kartellbußen in Höhe von EUR 6.062.219.000 verhängt[860]. Auch kann es durchaus im Unternehmensinteresse sein, die Entscheidungsträger trotz begangener Rechtsverletzung von einer etwaigen Haftung, seien es an diese gerichtete Buß- oder Strafgelder oder aber interne Regressmöglichkeiten, freizustellen, um den Fortgang des Geschäftsbetriebs sicherzustellen, sei es, weil zunächst kritische Entscheidungen getroffen werden müssen oder aber weil bereits aufgenommene Ermittlungen das Tagesgeschäft lahmlegen[861]. Hinzukommt, dass im Falle behördlicher Ermittlungen

---

853 *Zimmermann*, WM 2008, 433 (437), insbesondere werde hierdurch nicht das in § 81 Abs. 4 S. 1 und 2 GWB ausgedrückte Verhältnismäßigkeitsprinzip durchbrochen, da insoweit – wie auch schon unter E.IV.1)a)aa) gezeigt – zwischen der an der Leistungsfähigkeit orientierten Fest-setzung des Bußgeldes durch die Behörde und der hiervon unabhängigen Zahlung desselben zu unterscheiden ist, mwN.

854 *Dreher*, FS Konzen, 85 (87).

855 Vgl. *Paefgen*, AG 2014, 554 (568); *Koch*, AG 2012, 429 (432 f.).

856 So schon *Fleischer*, WM 2005, 909 (909).

857 *Mertens/Cahn*, KölnKommAktG, § 84, Rn. 92; *Krause*, BB Special 2007 Heft 8, 2 (3).

858 Vgl. zur sog. „Zweispurigkeit des Kartellrechts" als Aufteilung auf nationale wie europäische Regelungs- und Sanktionsmechanismen: *Dreher*, FS Konzen, 85 (86 f., 91).

859 Vgl. *Hasselbach/Seibel*, AG 2008, 770 (770).

860 Siehe entsprechende Statistik zu Kartellverstößen der Europäischen Kommission, abrufbar unter: http://ec.europa.eu/competition.

861 *Hasselbach/Seidel*, AG 2008, 770 (771).

meist eine enge Kooperation mit den Behörden in der Aufklärung angestrebt wird und ein hier mauernder Entscheidungsträger, der zu allererst die eigene Haftungssituation im Blick hat, unter allen Umständen vermieden werden soll[862].

Im Folgenden ist demnach zwischen den Konstellationen zu unterscheiden, dass das betroffene Organmitglied selbst Adressat einer Geldstrafe oder eines Bußgeldes ist oder aber vom Unternehmen für ein gegen dieses Erlassenes in Regress genommen wird.

1) Freistellung von Geldstrafen und Bußgeldern gegen das betroffene Organ

Zunächst kann das betroffene Organmitglied selbst Adressat eines entsprechenden Straf- oder Bußgeldes werden[863]. Soll es von der Belastung einer diesbezüglichen Zahlungspflicht freigestellt werden, ist zu fragen, inwieweit dies durch das Unternehmen selbst oder durch die regelmäßig abgeschlossene D&O-Versicherung möglich ist.

a) Freistellung durch das Unternehmen

Zunächst ließe sich in Erwägung ziehen, dass das Unternehmen den Entscheidungsträger umfassend von Prozesskosten, Geldbußen, Strafgeldern und Regressansprüchen freistellt. Ansonsten sei auf diese Ausführungen verwiesen, sodass im Folgenden der Blick nur noch auf die Straf- und Bußgelder gegen das Vorstands- oder Aufsichtsratsmitglied selbst sowie die hierdurch entstehenden Prozesskosten gerichtet werden soll.

aa) Unzulässigkeit vortatlicher Haftungsfreistellungen betreffend Bußgelder und Geldstrafen

Die sicherste Möglichkeit ein Organmitglied vor der Inanspruchnahme aus Buß- oder Strafgeldern zu schützen bestünde darin, ihnen bereits im Vorhinein eine Haftungsfreistellung zuzusagen.

Solche Zusagen sind jedoch ersichtlicherweise nach allgemeiner Auffassung rechtswidrig und somit nichtig[864]. Denn wird durch die Zusage ein ordnungswidriges

---

862 *Hasselbach/Seidel*, AG 2008, 770 (771).

863 Bspw. wenn es selbst Kartellverstöße begeht nach § 9 OWiG iVm § 81 GWB oder aber wenn es diesbezügliche Aufsichtspflichten verletzt nach § 130 OWiG iVm § 81 GWB, vgl. *Dreher*, FS Konzen, 85 (89).

864 *Spindler*, MünchKommAktG, § 84, Rn. 87; *Marsch-Barner*, Handbuch Managerhaftung, § 17, Rn. 39; *Mertens/Cahn*, KölnKommAktG, § 84, Rn. 95; *Fleischer*, WM 2005, 909 (916), was angesichts des § 93 Abs. 4 S. 3 AktG auch für die in diesem Zusammenhang irrelevanten Schadensersatzansprüche Dritter gelte, soweit diese zugleich eine Pflichtverletzung gegenüber der Gesellschaft darstellten; *Krieger*, FS Bezzenberger, 211 (220).

oder sogar strafbares Verhalten gefördert, liegt hierin die Beteiligung an einer Ordnungswidrigkeit (§ 14 OWiG) oder die Beihilfe (§ 17 StGB) oder gar Anstiftung (§ 26 StGB) zur Straftat, wodurch sich die Nichtigkeit der Zusage schon aus § 134 BGB ergibt[865]. Auch abseits des Beteiligungsgedankens, sind solche Zusagen zudem sittenwidrig nach § 138 Abs. 1 BGB und somit ebenfalls nichtig[866]. Denn hierdurch wird den straf- und bußgeldbewährten Tätigkeiten ihr Schrecken genommen und ihr präventiv verhaltenssteuernder Charakter unterlaufen, indem die Hemmschwelle zur Begehung solcher Taten abgesenkt wird[867]. Mithin besteht für das Unternehmen wie auch das betroffene Organmitglied im Vorhinein keine Möglichkeit etwaige Inanspruchnahmen aus Buß- oder Strafgeldern abzufangen und von diesen freigestellt zu werden.

bb) Eingeschränkte Möglichkeit nachtatlicher Freistellungszusagen betreffend Buß- und Strafgelder

Ein weitaus differenzierteres Bild findet sich bei der Zulässigkeit von nachtatlichen Freistellungszusagen, also solche die sich ausschließlich auf ein früheres und somit bereits abgeschlossenes Verhalten beziehen. Hierbei sind insbesondere die Grenzen zu beachten, die sich aus dem Straf-, wie auch aus dem Gesellschaftsrecht ergeben.

Von der nachstehenden Darstellung seien zunächst diejenigen haftungsbegründenden Verhaltensweisen des betroffenen Organmitglieds ausgenommen, die nicht zugleich einen Verstoß[868] gegen seine Pflichten gegenüber seiner Gesellschaft darstellen. In Anbetracht der Legalitätspflicht kommt dies, wie zuvor ausgiebig dargestellt, nach der in dieser Arbeit vertretenen Auffassung ohnehin nur für offene Rechtslagen in Betracht[869], eine gegebenenfalls erforderliche Rechtsberatung nach obigen Anforderungen vorausgesetzt. (Nur) In diesem Fall besteht schon qua

865 *Hasselbach/Seibel*, AG 2008, 770 (775); *Krause*, BB Special 2007, Heft 8, 2 (9).

866 *Mertens/Cahn*, KölnKommAktG, § 84, Rn. 95; *Fleischer*, WM 2005, 909 (916).

867 *Hasselbach/Seibel*, AG 2008, 770 (775); *Krause*, BB Special 2007, Heft 8, 2 (9); aA: *Krieger*, FS Bezzenberger, 211 (220), für den sich die Unzulässigkeit allein aus § 93 AktG herleite, wenn sich der Aufsichtsrat durch die vorherige Zusage die Möglichkeit einer Einzelfallabwägung zugunsten des Unternehmensinteresses nehme.

868 Nochmals: Die Beurteilung der Pflichtwidrigkeit hat allein anhand zivilrechtlicher Maßstäbe zu erfolgen, nicht danach, ob die Maßnahme zuvor aus ordnungswidrigkeiten- oder strafrechtlicher Sicht als rechtswidrig eingestuft wurde, ebenso: *Marsch-Barner*, Handbuch Managerhaftung, § 17, Rn. 34; *Krieger*, FS Bezzenberger, 211 (214), kein Vorrang des Strafrechts vor dem Zivilrecht.

869 Ebenso: *Fleischer*, WM 2005, 909 (917), der zugleich auf die Möglichkeit einer im Ausland begangenen aber im Inland nicht oder nur deutlich geringer verfolgten Straftrat oder Ordnungswidrigkeit hinweist; ebenso: *Krause*, BB Special 2007, Heft 8, 2 (5), der zusätzlich das Beispiel anführt, dass die Zivilgerichte, wegen ihrer Unabhängigkeit zum Straf- oder Ordnungswidrigkeitenrecht, die gegenständliche Maßnahme ausnahmsweise nicht als rechtswidrig einstufen und eine Pflichtwidrigkeit demnach aus Sicht der Legalitätspflicht ebenso entfällt.

Gesetz ein Freistellungsanspruch aus §§ 670, 675 BGB (analog[870]), wenn das fahrlässig haftungsbegründende Verhalten in einem inneren Zusammenhang mit der Organtätigkeit steht, sodass eine entsprechende Freistellungszusage ohnehin nur deklatorischen Charakter hätte[871]. Denn handelt der Geschäftsleiter mit der erforderlichen kaufmännischen Sorgfalt, muss er sich darauf verlassen können, dass sich aus seiner Organtätigkeit für ihn keine Vermögensnachteile erwachsen[872].

Im Folgenden soll der Blick daher auf die Fälle gelenkt werden, in denen die geahndete Straftat beziehungsweise Ordnungswidrigkeit zugleich eine Legalitätspflichtverletzung gegenüber der Gesellschaft darstellt.

i. Strafrechtliche Relevanz nachtatlicher Freistellungszusagen für die sie gewährenden Personen

Damit eine nachtatliche Freistellungszusage für Straf- und Bußgelder überhaupt denkbar erscheint, ist zwingend erforderlich, dass sich die sie gewährenden Personen hierdurch nicht selbst einer Straftat oder Ordnungswidrigkeit schuldig machen.

Zunächst ließe sich in Erwägung ziehen, dass zumindest durch die nachtatliche Freistellung des betroffenen Organmitglieds von einer Geldstrafe[873], diesem die Sanktionsvollstreckung seiner Fehltat genommen und somit die Strafvollstreckung im Sinne des § 258 Abs. 2 StGB vereitelt wird[874]. Hierzu hat der 2. Strafsenat jedoch bereits im Jahre 1990 in einem Urteil umfassend Stellung bezogen und eine solche Strafbarkeit verneint[875]. Denn Gegenstand der staatlichen Vollstreckung ist allein, dass die Straffolge als solche durchgesetzt wird, nicht hingegen inwieweit der Verurteilte hierbei auch persönlich betroffen ist[876]. Eine Straf(vollstreckungs) vereitelung beginnt demzufolge erst dort, wo durch Störung der äußeren Abläufe, sei es die Verhinderung des Freiheitsentzugs oder der Zahlung einer Geldstrafe,

---

870 So *Fleischer*, MünchKommGmbHG, § 43, Rn. 386.

871 *Marsch-Barner*, Handbuch Managerhaftung, § 17, Rn. 34; *Mertens/Cahn*, KölnKomm-AktG, § 84, Rn. 89; *Hasselbach/Seibel*, AG 2008, 770 (776); *Krieger*, FS Bezzenberger, 211 (214 f.); Dreher, FS Konzen, 85 (95, 100); aA:*Krause*, BB Special 2007 Heft 8, 2 (8), Verbot der „Sabotierung des Strafrechts durch das Zivilrecht".

872 *Krieger*, FS Bezzenberger, 211 (215); gilt gleichfalls für den Aufsichtsrat, *Lutter/Krieger*, Rechte und Pflichten des Aufsichtsrats, § 12, Rn. 845.

873 Angesichts des eindeutigen Zuschnitts von § 258 Abs. 2 StGB auf Verurteilungen nach StGB bezieht sich die Erörterung zu § 258 StGB nur auf Geldstrafen; Vgl. *Cramer/Pascal*, MünchKommStGB, § 258, Rn. 32, 35.

874 Vgl. für Nachweise zur diesbezüglichen kriminalpolitischen Kritik, *Dreher*, FS Konzen, 85 (98).

875 BGH, Urteil vom 07.11.1990 – 2 StR 439/90, Rn. 61 ff., juris.de; Vgl. auch diesbezügliche Ausführungen zur Schadensfähigkeit von Buß- und Strafgeldern unter E.IV.1)a)aa).

876 BGH, Urteil vom 07.11.1990 – 2 StR 439/90, Rn. 64, juris.de, alles andere überspanne den Tatbestand des § 258 Abs. 2 StGB und führe so zu einer unzulässigen Analogie zulasten des Täters, Rn. 68.

die Sanktionsfolge ganz oder zum Teil nicht durchgesetzt werden kann[877]. Daher ist es letztlich auch unerheblich, ob die Strafzahlung zunächst durch den Verurteilten selbst geleistet und dann später durch einen Dritten erstattet, oder aber vom Dritten direkt gezahlt wird[878]. Wegen dieser grundsätzlichen Trennung zwischen Verurteilung und anschließender Vollstreckung ist die nachtatliche Freistellung des Organmitglieds von Buß- und Strafgeldern zumindest aus Sicht der Vollstreckungsvereitelung nach § 258 Abs. 2 StGB rechtmäßig[879].

Relevanter erscheint jedoch eine mögliche Strafbarkeit aus Untreue wegen Verletzung der Vermögensbetreuungspflicht nach Maßgabe des § 266 StGB[880]. Wie bereits in der in dieser Arbeit schon behandelten Mannesmann-Entscheidung des BGH aufgeführt, stellt die freiwillige Zuwendung von Gesellschaftsvermögen an Organmitglieder dann eine untreuerelevante Straftat dar, wenn der Gesellschaft hierfür kein Äquivalent in Form eines angemessen zukunftsbezogenen Nutzens zufließt[881]. Sonderzahlungen sind demnach im Umkerhschluss möglich, wenn sie für die Gesellschaft einen zukunftsbezogenen Nutzen haben.

Hier lässt sich eine Parallele zur der freiwilligen Erstattung von Straf- und Bußgeldern ziehen[882]. Da in diesen Fällen die nachträgliche Belohnung für erbrachte Dienste wegen des straf- beziehungsweise ordnungswidrigen Verhalten als Abwägungskriterium erkennbar ausscheiden muss, steigt der Druck, einen anderweitigen den Vermögensabfluss für die Gesellschaft kompensierenden Nutzen anzuführen[883]. Lassen sich jedoch entsprechende Gründe anführen, brauchen die Aufsichtsratsmitglieder eine Strafbarkeit aus § 266 StGB nicht zu fürchten. Auch hier sei nochmals auf die penible und einzelfallbezogene Dokumentation aller relevanter Abwägungsgesichtspunkte hinzuweisen, um einen später gegebenenfalls vorgebrachten Vorwurf der leichtfertigen und vorschnellen Freistellung entkräften

---

877 BGH, Urteil vom 07.11.1990 – 2 StR 439/90, Rn. 65, juris.de.

878 BGH, Urteil vom 07.11.1990 – 2 StR 439/90, Rn. 70, juris.de; *Kühl*, Lackner/Kühl StGB, § 258, Rn. 13, wenngleich dies kriminalpolitisch „bedauerlich" sei; aA *Altenhain*, NK-StGB, § 258, Rn. 65, der zur ordnungsgemäßen Einhaltung des „äußeren Ablaufs des Vollstreckungsverfahrens" eine Erstattung nur dann zulassen will, wenn der Verurteilte selbst an die Gerichtskasse zahle; ebenso: *Stree/Hecker*, Schönke/Schröder, § 258, Rn. 29. Dies hat der BGH am zuvor zitierten Ort zurecht als „Privilegierung von Komödien" abgetan, da eine solche Differenzierung im Ergebnis zu keiner unterschiedlichen Belastung des Verurteilten führe und demzufolge allein den ungeschickten Täter benachteilige, der es nicht verstehe, die Zahlung der Geldstrafe richtig zu „etikettieren".

879 Im Ergebnis auch: *Koch*, FS Winter, 327 (333 f.); *Krause*, BB Special 2007, Heft 8, 2 (9).

880 Diese Frage aufwerfend: *Hasselbach/Seibel*, AG 2008, 770 (776).

881 BGH, Urteil vom 21.12.2005 – 3 StR 470/04, Rn. 19, juris.de; *Marsch-Barner*, Handbuch Managerhaftung, § 17, Rn. 43, was auch bei der Beendigung negativer Schlagzeilen der Fall wäre.

882 *Krause*, BB Special 2007, Heft 8, 2 (12).

883 Vgl. *Hasselbach/Seibel*, AG 2008, 770 (776).

zu können. Ebenso sollte nicht vorschnell auf gesellschaftsrechtliche Wertungen als alleinige Bewertungsgrundlage der Untreue verwiesen werden[884]. Die Ausführungen im Allgemeinen Teil zu § 17 StGB haben gezeigt, dass die Strafrechtsrechtsprechung durchaus bereit ist, zivilrechtliche Vorschriften selbst auszulegen[885]. Daher sollten bei der Beurteilung der Zulässigkeit einer nachtatlichen Freistellungszusage die strafrechtlichen Wertungen stets mit größtem Bedacht berücksichtigt werden.

Somit stellt die Gewährung einer nachtatlichen Freistellung – die entsprechende Intention zugunsten des Unternehmensinteresses vorausgesetzt – kein strafbewährtes Verhalten dar.

ii. Gesellschaftsrechtliche Schranken nachtatlicher Freistellungszusagen – insb. die Zustimmung der Hauptversammlung

Einer nachtatlichen Freistellungszusage dürften nicht zuletzt gesellschaftsrechtliche Vorschriften entgegenstehen.

Hierbei ist insbesondere nochmal die Vorschrift § 93 Abs. 4 S.3 AktG ins Blickfeld zu rücken. Wäre sie auf nachtatliche Freistellungszusagen anzuwenden, hätte dies zur Folge, dass solche Freistellungzusagen erst nach Ablauf von 3 Jahren wirksam durch die Hauptversammlung abzugeben und eine Zusage allein durch den Aufsichtsrat gerade nicht möglich wäre. Hierüber herrschte in der Literatur lange Streit. So wurde eine Zustimmungspflicht der Hauptversammlung bislang von gewichtigen Stimmen der Literatur vertreten, wonach den Abs. 2 und 4 des § 93 AktG die gesetzgeberische Wertentscheidung zugrunde liege, dass der Gesellschaft aus pflichtwidrigem Verhalten ihrer Organe keine Nachteile entstehen dürfe, was auch dann gelte, wenn sich die Gesellschaft durch Erstattung von Geldern diesen Nachteil selbst zufüge[886]. Auch werde so der Gefahr vorgebeugt, dass eine Enthaftung des Vorstands allein durch das kollegiale Verhältnis zwischen Vorstand und Aufsichtsrat zulasten der Gesellschaft erfolge[887].

Dieser Ansicht konnte zum einem mit dem überzeugenden Argument entgegengetreten werden, dass die Vorschrift die Gesellschaft allein vor der Vorenthaltung solcher (Schadensersatz-) Ansprüche wegen Vermögensschäden schützen soll, die das betreffende Organ ihr selbst pflichtwidrig und schuldhaft zugefügt hat. Dies

---

884 So *Dreher*, FS Konzen, 85 (100), für den es für eine Untreuestrafbarkeit allein darauf ankommt, ob die entsprechende Zahlung nach § 93 AktG zulässig sei.

885 Siehe entsprechende Ausführungen unter: E.II.2)b)bb), wo das Gericht im zitierten Mannesmann-Urteil das bis dato in dieser Frage noch unklare Aktienrecht selbstständig ausgelegt hat.

886 So: *Hopt/Roth*, GroßkommAktG, § 93, Rn. 528; *Spindler*, MünchKommAktG, § 84, Rn. 86; *Mertens/Cahn*, KölnKommAktG, § 84, Rn. 94; *Arnold*, Die Steuerung des Vorstandshandelns, S. 182 f.; *Dreher*, FS Konzen, 85 (101 f.); *Krieger*, FS Bezzenberger, 211 (218); *Fleischer*, WM 2005, 909 (917).

887 *Mertens/Cahn*, KölnKommAktG, § 93, Rn. 161; *Hopt/Roth*, GroßkommAktG, § 93, Rn. 506.

ist aber gerade bei Straf- und Bußgeldern gegen das Organ selbst nicht der Fall, da diese das Vermögen der Gesellschaft gar nicht belasten und es zu einer Schädigung dementsprechend auch noch gar nicht gekommen ist, mithin zwei nicht vergleichbare Sachverhalte vorliegen[888]. So besteht hier vielmehr noch die zwischenzeitliche Entscheidung des Aufsichtsrats, eine etwaige Freistellung zu beschließen oder nicht, wodurch es erst zu einem Abfluss von Unternehmensvermögen kommt. Im Rahmen dieses Beschlusses ist demzufolge Platz für Erwägungen zugunsten des Unternehmensinteresses, das eine Erstattung ausnahmsweise rechtfertigen kann[889]. Zum anderen ließ sich hier in Anlehnung an ARAG-Garmenbeck anführen, dass, wenn es zulässig ist, zugunsten des überwiegenden Unternehmenswohls (vorläufig) von der Geltendmachung eigener Schadensersatzansprüche gegen das Organ ausnahmsweise abzusehen, es erst Recht zulässig sein muss, es aus denselben Gründen von Straf- und Bußgeldern freizustellen[890]. Eine vergleichbare Wertung lässt auch das Mannesmann-Urteil des BGH erkennen, indem nachträgliche freiwillige Leistungen an Organmitglieder dann für zulässig erachtet werden, wenn sie dem Unternehmensinteresse dienen[891]. Auch soll § 93 AktG die Gesellschaft ja gerade vor Schäden schützen, wohingegen es widersprüchlich wäre, wenn sie eine Erstattung von Geldstrafen oder –bußen zur Vermeidung größerer Schäden verbieten und die Gesellschaft somit zur Selbstschädigung zwingen würde[892].

Folgte man der letztgenannten Ansicht, bliebe die Entscheidung für oder wider die Freistellung – gleich den bisher gezeigten Grundsätzen – weiterhin allein einzelfallbezogen daran zu messen, ob dem Vermögensabfluss in Höhe der zu zahlenden Straf- oder Bußgelder ein überwiegender Vorteil entgegensteht und dem Unternehmen somit gegebenenfalls ein noch größerer Schaden erspart bleibt[893]. Zweifelsohne blieb eine solche Zulässigkeit auf Ausnahmetatbestände beschränkt, da entsprechend der grundsätzlichen Pflicht zur Geltendmachung der Aufsichtsrat verpflichtet ist, das Unternehmensvermögen zu schützen und nicht für solche Zahlungspflichten zu verwenden, die das betroffenen Organmitglied selbst betreffen[894]. Als anerkannte Fallbeispiele eines überwiegenden Unternehmensinteresses wurden die Sicherung der Arbeitsfähigkeit des Vorstands bei laufenden Verfahren, die Verhinderung weiterer die Geschäftstätigkeit behindernder und das Unternehmensansehen schädigender Ermittlungen durch rasche – kooperative nicht vertuschende – Beendigung des Verfahrens sowie ausnahmsweise, im Falle geringer Schuld und

888 *Marsch-Barner*, Handbuch Managerhaftung, § 17, Rn. 40.

889 Vgl. *Marsch-Barner*, Handbuch Managerhaftung, § 17, Rn. 41; aA: *Mertens/Cahn*, KölnKommAktG, § 84, Rn. 94.

890 *Hasselbach/Seibel*, AG 2008, 770 (777).

891 *Krause*, BB Special 2007, Heft 8, 2 (10) mit Verweis auf BGH, Urteil vom 21.12.2005 – 3 StR 470/04, Rn. 7, juris.de.

892 *Krieger*, FS Bezzenberger, 211 (219), so würde sonst der Schutzzweck dieser Vorschrift „in sein Gegenteil" verkehrt.

893 *Krause*, BB Special 2007, Heft 8, 2 (10).

894 *Spindler*, MünchKommAktG, § 84, Rn. 86; *Krieger*, FS Bezzenberger, 211 (219).

dennoch einschneidender Folgen, Fürsorgegesichtspunkte gegenüber dem betroffenen Organmitglied gehandelt[895]. Eine andere Bewertung soll sich aber dann ergeben, wenn Straf- und Bußgeldfreistellung durch D&O-Versicherung gezahlt werden. Denn würden die Vorstände ohnehin freigestellt[896]. Die Frage der Zulässigkeit einer Versicherung von Bußgeldern und Geldstrafen ist an späterer Stelle zu klären.

Diesen Streit hat der BGH kürzlich zulasten der Zusagekompetenz des Aufsichtsrates entschieden, indem er sich der erstgenannten Ansicht anschloss, wonach eine Ersattungsszusage zu einer mit Geldstrafe/-buße sanktionierten Handlung, die zugleich eine Pflichtwidrigkeit gegenüber der Gesellschaft darstellt, nur bei Zustimmung durch die Hauptversammlung erfolgen darf[897]. So führt der BGH diesbezüglich aus, dass eine etwaige Selbstschädigung durch die freiwillige Zahlung der Geldstrafe/-buße auch von denen zu beschließen sei, die sie zu tragen hätten, namentlich den Aktionären der Gesellschaft[898]. Hiernach darf der Aufsichtsrat selbstständig nur noch solche Freistellungszusagen tätigen, die ein Verhalten des sanktionierten Vorstandsmitglieds betreffen, das nicht zugleich einen Pflichtverstoß gegenüber der Gesellschaft darstellt, wobei ihm bei der Beurteilung des Pflichtwidrigkeit in Fortführung der oben gezeigten Rechtsprechung keinerlei Ermessen zukommt[899]. Für die Praxis dürfte dieser Streit damit für die nächsten Jahre entschieden worden sein, was die zuvor dargetane Kritik gleichwohl nicht obsolet werden lässt. Denn die Sicherung der Kompromissbereitschaft der Vorstandsmitglieder dürfte somit deutlich erschwert werden[900].

Eine letzte zu erklimmende Hürde wird vereinzelt in der Vorschrift des § 87 Abs. 1 AktG gesehen, nach der die Gesamtbezüge in einem angemessenen Verhältnis zur Aufgabe des Vorstandsmitglieds und zur Lage der Gesellschaft zu stehen haben, indem man nachtatliche Freistellungsleistungen, als eine Nebenleistung zur Vorstandsvergütung versteht[901]. Das zuvor gezeigte Urteil des BGH verhält sich zu dieser Frage nicht, sodass ein entsprechendes Verständnis wohl nicht angezeigt ist. Folgte man der Auffassung hingegen, so müsste sich die Zahlung in das Gefüge des

---

895 *Marsch-Barner*, Handbuch Managerhaftung, § 17, Rn. 42; *Krause*, BB Special 2007, Heft 8, 2 (10 ff.), wobei sich die Sicherung der Arbeitsfähigkeit des Vorstands darauf bezieht, dass sich dieser auf seine Sachaufgaben konzentrieren kann und nicht durch Ermittlungen abgelenkt ist. Die Frage der Zulässigkeit des Ausmaßes dessen Risikofreude ist hingegen bereits bei der internen Pflichtwidrigkeit zu klären; Vgl. auch *Krieger*, FS Bezzenberger, 211 (219), der eine Berücksichtigung der persönlichen Situation des Organmitglieds abseits des Unternehmensinteresses im Regelfall für unzulässig hält.

896 *Hasselbach/Seibel*, AG 2008, 770 (777).

897 BGH, Urteil vom 08.07.2014 – II ZR 174/13, Rn. 18 ff., juris.de.

898 BGH, Urteil vom 08.07.2014 – II ZR 174/13, Rn. 20, juris.de.

899 BGH, Urteil vom 08.07.2014 – II ZR 174/13, Rn. 21, juris.de.

900 *Wettich*, AG 2015, 681 (689).

901 *Hasselbach/Seibel*, AG 2008, 770 (777).

§ 87 Abs. 1 AktG fügen und dürfte keinesfalls zu einer Schieflage der Gesellschaft führen[902].

Im Ergebnis besteht somit für den Aufsichtsrat, um das betroffene Vorstandsmitglied von Straf- und Bußgeldern freizustellen, allein die Möglichkeit, für die Zustimmung der Hauptversammlung zu werben, sofern dies denn mit Verweis auf ein überbordendes Unternehmensinteresse überhaupt noch sinnvoll erscheint[903]. Im Zusammenhang mit der Eingehung bestandsgefährdender Risiken wurde jedoch bereits darauf hingewiesen, dass eine Zuführung dieser hochsensiblen Entscheidung zur Abstimmung in der Hauptversammlung wegen der Unkontrollierbarkeit des Abstimmungsverhaltens etwaiger hierdurch geweckter Begehrlichkeiten der Aktionäre und nicht zuletzt auch in Anbetracht eines möglichen medialen Echos kaum praktikabel erscheint[904]. Aus Sicht des betroffenen Organs ist die Situation somit im höchsten Maße misslich, da dies ihm kaum die Sicherheit bietet im entsprechenden Fall auch nicht in Anspruch genommen beziehungsweise freigestellt zu werden. Da wie gezeigt, auch das Absehen einer Inanspruchnahme durch den Aufsichtsrat bei reinen Pflichtverstößen de facto nur in Ausnahmefällen greift und das etwaige Vorstandsmitglied hierauf keinen Anspruch hat, sind somit seine Möglichkeiten unternehmensintern eine Verbesserung der eigenen Haftungssituation herbeizuführen im Ergebnis sehr beschränkt.

Hiervon zu unterscheiden ist die Situation, in der sich das Organmitglied aus Gründen des Rechtsfriedens und zur Vermeidung weiterer Komplikationen des Geschäftsbetriebs durch Untersuchungen und Rufschäden dazu entscheidet, eine strafrechtliche Verurteilung oder die Geldbuße wegen Ordnungswidrigkeit hinzunehmen beziehungsweise auf die Einlegung eines Rechtsbehelfs trotz der hiermit verbundenen persönlichen Belastungen verzichtet. Hier soll nach Stimmen der Literatur eine entsprechende Entschädigung durch den Aufsichtsrat für das Unternehmen unter Einschränkungen zulässig sein[905]. Auch hierzu verhält sich das zuvor gezeigte Urteil des BGH. So lehnt es eine Entschädigung durch den Aufsichtsrat ohne Zustimmung der Hauptversammlung zwar nicht ausdrücklich ab, steht ihr aber gleichwohl kritisch gegenüber, da hiernach die Zustimmung zur Einstellung eines Ermittlungsverfahrens und der hierin liegende mögliche Verzicht auf die Erkämpfung eines Freispruchs keine Leistungen in das Vermögen der Gesellschaft darstellten der einen Schaden derselben entfallen ließe[906]. Zudem läge das Interesse der Gesellschaft bei einem zugleich bestehenden potentiellen Pflichtverletzung auf der Aufklärung eines etwaigen Schadens sowie dessen Durchsetzung und nicht auf

902 *Hasselbach/Seibel*, AG 2008, 770 (777), der aber gleichfalls zugibt, dass die Kriterien hierzu noch völlig unklar sind.

903 Vgl. allgemein für Anerkennungsprämien: *Spindler*, MünchKommAktG, § 87, Rn. 68, um Vorstandsmitglied bei der Unsicherheit langfristiger Verträge auch für die Zukunft zu gewinnen und faire Behandlung zu signalisieren.

904 Nochmals: *Drygala*, FS Hopt 2010, 541 (547).

905 *Mertens/Cahn*, KölnKommAktG, § 84, Rn. 95.

906 BGH, Urteil vom 08.07.2014 – II ZR 174/13, Rn. 24, juris.de.

einer möglich raschen Beendigung und Verhinderung der behördlichen Aufklärung[907]. Dies verkennt jedoch, dass andauernde meist medienwirksame Ermittlungen, sei es die Schmiergeldaffäre bei Siemens oder die fortwährenden Ermittlungen bei der Deutschen Bank, gezeigt haben, dass diese über die Dauer sehr wohl dem Unternehmen wie auch dessen Geschäftspartnern Schaden können, sodass es für diese regelrecht einer „Befreiung" gleichkommt, wenn entsprechende Ermittlungen ihr Ende finden[908].

Da eine solche Schadlosstellung im Falle der Einstellung von Ermittlungen durch den BGH nicht per-se ausgeschlossen wurde, soll hier von der grundsätzlichen Zulässigkeit weiter ausgegangen und deren weiteren Voraussetzungen beleuchtet werden. So darf es zur Vermeidung einer Sittenwidrigkeit und somit Nichtigkeit der Geldleistung nach § 138 BGB hierbei nicht zu einer Kommerzialisierung des Rechtsverzichts kommen, was bedeutet, dass die Geldleistung der Schadlosstellung des vermutet unschuldigen Verzichtenden, nicht aber seiner Belohnung dienen darf[909]. Denn solange es beim reinen Nachteilsausgleich bleibt, ist es dem betroffenen Organmitglied nicht verwehrt, seine eigenen Interessen hinter die des Unternehmens zu stellen[910]. Eine andere Bewertung ergibt sich erst dann, wenn es aus Gewinnerzielungsabsicht zu einem Verkauf der rechtlichen Souveränität, mithin einer Kommerzialisierung seiner Freiheitsrechte kommt[911]. Daher soll zunächst allein die Erstattung der bisherigen Verteidigungskosten wie auch verhangener Geldstrafen oder –bußen zulässig sein[912]. Problematisch ist hingegen die Substantiierung der weiteren materiellen wie immateriellen Nachteile, seien es Folgeeinbußen beim Gehalt oder Rufschäden. Hierbei ist die Angemessenheit eine Frage des konkreten Einzelfalls, wobei es trotz eines zuzuerkennenden Beurteilungsspielraums stets darauf ankommt, dass sie den Charakter einer Entschädigung und nicht den einer Vergütung hat[913]. Aus aktienrechtlicher Sicht bleibt es daher für diese Fallgestaltung bei dem bereits gezeigten Grundsatz, dass es nur ausnahmsweise dann zu einer Erstattungszusage kommen darf, wenn hierfür auch überwiegende

---

907 BGH, Urteil vom 08.07.2014 – II ZR 174/13, Rn. 24, juris.de.

908 vgl. *Krieger*, FS Bezzenberger, 211 (226).

909 *Krieger*, FS Bezzenberger, 211 (226 f.); zustimmend: *Krause*, BB Special 2007, Heft 8, 2 (10).

910 *Krieger*, FS Bezzenberger, 211 (227); einschränkend: *Mertens/Cahn*, KölnKomm-AktG, § 84, Rn. 95, wonach die Gesellschaft zudem von der Unschuld oder der im Vergleich zur Sanktionsfolge schwindend geringen Schuld des betroffenen Organmitglieds überzeugt sein muss.

911 *Krieger*, FS Bezzenberger, 211 (227).

912 *Krieger*, FS Bezzenberger, 211 (227); zustimmend: *Marsch-Barner*, Handbuch Managerhaftung, § 17, Rn. 45.

913 *Krieger*, FS Bezzenberger, 211 (227); zustimmend: *Marsch-Barner*, Handbuch Managerhaftung, § 17, Rn. 46.

Unternehmensinteressen sprechen, was jedoch während des Strafverfahrens deutlich wahrscheinlicher ist, als nach dessen Abschluss[914].

cc) Prozesskostenvorschuss und –ersatz

Aber auch die Prozesskosten, die dem Erlass einer Geldstrafe oder einem Bußgeld vor- beziehungsweise nachgehen, sind wegen des oft erheblichen Umfangs der Verfahren immens, sodass sie von den betroffenen Organen meist selbst gar nicht getragen werden können und sie insoweit auf Unterstützung angewiesen sind[915]. Hierbei ist zwischen einem Anspruch auf Erstattung und der Möglichkeit einer freiwilligen Kostentragung durch das Unternehmen zu unterscheiden.

Nach allgemeiner Ansicht richtet sich die Frage eines etwaigen Anspruchs auf Prozesskostenvorschuss und -ersatz, nach den Regeln des Auftragsrechts (§§ 670, 669 BGB)[916]. Nach diesen Grundsätzen bedarf es für einen Kostenerstattungsanspruch zunächst eines inneren Zusammenhangs zwischen der das Zivil-/-Strafverfahren auslösenden Handlung und der Organtätigkeit, da eine solche Handlung nur dann im Sinne des § 670 BGB auch „erforderlich" ist[917]. Zudem darf das entsprechende Verhalten nicht zugleich eine schuldhafte Pflichtverletzung[918] gegenüber der Gesellschaft darstellen, um unauflösbare Wertungswidersprüche zu den §§ 93 Abs. 2, 116 AktG zu vermeiden, nach denen pflichtwidrig und schuldhaft herbeigeführte Schäden auch selbst zu tragen sind[919].

Meist entstehen etwaige Verfahrenskosten jedoch schon bereits mit Aufnahme der Verhandlungen, sodass das betroffene Organmitglied auf einen Vorschuss bedacht sein wird. Ein solcher Anspruch auf Vorschussleistung richtet sich nach § 669 BGB und setzt demnach die Begründetheit eines Kostenerstattungsanspruchs nach zuvor gezeigten Grundsätzen voraus, bedarf also insbesondere im Falle einer schuldhaften Pflichtverletzung des Vorliegens einer Ausnahmesituation[920]. Zur Vermeidung unlösbarer Abgrenzungsschwierigkeiten für den Aufsichtsrat hinsichtlich begründeter und unbegründeter Ansprüche wird allgemein befürwortet, einen Vorschuss prinzipiell zu gewähren, hierbei allerdings auf eine gegebenenfalls notwendige Rückforderbarkeit der gezahlten Summe zu achten, sie also nur unter

---

914 *Krieger*, FS Bezzenberger, 211 (228 f.).

915 *Marsch-Barner*, Handbuch Managerhaftung, § 17, Rn. 2.

916 Vgl. nur: *Fleischer*, WM 2005, 909 (915 f.) mwN.

917 *Marsch-Barner*, Handbuch Managerhaftung, § 17, Rn. 10, was somit Ereignisse die allein der Privatsphäre des Organs entspringen ausschließt.

918 Was im Falle eines unvermeidbaren Rechtsirrtums – gleich der Lage bei Geldstrafen und –bußen – einen Kostenerstattungsanspruch des betroffenen Organmitglieds bedeutet.

919 *Marsch-Barner*, Handbuch Managerhaftung, § 17, Rn. 13, auch würde hierdurch das Verbot sog. „nützlicher Pflichtverletzungen" de facto umgangen; *Mertens/Cahn*, KöKo, § 84, Rn. 93; *Krieger*, FS Bezzenberger, 211 (221).

920 *Krieger*, FS Bezzenberger, 211 (223).

entsprechendem Vorbehalt zu gewähren[921]. Hinsichtlich der endgültigen Kostentragung durch das Unternehmen ist zu differenzieren[922]: Obsiegt das betroffene Organmitglied, trifft ihn nach deutschem Kostentragungsgrundsatz grundsätzlich ohnehin keine Kostenlast, womit die Auslagen der Staatskasse zur Last fallen[923]. Hierbei ist allein fraglich, ob die (staatliche) Erstattung nur die RVG-Gebühren gemäß § 464a Abs. 2 Nr. 2 StPO iVm § 91 Abs. 2 ZPO oder aber auch Honorarvereinbarungen zu umfassen hat. Zwar sprach das BAG einst nur den gesetzlichen Gebühren eine Erstattungsfähigkeit zu, erkannte aber an, dass Honorarvereinbarung dort zulässig sind, wo auf Grundlage der RVG-Gebühren sonst keine Rechtsberatung zu erlangen ist. Angesichts der Üblichkeit solcher Vereinbarungen in wirtschaftsstrafrechtlichen Mandaten dürfte dies der Fall sein, womit von einer Erstattungsfähigkeit von Honorarvereinbarungen auszugehen ist[924]. Anderenfalls besteht ein entsprechender (Differenz-) Ausgleichsanspruch gegen die Gesellschaft. Wird das Organmitglied hingegen strafrechtlich verurteilt, besteht ein Kostenerstattungsanspruch nur dann, wenn die Straftat nicht zugleich einen Verstoß gegen zivilrechtliche Pflichten darstellt, ansonsten sind zudem gezahlte Vorschüsse zurückzufordern[925].

Freilich kann das Unternehmen auch abseits des Anspruchs des Organmitglieds eine eigene Freistellungszusage hinsichtlich der Prozesskosten treffen, beziehungsweise auf die Rückforderung eines gewährten Vorschusses verzichten. Will sie nicht nur deklaratorischen Charakter haben, wird sie insbesondere dort relevant, wo das nach Straf- oder Ordnungswidrigkeitenrecht sanktionierte Verhalten des betroffenen Organmitglieds zugleich eine Pflichtverletzung gegenüber der Gesellschaft darstellt. In Anknüpfung an das bisher Gesagte muss eine solche Zusage wegen der grundsätzlichen Pflicht des Vorstands wie auch des Aufsichtsrats, allein den Vorteil der Gesellschaft zu suchen, auf Ausnahmefälle beschränkt bleiben, in denen der Vermögensabfluss ausnahmsweise durch einen Zufluss – sei es auch die Abwendung eines größeren Übels – überwogen wird und so dem Unternehmensinteresse dient[926]. Im Grundsatz hat das betroffene Organmitglied

921 Jüngst: BGH, Urteil vom 08.07.2014 – II ZR 174/13, Rn. 22, juris.de; *Marsch-Barner*, Handbuch Managerhaftung, § 17, Rn. 15 ff.; im Ergebnis auch: *Mertens/Cahn*, KölnKommAktG, § 84, Rn. 93; *Krause*, BB Special 2007, Heft 8, 2 (7 f.); *Fleischer*, WM 2005, 909 (915); *Krieger*, FS Bezzenberger, 211 (224 f.), der auf das Unternehmensinteresse zur Vermeidung negativer Folgewirkungen einer strafrechtlichen Verurteilung des Organs sowie die Fürsorgepflicht verweist.

922 *Fleischer*, WM 2005, 909 (915 f.).

923 *Krause*, BB Special 2007, Heft 8, 2 (5), wonach die Kosten im Strafverfahren dann gemäß § 467 StPO der Staatskasse zur Last fallen, selbiges gilt für das Ordnungswidrigkeitenverfahren, § 105 OWiG i.V.m. § 467 StPO.

924 *Marsch-Barner*, Handbuch Managerhaftung, § 17, Rn. 31; *Krause*, BB Special 2007, Heft 8, 2 (5); *Fleischer*, WM 2005, 909 (915).

925 *Marsch-Barner*, Handbuch Managerhaftung, § 17, Rn. 23.

926 *Marsch-Barner*, Handbuch Managerhaftung, § 17, Rn. 25, abseits einer eventuellen eigenen zivilrechtlichen Haftung ist hier auch nochmals auf die Gefahr einer

daher auch seine Prozesskosten selbst zu tragen[927]. Fraglich ist, inwieweit auch vortatliche Freistellungszusagen für Prozesskosten, außerhalb der deklaratorischen Zusagen für ohnehin zu tragende Kosten, zulässig sind. Aus Sicht des gewährenden Gremiums geht es hierbei alleine darum, durch die Kostentragung nicht selbst gegen die Vermögensbetreuungspflicht zu verstoßen oder sich gar der Untreue schuldig zu machen. Daher sind vortatliche generelle Zusagen zur Kostentragung, beispielsweise im Anstellungsvertrag, gemäß §§ 134, 138 BGB nichtig, wenn sie sich nicht auf die wenigen gezeigten Ausnahmefälle beschränken und eine dann tatsächlich erfolgende Zahlung in das einzelfallabhängige Ermessen des zuständigen Gremiums stellen[928].

Die Deckung der Prozesskosten verliert jedoch praktisch erheblich an Bedeutung, da sie nunmehr ohnehin von der zumeist abgeschlossenen D&O-Versicherung übernommen wird[929].

b) Zu Umfang und Schutzmöglichkeiten einer D&O-Versicherung

Die meisten Vorstands- und Aufsichtsratsmitglieder heutzutage haben sog. D&O (**D**irectors & **O**fficers)-Versicherungen abgeschlossen, um sich vor Inanspruchnahmen aus Schadensersatzansprüchen der Gesellschaft zu schützen. Im Folgenden sind diese hinsichtlich ihrer Schutzfähigkeit für die Inanspruchnahmen aus Schadensersatzansprüche wegen Buß- oder Strafgeldern gegen das Unternehmen zu analysieren. Dafür soll zunächst die D&O-Versicherung und ihr Versicherungsschutz und Berücksichtigung bisheriger gängiger Ausschlüsse untersucht und so dann gefragt werden, ob sich hiermit auch Schadensersatzansprüche der Gesellschaft wegen gegen diese verhangener Buß- und Strafgelder auch versichern lassen.

aa) Die D&O-Versicherung und ihr Versicherungsschutz

Die D&O-Versicherung entfaltet in Anbetracht der stetig zunehmenden Organhaftung eine immer größere Praxisrelevanz und war bereits Gegenstand höchstrichterlicher Rechtsprechung[930]. Sie ist eine Vermögensschadenhaftpflichtversicherung, die eine Gesellschaft als Versicherungsnehmerin für ihre Organe als versicherte Personen abschließt, um diese vor Inanspruchnahme wegen verursachter (reiner)

Untreue hinzuweisen, die aber bei Unsicherheit über die Rechtmäßigkeit der Zusage durch einen entsprechenden Hauptversammlungsbeschluss abgewendet werden können soll, Rn. 27.

927 *Krieger*, FS Bezzenberger, 211 (222).

928 Vgl. hierzu: *Marsch-Barner*, Handbuch Managerhaftung, § 17, Rn. 29.

929 *Arnold*, Die Steuerung des Vorstandshandelns, S. 182; *Fleischer*, WM 2005, 909 (916); vgl. zudem § 101 Abs. 1 VVG.

930 Vgl. nur BGH, Urteil vom 12.09.2012 – IV ZR 171/11, juris.de.

Vermögensschäden[931] zu schützen[932]. Sie ist somit eine Versicherung für fremde Rechnung[933]. Ob das betroffene Organ durch Dritte oder aber die Gesellschaft in Anspruch genommen wird, ist hierbei ohne Belang[934]. Die Bedingungen des Versicherungsvertrages fußen maßgeblich auf den entsprechenden Musterbedingungen des Gesamtverbandes der deutschen Versicherungswirtschaft (GDV)[935], können im Einzelfall daher freilich abweichen[936]. In Unterschied zu sonstigen Versicherungen tritt der Versicherungsfall nicht bereits durch das Schadensereignis ein, sondern durch die erstmalige Inanspruchnahme der versicherten Person, sog. Claims-Made-Prinzip[937]. Die Versicherung soll im Zusammenspiel mit der Business Judgment Rule eine allzu risikoaverse Verhaltensweise der Vorstände allein zur Vermeidung einer etwaigen Haftung verhindern und somit eine stärkere Fokussierung auf die gewünschte Unternehmensleitung fördern[938]. Indem die Versicherung den Regressanspruch zumindest bis zur Versicherungshöchstsumme sicherstellt, profitiert die Gesellschaft letztlich doppelt, da ihr gegebenenfalls die Erträge eine risikoreicheren Entscheidungspolitik zugute kommen, sie aber die Verluste nicht vollauf zu tragen hat[939]. Auch es dem Blickwinkel der Verhaltenssteuerung durch die Vorstandshaftung sind D&O-Versicherungen im Ergebnis im Ergebnis nicht bedenklich, da sie durch die Ausschlüsse von vorsätzlichen und wissentlichen Pflichtverletzungen[940] somit zumindest grobe Pflichtverletzungen nicht versichert[941].

Der sachliche Umfang des Versicherungsschutzes erstreckt sich auf die Befriedigung begründeter Inanspruchnahmen und die (auch prozessuale) Abwehr unbegründeter Ansprüche wegen Vermögensschäden, vorbehaltlich des Selbstbehalts in § 93 Abs. 2 S. 3 AktG[942]. Vermögensschäden definieren sich entsprechend Ziff.

931 *Schimikowski*, Rüffer/Halbach/Schimikowski VVG, AHB Ziff. 2, Rn. 7; *Ihlas*, MüKo-VVG, D&O-Versicherung, Rn. Rn. 110 ff.

932 *Haehling von Lanzauer*, Looschelders/Pohlmann-VVG, Anhang C, D&O-Versicherung, Rn. 1; *Dilling*, Wirksamkeit von Risikoausschlüssen, S. 10; *Dauner-Lieb*, Henssler/ Strohn, § 93, Rn. 55.

933 *Muschner*, Rüffer/Halbach/Schimikowski VVG, § 43, Rn. 21.

934 *Retter*, Schwintowski/Brömmelmeyer, § 100, Rn. 33a, mwN.

935 Allgemeine Versicherungsbedingungen für die Vermögensschaden-Haftpflichtversicherung von Aufsichtsräten, Vorständen und Geschäftsführen (AVB-AVG), Stand: Mai 2013, abrufbar unter: www.gdv.de/downloads

936 *Dietz-Vellmer*, NZG 2011, 248 (253).

937 *Schimikowski*, Rüffer/Halbach/Schimikowski VVG, § 100, Rn. 14; Zur Zulässigkeit deren AGB-rechtlichen Vereinbarung und der Notwendigkeit einer Rückwärts- und Nachhaftungsklausel, vgl. OLG München, Urteil vom 08.05.2009 – 25 U 5136/08, Rn. 29 ff., juris.de.

938 *Dilling*, Wirksamkeit von Risikoausschlüssen, S. 11 f.; *Dreher*, AG 2008, 429 (432).

939 Vgl. *Arnold*, Die Steuerung des Vorstandshandelns, S. 183 f.

940 Vgl. entsprechende nachfolgende Ausführungen unter F.II.1)b)bb).

941 *Arnold*, Die Steuerung des Vorstandshandelns, S. 184.

942 *Haehling von Lanzauer*, Looschelders/Pohlmann-VVG, Anhang C, D&O-Versicherung, Rn. 1; vgl zudem Ziffer 4.1 AVB-AVG.

1.1 der AVB-AVG in einer Negativabgrenzung als all jene Schäden, die nicht Sach- und Personenschäden sind oder sich aus solchen herleiten[943]. Dabei wird stets eine Höchstsumme vereinbart, bis zu derer der Versicherer Ansprüche gegen die versicherte Person befriedigt (sog. Cap). Bei der Bewältigung der Inanspruchnahme ist es hingegen nicht von Belang, wie seriös das Klägervorbringen ist, insbesondere bewirken fehlende Begründetheit oder Durchsetzbarkeit keinen Anspruchsausschluss[944]. Denn gerade hierfür wird die Abwehrdeckung gewährt. Ob der Versicherer den geltend gemachten Anspruch befriedigt oder zunächst versucht abzuwehren, unterliegt seiner freien Wahl[945]. Wegen der oftmals beträchtlichen Höhe sowie Komplexität der geltend gemachten Schadensersatzforderungen wird der Versicherer in der Regel zuerst versuchen, die Inanspruchnahme unter Tragung der Anwalts- und gegebenenfalls Gerichtskosten abzuwehren[946]. Keine Abwehrkosten sind hingegen die Aufwendungen des Versicherers, (intern) zu prüfen, ob er zum Einstand gegenüber der versicherten Person verpflichtet ist, da es sich hierbei um von den Versicherungsprämien bereits abgedeckte Leistungen handelt[947]. Oftmals werden die Versicherungsbedingungen entsprechend Ziffer 1.2 AVB-AVG dahingehend, ergänzt, dass neben zugefügten Vermögensschäden, auch Freistellungsverpflichtungen der Gesellschaft gegenüber dem Organ – beispielsweise aus §§ 670, 669 BGB – vom Versicherungsschutz umfasst werden, sodass der Erstattungsanspruch des versicherten Organs gegen den Versicherer nach Freistellung durch die Gesellschaft auf diese übergeht, sog. Company Reiumbursement-Klausel[948] oder „Side B – Coverage“[949].

Wichtig ist es, nochmals zu betonen, dass es sich auch im Falle der (mitversicherten) Inanspruchnahme des Organs, nicht um eine Eigenversicherung der Gesellschaft handelt, da der in Anspruch genommene Schädiger weiterhin primär haftet und in Höhe des Deckungsbetrages lediglich von einer Inanspruchnahme der Gesellschaft durch den Versicherer freigestellt wird[950]. Da die Gesellschaft hier einen weiteren Schuldner hinzugewinnt, sich also die Erstattung etwaiger Ansprüche zusätzlich absichert, wurde zurecht der Ansatz verworfen, dass in dem Abschluss einer D&O-Versicherung eine stillschweigende Haftungsfreistellung oder ein Vorwegverzicht auf spätere Schadensersatzansprüche liegt[951]. Besteht nämlich

---

943 *Sieg*, Handbuch Versicherungsrecht, § 17, Rn. 88.
944 *Lücke*, Prölss/Martin VVG, § 101, Rn. 14.
945 *Sieg*, Handbuch Versicherungsrecht, § 17, Rn. 126; *Scholl*, Vorstandshaftung und Vorstandsermessen, S. 511.
946 *Haehling von Lanzauer*, Looschelders/Pohlmann-VVG, Anhang C, D&O-Versicherung, Rn. 112.
947 Vgl. *Littbarski*, MüKo-VVG, § 101, Rn. 83.
948 *Dreher*, FS Konzen, 85 (95).
949 *Ihlas*, MüKo-VVG, D&O-Versicherung, Rn. 41 f., ohne entsprechende Vereinbarung ist der Versicherungsschutz für Freistellungsverpflichtungen regelmäßig nicht gegeben, sog. „Side A – Coverage“.
950 *Muschner*, Rüffer/Halbach/Schimikowski VVG, § 43, Rn. 22.
951 Vgl. nur *Fleischer*, WM 2005, 909 (919).

ein Deckungsschutz der Versicherung, sind kaum überwiegende Unternehmensinteressen denkbar, die das entscheidende Gremien von einer Geltendmachung der Schadensersatzansprüche (vorerst) abhalten könnten, womit der Anspruch nicht fallen gelassen, sondern durchgesetzt wird[952].

bb) Ausschlüsse und neuerliche Kritik im Schrifttum

Dieser auf den ersten Blick sehr weite Versicherungsschutz wird jedoch durch eine Reihe von Ausschlüssen im Rahmen des Negativkatalogs in Ziffer 5 AVB-AVG wieder deutlich eingeschränkt. Im Lichte der Untersuchung dieser Arbeit seien allein die zum versicherten Grad des Verschuldens, sowie die im Zusammenhang mit Geldbußen und -strafen von Relevanz.

Hinsichtlich des Grades des (noch) versicherten Verschuldens schließt Ziffer 5.1 S. 1 AVB-AVG zunächst die vorsätzliche Schadensverursachung sowie die wissentliche Abweichung von Gesetz, Vorschrift, Beschluss Vollmacht oder Weisung vom Versicherungsschutz aus[953]. Hierbei muss sich das Wissen auf die Pflichtverletzung beziehen, ein darüber hinaus gehendes billigendes Inkaufnehmen des Erfolges ist hingegen nicht erforderlich[954]. Hinsichtlich der horizontalen Delegation wird in Ziffer 5.1 S. 2 AVB-AVG die Pflichtverletzung eines Organmitglieds den anderen nur dann zugerechnet, wenn diese hiervon Kenntnis hatten. Mithin sind fahrlässige, wie auch grob fahrlässige Pflichtverletzungen grundsätzlich versichert[955].

Weiterhin schließt Ziffer 5.11 AVB-AVG Ansprüche betreffend Bußgelder und Entschädigungen mit Strafcharakter (punitive damages) aus. Ebenso sind Verstöße gegen Wettbewerbsbeschränkungen nach Ziffer 5.10 nicht versichert. Letztlich werden Ansprüche, die sich aus behördlichen Ermittlungen ergeben, ebenfalls nicht vom Versicherungsschutz umfasst, Ziffer 5.18 AVB-AVG. Somit sind Buß- und Strafgelder grundsätzlich nicht vom Versicherungsschutz umfasst[956]. Sodass sich aus dem grundsätzlichen Vorhandensein einer D&O-Versicherung noch keine Verbesserung für die betroffenen Organe für Legalitätspflichtverletzungen ergibt[957].

Nach *Dilling* verstoßen die Ausschlüsse wegen vorsätzlicher und wissentlicher Pflichtverletzung als Allgemeine Geschäftsbedingungen gemäß § 305 Abs. 1 S. 1 BGB[958] jedoch gegen § 307 Abs. 2 BGB, seien mithin unwirksam, da sie sich

---

952 *Habersack*, MünchKommAktG, § 111, Rn. 37; *Hasselbach/Seibel*, AG 2008, 770 (775).

953 *Haehling von Lanzauer*, Looschelders/Pohlmann-VVG, Anhang C, D&O-Versicherung, Rn. 138 f., wobei der Vorsatzauschluss allein der gesetzlichen Regelung in § 103 VVG entspricht.

954 *Sieg*, Handbuch Versicherungsrecht, § 17, Rn. 149.

955 *Sieg*, Handbuch Versicherungsrecht, § 17, Rn. 148; vgl. auch *Hahn*, VersR 2012, 393 (398 f.).

956 *Ihlas*, MüKo-VVG, D&O-Versicherung, Rn. 573; *Scholl*, Vorstandshaftung und Vorstandsermessen, S. 511 f.

957 Vgl. *Koch*, AG 2012, 429 (432).

958 Allgemeine Versicherungsvertragsbedingungen (AVB) stellen nach ständiger Rechtsprechung unstreitig AGB im Sinne des § 305 Abs. 1 S. 1 BGB dar, vgl: BGH,

zu weit vom gesetzlichen Leitbild des § 103 VVG entfernen würden[959]. Trotz der grundsätzlichen Disposivität des § 103 VVG würde in unvereinbarer Weise von der gesetzlichen Regelung abgewichen, wenn statt der dort geregelten zumindest billigenden Inkaufnahme des Schadens, unabhängig hiervon bereits die wissentliche Pflichtverletzung zum Versicherungsausschluss führte. Denn wer sich wissentlich über eine Pflicht hinwegsetze, müsse deswegen noch nicht den hierdurch eventuell hervorgerufenen Schaden im Blick haben[960]. Soweit die Rechtsprechung[961] zudem aus der Schadensgeneigtheit des Pflichtverstoßes Rückschlüsse auf die billigende Inkaufnahme des Schadens ziehe und deshalb die Schlechterstellung des Versicherungsnehmers als noch zulässig ansieht, sei dies grob rechtsfehlerhaft, da von der Schwere des Pflichtverstoßes nicht auf ein Bewusstsein hinsichtlich des Schadens geschlossen werden könne[962].

Durch die Haftungsfreistellung der Business Judgment Rule, kommt die D&O-Versicherung ohnehin nur dort zum tragen, wo der „sichere Hafen" der Haftungsfreistellung nicht besteht[963]. Da jedoch seitens der Rechtsprechung auf der Deckungsebene, also bei der Frage Zahlung des Schadens durch den Versicherer, regelmäßig allein von der Grobheit des Pflichtenverstoßes mittels Anscheins- und Indizienbeweises auf die Wissentlichkeit des Pflichtverstoßes geschlossen wird, ist sich der Kritik *Dillings* dahingehend anzuschließen, dass der Vorstand dort keine Deckung erhält, wo er sie eigentlich am dringendsten benötigte[964].

cc) Keine (zusätzliche) Versicherbarkeit von Straf- und Bußgeldern

Wie gesehen sind Ansprüche betreffend Buß- und Strafgelder in der D&O-Versicherung grundsätzlich über AVB-AVG ausgeschlossen. Es stellt sich daher die Folgefrage, ob abseits der zuvor geäußerten Kritik solche Ansprüche mitversicherbar wären. Hierbei wären zuallererst Straf- und Bußgelder gegen das Organ selbst problematisch, da sich diese schwerlich unter das Tatbestandsmerkmal des Vermögensschadens eines Dritten subsumieren ließen, werden sie doch von Gerichten oder Behörden verhangen, ohne dass diese zuvor eine Vermögenseinbuße hinzunehmen

Urteil vom 12.03.2015 – VII ZR 173/13, Rn. 49., juris.de; BGH, Urteil vom 10.12.2014 – IV ZR 289/13, Rn. 21 f., juris.de.

959 *Dilling*, Wirksamkeit von Risikoausschlüssen, S. 101 ff. und 199 ff.; aA hinsichtlich wissentlicher Pflichtverletzungen: BGH, Urteil vom 26.09.1990 – IV ZR 147/89, Rn. 22 f., juris.de; *Langheid*, Römer/Langheid VVG, § 103, Rn. 4; *Späth*, VersR 2000, 825 (826); *Vothknecht*, PHi 2006, 52 (61); *Penner*, VersR 2006, 1359 (1360); zur Vorgängerregelung: *Baumann*, BK-VVG; § 152, Rn. 34; aA hinsichtlich vorsätzlicher Pflichtverletzungen: *Vothknecht*, PHi 2006, 52 (62).

960 *Dilling*, Wirksamkeit von Risikoausschlüssen, S. 103 f.

961 BGH, Urteil vom 26.09.1990 – IV ZR 147/89, Rn. 22 f., juris.de.

962 *Dilling*, Wirksamkeit von Risikoausschlüssen, S. 105 ff.

963 *Dilling*, Wirksamkeit von Risikoausschlüssen, S. 158.

964 *Dilling*, Wirksamkeit von Risikoausschlüssen, S. 159; *Koch*, WM 2007, 2173 (2180); *Steinkühler*, VW 2003, 1734 (1734).

hatten. Da Buß- und Strafgelder gegen das Unternehmen hingegen sehr wohl einen Schaden darstellen und nach §§ 249 ff. BGB erstattungsfähig sein können[965], ließe sich hier schon eher über eine Versicherbarkeit nachdenken[966]. Jedoch muss eine solche, abseits der Frage eines etwaigen Vermögensschadens, aus grundlegenderen Erwägungen hin ausscheiden.

Denn Versicherungsverträge werden ihrer Natur nach grundsätzlich vor dem Schadensereignis, hier also der Begehung einer Straftat, Ordnungswidrigkeit, Kartellverstoß etc. geschlossen. Würde man demzufolge gegebenenfalls in der Zukunft verhängte Buß- und Strafgelder miteinbeziehen, käme es hierdurch zu einer vortatlichen Freistellungszusage. Eine solche ist aber – aus zuvor gezeigten Gründen [967] – je nach Ausgestaltung gemäß § 134 BGB verboten oder zumindest nach Maßgabe des § 138 Abs. 1 BGB sittenwidrig, jedenfalls nichtig und somit unwirksam. Es ist nicht ersichtlich, warum sich hier eine andere Wertung ergeben sollte, würde die Sanktionsfolge nicht vom Unternehmen selbst, sondern von einem Dritten in der Gestalt einer Versicherung getragen[968]. Der Effekt, dass den Sanktionsfolgen ihr Schrecken und somit ihre verhaltenssteuernde Wirkung hinsichtlich einer unbedingten Befolgung der Gesetze genommen würde, bliebe derselbe. Folglich sind auch direkt gegen das Organ(mitglied) verhangene, wie auch solche gegen das Unternehmen und über § 93 Abs. 2 AktG regressierte Buß- und Strafgelder nicht versicherbar, da entsprechende Vereinbarungen nach Maßgabe der § § 134, 138 BGB nichtig wären[969]. Allein zulässig ist – wie zuvor schon gezeigt – die Versicherung solcher Freistellungsverpflichtungen der Gesellschaft, zu denen sie nach §§ 670, 669 BGB verpflichtet ist, wo das schadensbegründende Ereignis also nicht zugleich eine Pflichtverletzung gegenüber der Gesellschaft darstellt, sog. company reimbursement-Klausel[970]. Hier nutzt die Freistellung der Versicherung im Falle einer solchen „Side B – Coverage" aber ohnehin nur der Gesellschaft, da eine Inanspruchnahme des betroffenen Organmitglieds wegen der Pflichtgemäßheit seiner Tätigkeit ja gerade nicht erfolgt.

Somit ist auch hinsichtlich der Versicherbarkeit wegen Inanspruchnahmen aus verhängten Straf- oder Bußgeldern der vorgenannten Kritik[971] beizupflichten, dass die D&O-Versicherung dort nicht greift, wo sie eigentlich benötigt und wofür sie abgeschlossen wurde.

Ganz allgemein kommt noch hinzu, dass durch die enorm steigenden Summen der bußgeldlichen Inanspruchnahmen der Versicherungs-Cap sehr schnell erreicht

---

965 Siehe entsprechende Ausführungen unter E.IV.1)a)aa).

966 Dies gleichfalls ausschließend: *Ihlas*, MüKo-VVG, D&O-Versicherung, Rn. 573.

967 Vgl. Ausführungen unter E.II.1)a)aa).

968 *Ihlas*, MüKo-VVG, D&O-Versicherung, Rn. 115 u. 573; vgl. *Haehling von Lanzauer*, Looschelders/Pohlmann-VVG, An-hang C, D&O-Versicherung, Rn. 89.

969 *Ihlas*, MüKo-VVG, D&O-Versicherung, Rn. 115; *Krause*, FS Winter, 327 (331).

970 *Haehling von Lanzauer*, Looschelders/Pohlmann-VVG, Anhang C, D&O-Versicherung, Rn. 89, insoweit wandelt sich die Versicherung von einer Fremdversicherung zu einer Eigenversicherung; *Dreher*, FS Konzen, 85 (95).

971 Vgl. Ausführungen unter E.II.2.b)bb) am Ende.

würde und die versicherte Person ohnehin für die Differenz haftet, sodass die D&O-Versicherung auch abseits der Abgrenzung von versicherter Fahrlässigkeit und unversichertem Vorsatz sowie der sonstigen Ausschlüsse hinsichtlich Straf- und Bußgeldern weiterhin lückenhaft ist[972]. Hinsichtlich einer Erstattung von Buß- und Strafgeldern bleiben die Vorstandsmitglieder also weiterhin von dem Good-Will des Aufsichtsrats, sowie der zusätzlichen Notwendigkeit eines überwiegenden Unternehmensinteresses abhängig.

2) Exkurs: Zum Ansatz einer Regressbegrenzung der Inanspruchnahme von Organmitgliedern

Im Allgemeinen Teil wurde bereits besonderes Augenmerk auf die Möglichkeit eines Regressverzichts gemäß § 93 Abs. 4 AktG und dem (vorläufigen) Absehen von einer Inanspruchnahme[973] durch den Aufsichtsrat aus überwiegendem Unternehmensinteresse eingegangen[974]. Hierbei ist nochmals festzuhalten, dass der Entscheidungsträger auf den Verzicht oder die Nichtgeltendmachung keinerlei Anspruch hat, sie ihm somit keine Sicherheit bieten und er stets von der am Unternehmenswohl und nicht seiner Person ausgerichteten Entscheidung des Aufsichtsrats abhängig ist[975]. Dass dieser, nicht zuletzt zur Vermeidung einer eigenen Haftung, im Zweifelsfall eine Inanspruchnahme forcieren wird, ist nicht von der Hand zu weisen[976]. Aufgrund der auch sonst dargestellten Defizite in der Begrenzung des Risikos der eigenen Inanspruchnahme durch Rechtsrat, Freistellungszusagen oder Versicherungen, fordern nicht wenige Stimmen in der Literatur mehr oder weniger offensiv nach einer Regressbegrenzung, wobei die Stimmen von einem totalen Regressverbot über eine summenmäßige Begrenzung bis hin zu Modifikationen des Sorgfaltsmaßstabs reichen[977].

Da diese Arbeit zum Gegenstand hat, die geltende Rechtslage zu beleuchten und hierin Lösungswege zu entwickeln, sind die in letzter Zeit, insbesondere seit dem 70. Deutschen Juristentag 2014[978], mannigfaltig vorzufindenden Ansätze zur

---

972 *Hoffmann*, NJW 2012, 1393 (1396).

973 Auch eine solche betreffend Geldbußen gegen das Unternehmen wegen Ordnungswidrigkeiten oder Straftaten eines ihrer Vorstands- oder Aufsichtsratsmitglieder gemäß § 30 OWiG.

974 Siehe entsprechende Ausführungen unter E.IV.1)a)aa) und 2).

975 So auch *Grunewald*, AG 2013, 813 (814); *Koch*, AG 2012, 429 (431).

976 *Paefgen*, AG 2014, 554 (555), wonach eine Inanspruchnahme durch den Aufsichtsrat im Zweifel schon allein deswegen erfolge, um so von eigenen möglichen Aufsichtsdefiziten abzulenken.

977 *Gaul*, AG 2015, 109 (111 ff.); *Fehrenbach*, AG 2015, 761 (764 ff.); *Bachmann*, Reform der Organhaftung, S. E 56 ff., mwN, zur weiteren Übersicht über den Meinungsstand, vgl. nachfolgende Fn. 979.

978 Vgl. *Hemeling*, ZHR 178 (2014), 221 (223 ff.).

Regressbegrenzung de lege ferenda außer Acht zu lassen[979]. Es ist vielmehr zu untersuchen, welche der Ansätze zur Regressbegrenzung in der geltenden Rechtslage, insb. § 93 Abs. 1 und 2 AktG, realisierbar sind. Dies gilt wegen der Satzungsstränge nach § 23 Abs. 5 AktG auch für eine entsprechende Regelung einer Haftungsmodifikation in der Satzung. Nach § 25 Abs. 5 S. 1 AktG darf in der Satzung nur dann eine vom Gesetz abweichende Regelung Niederschlag finden, wenn die gesetzliche Regelung dies selbst zulässt oder aber gem. § 25 Abs. 5 S. 2 AktG keine abschließende Regelung enthält. Ausweislich des Wortlauts in § 93 AktG lässt die Regelung jedenfalls keine abweichende Satzungsvereinbarung zu, weshalb jedenfalls Modifikationen des Sorgfaltsmaßstabs nach einhelliger Auffassung als mit der geltenden Rechtslage unvereinbar gelten und deshalb auch keinen Niederschlag in der Satzung finden dürfen[980]. Zu klären wird sein, ob dies auch für Haftungshöchstgrenzen gilt.

Haftungsbegrenzungen haben allesamt zum Ziel, eine übertriebene Risikoaversion der Organmitglieder zu vermeiden und die gesetzgeberische Intention, ein vertretbares Maß an Risiko zu fördern, da selbst in langjährigen erfolgreichen und pflichtbewussten Amtsjahren leichte Fahrlässigkeit nie auszuschließen sein wird und somit das Tor zu einer weiten Haftung stets weit offen steht[981]. In Anbetracht der steigenden Haftungsgefahr wird ein Geschäftsleiter, der von den etwaigen Erträgen eines eingegangen Risikos nichts erlangt, im Falle einer Realisierung aber gegebenenfalls den Verlust zu tragen hat, letzteres in Zukunft immer mehr durch die grundsätzliche Meidung von Risiken zu vermeiden versuchen, was eine Verzerrung der ursprünglich intendierten Verhaltenssteuerung bedingt[982]. Als gedanklicher Anknüpfungspunkt einer jeden Regressbegrenzung wird stets die Fürsorgepflicht des Unternehmens angeführt[983], die sich abseits der Unklarheiten ihrer Reichweite und Rechtsfolgen aus § 242 BGB in Verbindung mit dem Bestellungsakt speist[984].

979 Für mannigfaltige Ansätze zur Haftungsbegrenzung de lege ferenda (insb. im Zusammenhang mit Kartellbußen), vgl.: *Gaul*, AG 2015, 109 (111 ff.); *Thomas*, NZG 2015, 1409 (1410 ff.); *Eulfinger*, WM 2015, 1265 (1266 ff.); *Bayer/Scholz*, NZG 2014, 926 (928 ff.); *Fleischer*, ZIP 2014, 1305 (1309 ff.); *Vetter*, NZG 2014, 921 (922 f.); *Bachmann*, Reform der Organhaftung, S. E 56 ff., E 122 f.; *Spindler*, AG 2013, 889 (894 ff.), der unter anderem für eine Haftungsbegrenzung auf grobe Fahrlässigkeit wirbt; mitunter durchaus kritisch: *Wagner*, ZHR 178 (2014), 227 (275 ff.), der gleichsam um die Erhaltung einer effektiven Verhaltenssteuerung bemüht ist.

980 *Hüffer*, Aktiengesetz, § 93, Rn. 51; *Bachmann*, Reform der Organhaftung, S. E 29 ff.; *Grunewald*, AG 2013, 813 (815), mwN.

981 *Bayer/Scholz*, NZG 2014, 926 (927).

982 *Wagner*, ZHR 178 (2014), 227 (257 ff.), der in Anbetracht der sich verschärfenden Haftung von einer Asymmetrie der Verhaltensanreize zwischen Belohnung und Haftungsrisiko für das Eingehen von Risiken spricht.

983 Anstatt vieler: *Brommer*, AG 2013, 121 (128), mwN.; kritisch, *Paefgen*, AG 2014, 554 (568 ff.), insbesondere zu einer gesetzlichen Haftungsbeschränkung, die mit dem Grundsatz der Unbegrenztheit der Organhaftung und der aktienrechtlichen Satzungsstrenge nach § 23 Abs. 5 AktG verstieße (569).

984 Vgl. *Koch*, AG 2012, 429 (433).

Im Folgenden sind diese Ansätze einer Haftungsreduzierung zur Vermeidung der „wirtschaftlichen Todesstrafe“[985] des betroffenen Entscheidungsträgers kurz zu beleuchten und zu überprüfen, ob und wenn ja, wie weit diese überhaupt rechtlich Bestand haben können. So soll der zurecht als unwürdig empfundene Ansatz vermieden werden, dass sich Geschäftsleiter in der Praxis gezwungen sehen, zur Vermeidung einer wirtschaftlichen Existenzvernichtung „ihr“ Vermögen in den Händen einer anderen Person, beispielsweise des Lebenspartners, zu übergeben und dort zu belassen[986].

a) Kein vollständiger Regressausschluss

Zunächst ließe sich erwägen, den Regress eines gegen das Unternehmen verhangenen Bußgeldes gegen den Vorstand vollständig auszuschließen. Hierzu werden vereinzelt dogmatische Ansätze vertreten, die jeweils einen Rückgriff des Unternehmens auf das verantwortliche Organ verbieten sollen. Zunächst wird (nochmals) vorgebracht, dass das Bußgeld seine Wirkung verliere, wenn dessen Adressat sich von der Leistung befreien könne, indem er den Geldbetrag beim Organ regressiert[987]. Diese Ansicht ist seit dem bereits mehrfach gezeigten BGH-Urteil aus dem Jahre 1990 obsolet geworden, hat sie doch gezeigt, dass die Höchstpersönlichkeit einer Geldstrafe nicht dadurch entfällt, dass sie von einem anderen beglichen wird[988]. Ebenso wird durch einen Regress ja gerade die handelnde Person in Anspruch genommen, deren Aufgabe es war, den Rechtsverstoß zu unterbinden, womit ihm eine verhaltenssteuernde Wirkung zukommt[989]. Ein anderer, sich aus dem europäischen Kartellrecht ableitender Ansatz, folgert aus der dortigen ausschließlichen Möglichkeit der EU-Kommission, ein Bußgeld nur gegen die Gesellschaft, nicht aber gegen deren Organe verhängen zu können, in einem Umkehrschluss, dass eine entsprechende Regressierung bei den Organen, wenn diese selbst nicht bußgeldadressiert sind, gesetzlich ausgeschlossen sei; das Sanktionsrecht enthalte insoweit eine abschließende Wertung[990]. Die Inanspruchnahme der Vorstandsmitglieder läge

985 Vgl. entsprechende Titulierung bei *Bayer*, FS Schmidt, 85 (97); vgl. *Bayer/Scholz*, NZG 2014, 926 (926 f.), die insoweit auch von einer „existenzvernichtenden Haftung“ sprechen; ebenso: *Bachmann*, ZIP 2014, 579 (582), mwN

986 *Hoffmann*, NJW 2012, 1393 (1398), das Verstreichen der gegebenenfalls relevanten Verjährungsfristen der §§ 3 f. AnfG vorausgesetzt.

987 Wenngleich ablehnend: *Bayer*, FS Schmidt, 85, (95 f.).

988 BGH, Urteil vom 07.11.1990 – 2 StR 439/90, Rn. 61 ff., juris.de; ebenso in der zivilrechtlichen Rechtsprechung anerkannt: BGH, Urteil vom 14.11.1996 – IX ZR 215/95, Rn.13, juris.de.

989 *Koch*, FS Winter, 327 (334 f.).

990 *Dreher*, FS Konzen, 85 (104 f.), der Bußgeldbescheid solle immer nur denjenigen treffen, auf den er zugeschnitten und an den er somit adressiert ist; *Krause*, BB Special 2007, Heft 8, 2 (13).

demnach außerhalb des Schutzbereichs des § 93 Abs. 2 S. 1 AktG[991]. Hiergegen spricht aber schon offenkundig die Verordnungsbegründung, die weitergehende innerstaatliche Sanktionen auch gegen natürliche Personen ausdrücklich zulässt, womit das Sanktionsrecht gerade keine abschließende Wertung enthält[992].

In Ergänzung wird noch vertreten, dass ein Regress es verhindere, dass diejenigen den Schaden zu tragen hätten, die letztlich für die Auswahl und Anstellung der Organmitglieder verantwortlich seien, nämlich die Unternehmen und namentlich die Anteilseigner[993]. Dem ist zu widersprechen, da an vorderster Front des unternehmerischen Geschehens die Geschäftsleiter stehen und entscheiden, sodass die Verhaltenssteuerung bei ihnen anzusetzen hat und nicht bei den letztlich machtlosen Aktionären[994]. Ein letzter Ansatz sucht Parallelen zum innerbetrieblichen Schadensausgleich von Arbeitnehmern, der es dem von den Chancen profitierendem Unternehmen verbietet, unternehmerische Risiken auf einzelne Mitarbeiter abzuwälzen, auch wenn dies außer Verhältnis zu deren eigenen Vergütung und Leistungsfähigkeit steht. Hiergegen wird aber entschieden eingewandt, dass dieser Grundsatz Richterrecht darstellt und der Notwendigkeit einer Berücksichtigung der Arbeitnehmerinteressen geschuldet sei, wohingegen für Vorstände in § 93 AktG eine selbstständige Haftungsgrundlage mit eigenen Sorgfaltspflichten bestehe und für eine teleologische Reduktion daher keine Voraussetzungen vorliegen[995].

Die Ablehnung eines vollständigen Regressverbotes deckt sich zudem mit Zivilrechtsrechtsprechung zur Haftung von Steuerberatern, die Kraft ihres Vertrages verpflichtet waren den Mandanten vor der Begehung einer Straftat oder Ordnungswidrigkeit zu schützen und im Falle einer verhängten Geldstrafe oder -buße einer möglichen Regresshaftung ausgesetzt sein können[996]. Eine Vergleichbarkeit zu Vorstandsmitgliedern liegt wegen derer Legalitätspflicht auf der Hand[997]. Den zwar grundsätzlich überzeugenden Bedenken, dass ein Regress gegen das Organ dazu führe, dass hierdurch Summen eingefordert werden dürften, die in dieser Höhe weder nach europäischem noch nach deutschem innerstaatlichen Recht gegen diese direkt verhängt werden könnten, ist somit nicht mit einem totalen Regressverbot zu begegnen[998].

---

991 *Dreher*, FS Konzen, 85 (104 ff.); *Krause*, BB Special 2007, Heft 8, 2 (13).

992 Vgl. *Koch*, FS Winter, 327 (335 f.), mit Verweis auf Erwägungsgrund 8 der EU-Verordnung NR. 1/2003; *derselbe*, AG 2012, 429 (433).

993 *Dreher*, FS Konzen, 85 (106).

994 *Thole*, ZHR 173 (2009), 505 (533).

995 *Koch*, FS Winter, 327 (336 ff.).

996 Zuletzt: BGH, Urteil vom 15.04.2010 – IX ZR 189/09, Rn. 7, juris.de.

997 Vgl. entsprechende Ausführungen unter E.IV.1)a)aa).

998 Zurecht: *Bayer*, FS Schmidt, 85 (97); *Thole*, ZHR 173 (2009), 505 (533); im Ergebnis: *Brommer*, AG 2013, 121 (124, 129).

b) (Derzeit noch) Keine summenmäßige Begrenzung auf „angemessenen Regress“

Besser hören lässt sich der Ansatz, einen Regress gegen das pflichtvergessene Organ grundsätzlich zuzulassen, diesen aber in Fällen einer unbilligen Höhe in der Summe zu begrenzen[999]. Auch wird ein Regress beim betroffenen Organmitglied wegen der dessen Leistungsfähigkeit regelmäßig weit übersteigenden Höhe ohnehin nur selten annähernd vollständig durchzusetzen sein, was auch durch eine D&O-Versicherung, vorbehaltlich der gezeigten ohnehin schon bestehenden Deckungslücken, nicht immer aufgefangen werden kann[1000].

Auch hier stellt sich zu allererst die Frage nach der rechtlichen Grundlage einer solchen (wünschbaren) Begrenzung. Oftmals knüpfen die Erwägungen ergänzend zur bereits zitierten Fürsorgepflicht (wiederum) an die Grundsätze zum innerbetrieblichen Schadensausgleich an, wenngleich eine Anwendung derselben ausgeschlossen wird[1001]. Denn die Tätigkeit des Leitungsorgans stimme mit der eines Arbeitnehmers dahingehend überein, dass beide zur Gewinnerzielung für Dritte in einem fremddefinierten Unternehmensgegenstand tätig werden und hierdurch Gefahr laufen früher oder später durch eine Fahrlässigkeit einen Schaden zu verursachen[1002]. So stellt das regelmäßig hohe Gehalt eines Vorstandsmitglieds keine Rechtfertigung für eine volle Inanspruchnahme dar, da sich Schaden durch Bemessung des Bußgeldes an der Leistungsfähigkeit des Unternehmens ebenso um ein vielfaches potenzieren kann[1003]. Im Weiteren kann trotz variabler am Unternehmenserfolg orientierter Vergütungsanteile auch nicht festgestellt werden, dass der Vorstand stets im gleichen Maße vom Unternehmenserfolg profitieren würde, wie das beispielsweise bei einem persönlich haftenden Gesellschafter der Fall wäre, der im Falle eines Schadens, diesen auch spiegelbildlich voll zu tragen hätte[1004]. Vielmehr wird durch die Einführung der Vergütungsbeschränkung in § 87 AktG

---

999 Vgl. *Schnorbus/Ganzer*, WM 2015, 1877 (1879); *Koch*, AG 2012, 429 (435), hierdurch stehe Vorstand nicht stets vor der Gefahr eines wirtschaftlichen Ruins, wird wegen der dennoch bestehenden Gefahr einer empfindlichen Haftung aber gleichwohl zu einem rechtmäßigen Verhalten angehalten; *Thole*, ZHR 173 (2009), 505 (533 f.), wonach eine Beteiligung der Aktionäre am Verlust zugleich dazu führe, dass sich Aktionäre langfristig „rechtstreue“ Unternehmen als Investment aussuchen und so deren Verhalten belohnen; aA: *Paefgen*, AG 2014, 554 (569 f.).

1000 *Koch*, AG 2012, 429 (434).

1001 *Hüffer*, Aktiengesetz, § 93, Rn. 51; *Koch*, FS Winter, 327 (340 ff.); *derselbe*, AG 2012, 429 (435 ff.); *Bayer*, FS Schmidt, 85 (97); ohne nähere Erläuterungen zustimmend: *Thole*, ZHR 173 (2009), 505 (533).

1002 *Koch*, FS Winter, 327 (343); *derselbe*, AG 2012, 429 (434, 436 f.), wofür auch die Wertung des § 831 BGB spreche, die zunächst dem Geschäftsinhaber die Haftung für Schäden aus seinem Betrieb zuweist, bis sich dieser entsprechend exkulpieren könne; ähnlich: *Mertens/Cahn*, KölnKommAktG, § 84, Rn. 92.

1003 *Koch*, AG 2012, 429 (436).

1004 *Brommer*, AG 2013, 121 (128).

die Partizipation am Erfolg des Unternehmens beschränkt, was sich hingegen bei der unbegrenzten Inanspruchnahme für etwaige Schäden nicht feststellen lässt und das Organmitglied daher unbillig schlechter stellt[1005]. Ebenso lässt sich aus dem Abschluss einer D&O-Versicherung der Schluss ziehen, dass das Unternehmen den Vorstand vor Haftungsrisiken schützen will, was auch dann zunächst wertend zu berücksichtigen ist, wenn die Versicherung nicht eingreift[1006]. Die Zulassung der unternehmensfinanzierten D&O-Versicherung im Allgemeinen zeigt zudem, dass der Gesetzgeber lediglich hinsichtlich des Selbstbehalts des pflichtvergessenen Organmitglieds eine eigene Tragung der Kosten, im Übrigen hingegen keine eigene Inanspruchnahme desselben für zwingend geboten hält[1007]. Zur Vermeidung eigener Haftung würde durch einen unbillig hohen Regress zugleich ein Verhaltensanreiz bestärkt, ungeachtet der Kosten und Nachteile für das Unternehmen alles Mögliche zu tun, um eine eigene Haftung zu vermeiden, was gerade den im allgemeinen Teil behandelten Grundsatz, einer übertriebenen Risikoaversion entgegenzuwirken, konterkarieren würde[1008]. Ebenso wurde gezeigt, dass es dem Vorstand bei der Bewertung von (offenen) Rechtslagen wegen der Unvorhersehbarkeit späterer gerichtlicher oder behördlicher Entscheidungen keinesfalls immer möglich sein wird, eine Haftung zu vermeiden, was stets als Begründung des Unterschieds zum Arbeitnehmer angeführt wird[1009]. Letztlich ist zu berücksichtigen, dass eine Inanspruchnahme des betroffenen Organmitglieds dieses zwar wirtschaftlich ruinieren wird, die zu erwartende Ersatzleistung wegen seiner begrenzten finanziellen Leistungsfähigkeit für das Unternehmen aber gleichwohl nur ein „Tropfen auf dem hießen Stein wäre“[1010]. Ließe man eine teilweise Regressbegrenzung zu, verbliebe die Frage nach den Parametern einer solchen Begrenzung. Hier wird zunächst vorgeschlagen, den Regress auf die Höhe zu begrenzen, in der ein entsprechendes Bußgeld gegen das Organmitglied selbst hätte verhängt werden dürfen[1011]. Hiergegen wäre jedoch einzuwenden, dass sich die dem Sanktionsrecht zugrundeliegenden

---

1005 *Bayer/Scholz*, NZG 2014, 926 (927 f.), die insoweit von einer verfassungsrechtlich bedenklichen, erdrosselnden Wirkung sprechen, wenn das Organmitglied ohne Gehaltskompensation in seinem Anstellungsvertrag immense Haftungsrisiken einzugehen hat.

1006 *Koch*, AG 2012, 429 (439), eine andere Wertung hat zweifelsohne dann zu greifen, wenn der Vorstand für ein höheres Gehalt bewusst auf den Abschluss einer D&O-Versicherung verzichtet hat.

1007 *Bayer/Scholz*, NZG 2014, 926 (927).

1008 *Bayer/Scholz*, NZG 2014, 926 (927); *Koch*, AG 2012, 429 (434).

1009 *Hoffmann*, NJW 2012, 1393 (1397), somit handele es sich gerade nicht stets um ein „selbstgewähltes Schicksal“.

1010 So zurecht: *Brommer*, AG 2013, 121 (124).

1011 *Dreher*, FS Konzen, 85 (105), der aber gleichwohl den vollständigen Regressausschluss für vorzugswürdig hält; *Thole*, ZHR 173 (2009), 504 (533 f.); wenngleich wegen „unsicherem Terrain“ der Berechnung sehr kritisch: *Krause*, BB Special 2007, Heft 8, 2 (13).

Wertungen nicht auf das Haftungsrecht übertragen lassen, wenngleich sich eine gewisse Indizwirkung nicht wird abstreiten lassen[1012]. Daher hätte eine „angemessene" Inanspruchnahme, deren inhaltliche Ausgestaltung sich ersichtlicher weise zutiefst schwierig gestaltet, einzelfallabhängig zu geschehen[1013]. Als Anhaltspunkte für eine unbillige Härte im Einzelfall sollen hier der Schadensumfang, der Grad des Verschuldens, die Vergütung nebst enthaltenen Risikoprämien und die Nähe des Unternehmensgegenstands zu rechtlich komplizierten Tätigkeitsfeldern sein[1014]. Greift schon die Privilegierung der Arbeitnehmer nur bei leichter und mittlerer Fahrlässigkeit ein, so kann für die Regressbegrenzung erst Recht nichts anderes gelten[1015]. Eine Konkretisierung der Untergrenze erfahre die Regressbegrenzung jedoch durch den Selbstbehalt des Vorstands bei einer D&O-Versicherung nach § 93 Abs. 2 S. 3 AktG, da der Gesetzgeber hier eine persönliche Haftung in entsprechender Höhe für billig erachtet habe und zudem der nicht versicherte Vorstand im Grundsatz nicht besser stehen dürfe als der Versicherte[1016].

Gegen die Annahme der Zulässigkeit einer Regressbegrenzung de lege lata ist jedoch im Einklang mit Gegenauffassung zu Recht das methodischen Argument anzubringen, dass entgegen der Lücke der Arbeitnehmerhaftung im BGB, das Aktiengesetz über ein lückenloses Haftungssystem verfügt, welches infolgedessen eine entsprechende Anwendung der Haftungsgrundsätze für Arbeitnehmer sperrt[1017]. Mangels entsprechender gesetzlicher Grundlage kann sich eine solche Regressbegrenzung wegen ihrer Unbestimmtheit dem Vorwurf der Willkür und somit letztlich der Verfassungswidrigkeit nicht entschieden erwähren[1018]. Für den Aufsichtsrat wäre die Höhe des dann durchzusetzenden Betrages kaum verlässlich zu ermitteln[1019]. Zudem lässt eine D&O-Versicherung gerade nicht den Schluss einer Vergleichbarkeit der Arbeitnehmerhaftung mit der eines Vorstandsmitglieds zu, da hier ja gerade eine Deckung grundsätzlich besteht[1020]. Soweit vorgetragen wird, dass

1012 *Koch*, AG 2012, 429 (439).

1013 *Schnorbus/Ganzer*, WM 2015, 1877 (1880); *Koch*, FS Winter, 327 (346 ff.); *derselbe*, AG 2012, 429 (437 ff.); *Bayer*, FS Schmidt, 85 (97).

1014 *Bayer*, FS Schmidt, 85, (97 f.); zustimmend: *Brommer*, AG 2013, 121 (125, 129), für den gleichfalls die Frage relevant ist, ob der Entscheidungsträger erstmalig pflichtvergessen handelt.

1015 *Koch*, AG 2012, 429 (438).

1016 *Schnorbus/Ganzer*, WM 2015, 1877 (1880); *Paefgen*, AG 2014, 554 (570); *Koch*, AG 2012, 429 (439).

1017 *Fleischer*, ZIP 2014, 1305 (1306), mwN; *Paefgen*, AG 2014, 554 (568 f.)

1018 Vgl. nur *Fleischer*, WM 2005, 909 (915), der darauf hinweist, dass sich eine Regressbegrenzung wegen ihrer Willkür, Unbestimmtheit und letztlich sogar Verfassungswidrigkeit auch rechtsvergleichend nicht habe durchsetzen können, stattdessen aber für eine Abschaffung der Dreijahresfrist in § 93 Abs. 4 AktG plädiert.

1019 *Grunewald*, AG 2013, 813 (815), dieser könne hinsichtlich der einzufordernden Summe nur „mehr oder weniger ratlos sein".

1020 *Fleischer*, ZIP 2014, 1305 (1306).

das Gesetz der Reduzierung des Umfangs der Belastung nicht entgegenstehe, da § 93 Abs. 1 S. 2 AktG als besondere Regelung der Privilegierung lediglich unternehmerische Risiken abschließend regelt und für Legalitätspflichtverletzungen gerade keine abschließende Regelung treffe [1021], lässt sich dieser Ansatz in § 93 Abs. 2 AktG, der de lege lata eine unbegrenzte Haftung vorsieht, derzeit nicht wiederfinden. Vielmehr schränkt die Business Judment Rule bei Vorliegen ihrer Voraussetzungen allein den Vorwurf einer Pflichtwidrigkeit ein. Kann ein solcher Vorwurf hingegen gemacht werden, droht, wie oben gezeigt, auch hier eine entsprechende Totalreparation. Der abschließende Charakter der Regelung des § 93 Abs. 1 und 2 AktG steht somit auch einer etwaigen Modifizierung in der Satzung als ergänzende Bestimmung gem. § 23 Abs. 5 S. 2 AktG entgegen[1022].

Da es folglich mangels planwidriger Regelungslücke keinesfalls zu einer teleologischen Reduktion des § 93 Abs. 2 AktG kommen darf, sollen mithin einigen Stimmen nach allenfalls Einzelfallkorrekturen dergestalt denkbar sein, dass das Unternehmen durch den Aufsichtsrat aus Treuepflicht einer übermäßigen Haftung entgegenzutreten hat und nicht voll regressieren darf[1023]. Ein solches Ergebnis wäre mit der besonderen Haftungssituation der Vorstände und ihrer Pflicht zur Vermeidung von Rechtspflichtverletzungen mit den zuvor gezeigten Grundsätzen der Legalitätspflicht und dem Grundsatz der Verhaltenssteuerung vereinbar[1024]. Aber auch in der Treuepflicht, die im Gegensatz zu den Grundsätzen der Haftungsbegrenzung für Arbeitnehmer eine aktienrechtlich fundierte Grundlage hat, dürfte wohl keine ausreichend konturierte Rechtsgrundlage zu finden sein, durch die der eindeutige Normbefehl der Totalreparation aus § 93 Abs. 2 AktG eingeschränkt werden könnte[1025]. Der Gedanke der Existenzgefährdung ist somit für sich allein de lege lata in der Abwägung zur Geltendmachung des Ersatzanspruches noch nicht zweifelsfrei

1021 *Koch*, FS Winter, 327 (345 f.); *derselbe*, AG 2012, 429 (438).

1022 *Koch, Hüffer AktG*, § 93, Rn. 52; *Paefgen*, AG 2014, 554 (569), mwN; aA *Grunewald*, AG 2013, 813 (815 ff.), die unter der Maßgabe der Beachtung des § 138 BGB die Regelung einer Haftungshöchstgrenze für zulässig erachtet.

1023 *Bayer*, FS Schmidt, 85, (97), so sind zum Beispiel Kartellverstöße im Rahmen einer D&O-Versicherung nicht versicherbar, womit eine dennoch erfolgende Inanspruchnahme eine unbillige Härte darstellen würde; *Koch*, AG 2012, 429 (435), so sperre die Vorschrift des § 93 Abs. 2 AktG zwar eine direkte Anwendung, nicht aber jeden gedanklichen Wer-tungstransfer.

1024 *Brommer*, AG 2013, 121 (128), keinesfalls komme es daher zu einer Belegung des Vorwurfs, dass die „Kleinen“ (Arbeitnehmer) gehängt und die „Großen“ (Vorstandsmitglieder) gehängt würden, S. 129; vgl. auch *Bayer/Scholz*, NZG 2014, 926 (928), die trotz diverser Ansätze zur Haftungsbegrenzung nicht umhinkommen klarzustellen, dass das Haftungsrisiko „spürbar“ bleiben muss.

1025 *Fleischer*, ZIP 2014, 1305 (1307), wonach dies die zuvor ablehnten Wertungstransfers des Arbeitsrechts nun eben unter dem Deckmantel der Treuepflicht einzuführen versuche.

und belastbar berücksichtigungsfähig[1026]. So setzt sich das entscheidende Gremium also selbst der Gefahr einer Inanspruchnahme aus, wenn es das Schadensersatzverlangen zu niedrig taxiert und Gerichte dies nachträglich als für zu niedrig bemessen befinden[1027]. Denn die letztliche Feststellung der Angemessenheit und die in ihr liegende Begrenzung der Haftung wird durch die Gerichte erfolgen, die hierfür, um von den die §§ 249 ff. BGB beherrschenden Grundsatz der Totalreparation abweichen zu können, jedoch einer gesetzlichen Grundlage bedürften[1028]. Auch wäre ein solches Vorgehen, dass die spätere Haftungsbemessung in die ex-post durch ein Gericht vorzunehmende Billigkeitserwägung legt, im Lichte der Rechtssicherung und Voraussehbarkeit zudem nicht geeignet, ex-ante eine sorgsam konturierte und effiziente Verhaltenssteuerung der Entscheidungsträger zu gewährleisten[1029]. So vermag die Rechtsordnung derzeit eine Vermeidung der Abwälzung der zu Recht als unverhältnismäßig empfundenen Regresshöhen eben schlicht nicht zu leisten[1030]. Es ist sich hierbei zu vergegenwärtigen, dass es dem Gesetzgeber jederzeit möglich wäre, eine Haftung der Organmitglieder auf ein für angemessen befundenes Maß in der Höhe zu beschränken. Dass er dies nicht tut, kann wie zuvor getan, freilich kritisiert, aber eben nicht zur Erreichung des Wünschbaren die derzeitig geltende Totalreparation durch Überdehnung bestehender Rechtsinstitute eigenmächtig unterwandert werden.

1026 Vgl. *Fleischer*, ZIP 2014, 1305 (1308), der zur Rechtssicherheit den Parteien einen Vergleich nach § 93 Abs. 4 S. 3 AktG empfiehlt, auch wenn dies im Einzelfall hürdenreich sein kann; *derselbe*, WM 2005, 909 (915).

1027 So zurecht: *Brommer*, AG 2013, 121 (128); vgl. wenn auch im Zusammenhang mit dem vorläufigen Absehen von der Inanspruchnahme: LG Essen, Urteil vom 25.04.2012 – 41 O 45/10, Rn. 204, juris.de.

1028 *Fehrenbach*, AG 2015, 761 (767 ff.); *Paefgen*, AG 2014, 554 (570); aA *Schnorbus/Ganzer*, WM 2015, 1877 (1880 f.), die über eine Feststellungsklage gem. § 256 ZPO gerade die Höhe des etwaigen Schadensersatzanspruches gegen das Organmitglied durch Gerichte prüfen lassen wollen, um so den hier festgestellten Anspruch gegen das Organmitglied geltend zu machen.

1029 *Wagner*, ZHR 178 (2014), 227 (277 f.).

1030 *Bayer/Scholz*, NZG 2014, 926 (928), die aber im bisherigen Recht bereits die teleologische und verfassungsrechtliche Rechtfertigung sehen; *Vetter*, NZG 2014, 921 (922); *Koch*, AG 2012, 429 (432).

G. Fazit und Thesen

Die Untersuchungen haben ergeben, dass es für die Entscheidungsträger im Spannungsfeld zwischen der unternehmerischen Entscheidung in Unsicherheit einerseits und der komplexer werdenden Rechtslage andererseits immense Probleme gibt, sich vor Rechtsverstößen abzusichern. Die vorliegende Arbeit hat Wege zur Lösung und Handhabung der wichtigsten Problemfelder aufgezeigt und sie einer systematischen Zuordnung zugeführt.

Von entscheidender Bedeutung für Vorstände wird es sein, für eine umfassende Informationslage durch die Schaffung entsprechender Strukturen zu sorgen. Denn die Rechtsordnung bestraft im Ergebnis nicht das Verursachen von Schäden oder das Begehen von Fehlern im Rahmen Leitungsentscheidung. Vielmehr ahndet sie die mangelnde Vorsorge und Voraussicht, mithin das fahrlässige Nichterkennen, Falschbewerten oder gar Übergehen von Risiken. Kann der Entscheidungsträger hingegen nachweisen, sich – gegebenenfalls unter der Hinzuziehung eines Experten – sorgsam um die Rechtsfindung bemüht zu haben, braucht er auch unsichere Rechtslagen, sich unerwartet ändernde Rechtsprechung oder aber verhangene Bußgelder nicht zu fürchten.

Im Folgenden sollen die wichtigsten im Rahmen dieser Arbeit gewonnen Erkenntnisse nochmals in Thesenform dargestellt werden.

1) Die wirtschaftliche Leitungsaufgabe eines Vorstands ist als das bewusste Eingehen abgewogener Chancen und Risiken zu verstehen. Sie erfolgt wegen der stets enthaltenen Prognose in Unsicherheit und lässt sich nicht in den Kategorien richtig oder falsch bewerten, sondern lediglich als vertretbar oder nicht vertretbar. Aus diesem Grunde verlagert die Business Judgment Rule die Überprüfung einer wirtschaftlichen Entscheidung unter Berücksichtigung einer Kosten-/Nutzenabwägung auf deren Vorbereitung (insb. angemessene Informationsgewinnung) vor und entzieht das prognostische Element der Entscheidungsfällung (kalkuliertes Wagnis), mit Ausnahme krasser Fehlentscheidungen, einer gerichtlichen Kontrolle.
2) Im Rahmen der Leitungsentscheidung darf der Vorstand eines sich weder im Banken- noch im Versicherungswesen befindlichen Unternehmens auch abstrakt bestandsgefährdende Risiken eingehen, bei denen der Erfolg wahrscheinlicher ist, als eine Realisierung des Risikos. Hierbei ist er allein dem Unternehmenswohl verpflichtet und ausweislich gesetzlicher Vorschriften weder an das Allgemeinwohl noch an sonstige Interessen gebunden.
3) Die Legalitätspflicht ist Teil der Sorgfaltspflichtenkatalogs des Vorstands in § 93 Abs. 1 AktG. Sie fußt in einem übergesetzlichen Rechtsprinzip, nachdem derjenige, der handelt, auch die Verantwortung für die Beachtung der geltenden Gesetze trägt. Da die AG als juristische Person nur durch ihre Organe handeln kann, müssen sie in dieser Funktion auch grundsätzlich für ihr Handeln

verantwortlich sein, weshalb eine Leitungsentscheidung, die gegen ein Gesetz verstößt, grundsätzlich auch eine Pflichtwidrigkeit darstellt, die gegebenenfalls entschuldigt sein kann. Soweit die Legalitätspflicht in einzelnen Regelungen im AktG Erwähnung findet, ist dies Ausdruck der Legalitätspflicht, nicht aber ihre Grundlage.

4) Die Legalitätspflicht unterliegt grundsätzlich der Gesamtverantwortung des Vorstands. Ihre Erfüllung kann aber auf einzelne Vorstandsmitglieder übertragen werden. Dann wandelt sich ihre Ausübungs- in eine Prüfungs- und Überwachungspflicht hinsichtlich des ausübenden Organs, wobei sie bis zum Vorliegen anderweitiger Anhaltspunkte grundsätzlich auf die ordnungsgemäße Ausübung vertrauen dürfen.

5) Bei der Bewertung unklarer Rechtslagen ist der Vorstand einer der unternehmerischen Entscheidung vergleichbaren Unsicherheit ausgesetzt, da sich deren spätere Auslegung durch ein Gericht genauso wenig vorhersagen lässt, wie der Absatz eines speziellen Produkts am Markt. Er kann daher lediglich ex-ante die bestehende Rechtssituation angemessen analysieren und sich dann für eine vertretbare Rechtsauslegung entscheiden. Hat er dies getan, ist ihm zumindest im Zivilrecht bereits aus Pflichtwidrigkeitsgesichtspunkten kein Vorwurf zu machen.

   Einer (gegebenenfalls analogen) Anwendung der Business Judment Rule bedarf es zur Bewältigung der Problematik jedoch nicht. Sie ist ausweislich der Begründung des Gesetzgebers für unternehmerische Entscheidungen vorgesehen, sodass es schon an einer planwidrigen Regelungslücke fehlt. Darüberhinaus besteht hier keine Gefahr, dass sich der Richter als besserer Unternehmer geriert und eine unternehmerische Entscheidung vorschnell in die Kategorie richtig oder falsch einordnet. Vielmehr ist er fachlich sehr wohl in der Lage eine gefundene Rechtsauslegung als noch vertretbar oder nicht vertretbar zu würdigen. Eine entsprechende Prüfung bei Pflichtverstößen von Anwälten oder Ärzten hat dies bereits gezeigt.

6) Bei kollidierenden Legalitätspflichten, bei denen Vorstand nur eine unter Missachtung der anderen befolgen kann, hat er grundsätzlich nur die höherrangige, bspw. des Strafrechts ggü. dem Zivilrecht, zu befolgen. Sind die Pflichten hingegen gleichwertig, so kann ihm mit vergleichendem Blick zur rechtfertigenden Pflichtenkollision im Strafrecht kein Vorwurf gemacht werden, wenn er eine von beiden befolgt.

7) Verursacht der Vorstand durch die Leitungsentscheidung eine Gesetzesverletzung und begeht somit einen Legalitätspflichtverstoß, stellt das Buß- oder Strafgeld einen ersatzfähigen Schaden da. Von der Geltendmachung darf der Aufsichtsrat jedoch aus überwiegendem Unternehmensinteresse absehen, wenn dem monetären Interesse an der Erstattung ein gleich- oder höherwertiges Interesse, wie beispielsweise die weitere Bindung eines verdienten Vorstands oder die Vermeidung weiterer Rufschäden, gegenübersteht. Hierbei hat er jedoch fortlaufend zu überprüfen, ob die Voraussetzungen des Absehens von einer Inanspruchnahme noch vorliegen.

8) Der Vorstand hat die einem ordentlichen und gewissenhaften Geschäftsleiter entsprechenden Kenntnisse und Fähigkeiten grundsätzlich selbst zu haben. Anderenfalls droht eine Haftung aus Übernahmeverschulden. Zwar kann er sich hier bei Unsicherheiten zweifelsohne beraten lassen, soweit es nicht zu einer Verschwendung von Gesellschaftsvermögen kommt, jedoch steht er für die Entscheidung dann weiterhin voll ein.

   Ein entlastender Rechtsrat kann demzufolge nur dort greifen, wo der Vorstand nicht selbst Kenntnis hatte, oder diese hätte haben müssen. In diesem Zusammenhang ist zu berücksichtigen, dass ein Unternehmensleiter nicht Rechtsexperte ist und zu sein hat, sondern maßgeblich das Unternehmen leiten und strategisch auszurichten soll. Als Richtschnur lässt sich aber sehr wohl festhalten, dass ein Geschäftsleiter dort enthaftend auf Rechtsrat zurückgreifen darf, wo er alltägliche und unkomplizierte Geschäftsbereiche verlässt.

9) Der gewählte Rechtsberater muss fachlich versiert sein. Auch wenn hier seitens der Rechtsprechung keine speziellen Formalkriterien gefordert werden, muss er gleichwohl über eine nachgewiesene Expertise in dem Fachbereich verfügen, in dem er beraten soll. So wird man von einem Mietrechtsexperten keine substantielle Beratung in Schuldverschreibungen erwarten dürfen.

10) Weiterhin muss der Berater unabhängig sein, also die Gewähr für eine von Eigen- und Drittinteressen freie Rechtsfindung bieten. So lange keine gegenteiligen Anhaltspunkte bestehen, dass er bspw. Feigenblatterklärungen verkauft, darf grundsätzlich auf die persönliche Unabhängigkeit vertraut werden.

11) Auch die Syndizi der unternehmensinternen Rechtsabteilung sind grundsätzlich als unabhängige Rechtsberater anzusehen. Denn sie haben kraft ihres Anstellungsvertrages Schaden vom Unternehmen abzuwenden, sind mit ihm bestens vertraut und oftmals in die das Unternehmen betreffenden gängigen Probleme bereits fundiert eingearbeitet. Allein die fachliche Qualifikation kann im Einzelfall für die Mandatierung eines externen Beraters sprechen, wenn die jeweilige Fallfrage das Know-How der Rechtsabteilung übersteigt. In diesem Fall sind sie gleichwohl in die Rechtsfindung mit dem Berater einzubinden.

12) In den Grenzen der §§ 113, 114 AktG können auch Aufsichtsratsmitglied als unabhänige Berater angesehen werden. Wegen deren organschaftlichen Beratungspflicht in Grundsatzangelegenheiten ist es allein erforderlich, dass es sich um eine hiervon nicht umfasste Spezialberatung handelt, was für Steuer- und Rechtsfragen jedoch grundsätzlich anerkannt ist. Bei der Vorlage des Beratungsvertrages an die Hauptversammlung sollte der Vorstand auf eine möglichst genaue Umschreibung des Mandats und der hierfür vorgesehenen Vergütung achten, da etwaige Unklarheiten im Zweifel zulasten der Wirksamkeit gehen.

13) Damit der Rechtsrat vertrauenswürdig ist, hat der Vorstand den zu begutachtenden Sachverhalt zuvor umfassend an den Rechtsberater zu schildern. Vorsätzliche oder fahrlässige Informationsdefizite gehen dabei zulasten des Ratsuchenden. Trägt er hingegen an der fehlenden Sachverhaltsweitergabe keine Schuld (sog. innocent ommissions) entfällt die Vertrauenswürdigkeit der hierauf fußenden Beratung nicht, da er als juristischer Laie kaum alle nötigen

Informationen überblicken kann und daher darauf vertrauen darf, dass der Rechtsanwalt gegebenenfalls nachfragt.
Weiterhin hat der Vorstand bei der Preisgabe der Informationen aufgrund der Rechtspflicht zur Verschwiegenheit nach § 93 Abs. 1 S. 3 AktG darauf zu achten, dass die für den Rechtsrat erforderlichen Informationen vertraulich behandelt werden. Trotz gegebenenfalls standesrechtlicher Verschwiegenheitspflichten empfiehlt es stets der Abschuss einer Verschwiegenheitsvereinbarung zum Nachweis der Pflichtgemäßheit des Vorstandshandelns.

14) Die Auskunft sollte trotz fehlender Vorgabe seitens der Rechtsprechung grundsätzlich schriftlich erteilt werden, um zu gewährleisten, dass der Ratsuchende sie auch voll durchdringen und verstehen kann. Gleichfalls existiert aber gerade in Situationen unter Zeitdruck oder simplen Fachfragen das Bedürfnis direkt eine Antwort vom Ratgeber zu erhalten. Hier kann der Rat auch mündlich erfolgen. Aus Nachweisgründen empfiehlt sich aber stets eine nachträgliche schriftliche Fixierung.

15) Nach Erhalt des Rechtsrats hat der Vorstand diesen hinsichtlich seiner Plausibilität zu überprüfen, darf ihn also nicht unbesehen übernehmen. Hierbei sind keine tiefgreifenden Untersuchungen notwendig, jedoch führen erkennbare Begründungslücken oder die Einseitigkeit der Argumentation zum Entfall der Vertrauenswürdigkeit. In Anbetracht des oftmals beträchtlichen Umfangs eines Gutachtens, darf der Vorstand hierbei auf die Unterstützung der internen Rechtsabteilung zurückgreifen, die dann die wesentlichen Punkte mit ihm gemeinsam erörtert.
Ist die Auskunft nicht eindeutig, muss der Vorstand nachfragen und eine Klärung herbeiführen. Anderenfalls entfällt die Vertrauenswürdigkeit.

16) Unterlässt der Vorstand eine grundsätzlich erforderliche Rechtsberatung intendiert dies die Pflichtwidrigkeit seiner Entscheidung. Eine Ausnahme kann nach hier vertretener Auffassung dann bestehen, wenn sich der Vorstand der Rechtmäßigkeit des Vorhabens sicher war und eine hypothetisches Rechtsauskunft zu keinem anderen Ergebnis geführt hätte. Denn das Unterlassen der Einholung eines Rechtsrats kann ihm dann nicht zum Nachteil gereichen, wenn der Irrtum hierdurch ebenso wenig vermeidbar gewesen wäre. Es kann im Rahmen der Legalitätspflicht nichts verlangt werden, was nicht geleistet werden kann.

17) Vortatliche Freistellungszusagen für gegen das Organmitglied verhangene Bußgelder oder Geldstrafen sind gemäß §§ 134, 138 BGB unzulässig. So wird eine solche teils als psychische Beihilfe nach § 27 Abs. 1 StGB gewertet, womit sich die Nichtigkeit aus § 134 BGB ergibt. Jedenfalls senkt sie die Hemmschwelle zur Begehung von Straftaten und Ordnungswidrigkeit und ist daher nach § 138 BGB nichtig.

18) Bei nachtatlichen Freistellungszusagen ist danach zu differenzieren, ob die das Buß- oder Strafgeld auslösende Handlung des Vorstands(-mitglieds) zugleich eine schuldhafte Pflichtverletzung gegenüber der Gesellschaft darstellt. Hiervon ist aufgrund der Legalitätspflicht regelmäßig auszugehen. Eine abweichende Bewertung kann aber insbesondere bei offenen Rechtslagen oder einer enthaftenden Rechtsberatung nach oben dargestellten Grundsätzen angezeigt sein.

Stellt das Verhalten keine Pflichtverletzung gegenüber der Gesellscahft dar, hat das betroffene Organmitglied ohnehin einen Erstattungs- oder Freistellungsanspruch aus §§ 670, 669 BGB, womit die Zusage ohnehin nur deklaratorischen Charakter hätte. Selbiges gilt für etwaige Anwalts- und Prozesskosten, wobei grundsätzlich ein Anspruch auf Vorschuss besteht, der aber wegen der zu diesem Zeitpunkt oftmals noch unklaren Pflichtverletzung des Organs nur unter Vorbehalt zu leisten sind. Wird das Bußgeld in dieser Fallgestaltung gegen die Gesellschaft verhangen, entfällt ein etwaiger Regressanspruch nach § 93 Abs. 2 AktG schon mangels Pflichtwidrigkeit.

19) Im Falle der Pflichtwidrigkeit des Organhandelns sind die Möglichkeiten einer nachtatlichen Freistellung hingegen beschränkt. Nach neuerer Rechtsprechung des BGH wird eine solche Freistellung beziehungsweise Erstattung nur mit Zustimmung der Hauptversammlung möglich sein. Dies gilt auch dann, wenn das jeweilige Organmitglied durch Einstellung des Verfahrens ein Bußgeld akzeptiert und das Unternehmen somit vor weiteren Ermittlungen schützt. Nach kritisierungswürdiger Ansicht des BGH liegt hierin keine Leistung in das Vermögen der Gesellschaft, sodass dem Abfluss von Vermögen (Zahlung des Bußgeldes/der Geldstrafe) kein Vermögenszuwachs entgegensteht. Damit dürfte die Erstattung in der Praxis wegen der massiven Schwierigkeiten, für ein solches Vorhaben öffentlich zu werden, kaum mehr durchführbar sein

20) Die D&O-Versicherung bietet für die Freistellung von Buß- und Strafgeldern gegen die Gesellschaft oder das betroffene Organmitglied selbst kaum Schutz, da sie ausschließlich reine Vermögensschäden versichert. Die Erstreckung des Versicherungsschutzes auf Straf- und Bußgelder wird in den AVB-AVG regelmäßig ausgeschlossen. Auch eine darüber hinausgehende entsprechende zusätzliche Vereinbarung ist nicht möglich. Sie wäre als vortatliche Freistellungszusage zu werten und daher nach den zuvor gezeigten Grundsätzen gemäß der §§ 134, 138 BGB nichtig. Die D&O-Versicherung greift also außerhalb der Haftungsfreiräume der Business Judment Rule nicht, obwohl sie hier zum Schutz der pflichtvergessenen Organe am dringendsten benötigt wird.

21) De lege lata sind die verschiedenen Ansätze der Regressbegren-zung, sei es durch einen Haftungsausschluss, eine Haftungsbe-grenzung oder eine Modifizierung des Sorgfaltsmaßstab mit § 93 Abs. 1 und 2 AktG nicht vereinbar, da hierdurch das Haftungsregime für die Vorstandshaftung abschließend geregelt wird. Aus diesem Grunde verbietet auch die Satzungsstrenge in der AG gemäß § 23 Abs. 5 AktG eine hiervon abweichende Regelung. Dass dieses Haftungssystem gleichwohl das Risiko unbilliger Härten für betroffene Vorstandsmitglieder bietet, wurde ausreichend dargetan. Hierbei ist nicht zu erwarten, dass die Kritik am derzeit geltenden System abreißt. So lange der Gesetzgeber jedoch nicht handelt, bleiben diese Ansätze de lege feranda, haben also auf die praktische Handhabung der Haftung keinen Einfluss.

www.ingramcontent.com/pod-product-compliance
Ingram Content Group UK Ltd.
Pitfield, Milton Keynes, MK11 3LW, UK
UKHW021904290926
8980IPUK00015B/1044

9 783631 675083